방송의 개념과 본질

방송의 개념과 본질

고 민 수 著

한국학술정보㈜

책머리에

언론자유는 개개인이 자신의 의견을 자유롭게 표현하는 권리 즉, '말하고자 하는 자'의 자유로운 미디어 선택 및 이용을 의미한다. 그러나 매스커뮤니게이션은 주관석이고 독립적인 미디어의 선택과 이용의 문제와는 다르다. 이러한 매스커뮤니케이션과 매스커뮤니케이션 미디어에 관한 문제는 분명한 헌법현상이자 아주 중요한 헌법적 문제를 불러일으키고 있음에도, 이에 대한 연구는 산업사회 이전의 즉, 대중사회 형성 이전의 커뮤니케이션환경을 전제로 한 개인의 의사표현의 자유라는 관점에서 머무르고 있다는 문제의식을 갖게 한다.

또한, 디지털기술의 비약적인 발달은 새로운 커뮤니케이션 유형을 현실화하고 있다. 주문형 또는 접근형 등의 새로운 커뮤니케이션의 등장이 바로 그것이다. 문제는 이러한 커뮤니케이션 형태를 어떻게 규율할 것인가? 즉, 방송에 해당하는가 아니면 통신에 해당하는가 아니면 제3의 개념이 필요한 것인가의 문제가 현재 우리 사회에서 사실상, 경제적인 이해와 맞물려 대립되고 있다.

이 책에서는 첫째, 미디어의 이용형태 내지 기능을 중심으로 개별적 커뮤니케이션과 매스커뮤니케이션이 구분되어진다는 전제에서 출발하여, 주문형 또는 접근형 커뮤니케이션의 헌법적 개념을 규명함으로써 현재의 구체적인 문제를 해결하고, 더 나아가 기술발달에 따라 등장할 장래의 새로운 커뮤니케이션 유형의 헌법적 보호영역을 가늠할 수 있는 기준을 제시해보고자 한다. 둘째, 방송을 전기통신설비의 매스커뮤니케이션적 이용형태라고 파악하는 관점에서 그 미디어인 전파자원의 특성을 기초로 하여 방송에 관한 기본권의 헌법적 의의를 재평가하고자 한다. 셋째, 헌법상 매스커뮤니케이션 영역에서 요청되고 있는 국가공동체 내에서 의견형성의 다양성보장이 전파자원의 매스커뮤니케이션적 이용형태인 방송에 있어서 어떻게 실현될 수 있는지를 지상파·위성 방송, 케이블방송으로 구분하여 검토하고, 이를 바탕으로 현행법상 문제점을 비판적으로 분석, 대안을 제시하고자 한다.

물론 인터넷 포탈 등 전기통신설비를 이용한 커뮤니케이션의 다양한 유형을 모두 대상으로 삼지 못한 것은 아쉬움으로 남는다. 그것은 저자에게 남겨진 평생의 학문적 과제일 것이다. 앞으로의 연구 활동을 통해 현재의 미진한 부분은 보완할 것을 스스로 다짐하면서 헌법학도로서 부족함이 많은 저자의 이 책이 매스커뮤니케이션 영역 내지 미디어법 분야 연구에 있어서 작은 밀알이 되기를 바라며 독자 여러분께 조심스런 마음으로 내놓는다.

이 책이 출판되기까지 많은 분들의 도움이 있었다. 헌신적인 사랑으로 보살펴 주신 부모님과 내조와 희생을 아끼지 않는 아내에게 형언할 수 없는 감사를 드린다. 그리고 아들 병진에게도 그 간의 인내에 무한한 고마움을 느낀다. 헌법학으로 이끌어 주시고 항상 격려와 조언을 아끼지 않으시는 은사 허영 선생님과 전광석 교수님을 비롯해 많은 스승님들과 선배 학자 분들에게 깊은 감사의 말씀을 드린다. 또한 바쁜 시간을 쪼개어 이 책의 틀을 잡는 데 큰 힘이 돼준 양승동 변호사님과 윤성옥 박사님께도 감사를 드린다.

이 책의 기획에서부터 출판까지 고생을 도맡아 주신 한국학술정보(주)의 채종준 사장님과 강진이 선생님께도 감사드린다.

2006년 11월

저자 고민수

차   례

제2장 방송의 본질 / 87

표 차례

그림 차례

獨文略語目錄

AfP ·········· Archive für Presserecht
AKK ·········· Anstalt für Kabelkommunikation in Berlin
ALM ·········· Arbeitsgemeinschaft der Landesmedienanstalten
in der Bundesrepublikdeutschland
AöR ·········· Archive des öffentlichen Rechts
ARD ·········· Arbeitsgemeinschft der Rundfunkanstalten Deutschlands
Art ·········· Artikel
Aufl ·········· Auflage
BAG ·········· Bundesarbeisgericht
Bd ·········· Band
BLB ·········· Bayerische Landesmedienanstalt in Berlin
BLM ·········· Bayerische Landeszentrale für Neue Medien
BVerfG ·········· Bundesverfassungsgericht
BVerfGG ·········· Gesetz über Bundesverfassungsgericht
B-W ·········· Baden-Württemberg
DLM ·········· Direktoren Konferenz der Landesmedienanstalten
DöV ·········· Die Öffentliche Verwaltung
DBVI ·········· Deutsches Verwaltungsblatt
EG ·········· Europäische Gemeinschft
EU ·········· Europäische Union

EWG ·································· Europäische Wirtschaftgemeinschaft

GG ····························· Grundgesetz der Bundesrepublik Deutschland

GmbH ···························· Gesellschaft mit beschränkter Haftung

Hrsg ·· Herausgeber

JöR ······························· Jahbuch des öffendlichen Rechts

KEK ················· Kommission zur Ermittlung der Konzentration im
Medienbereich

MABB ····················· Medienanstalt Berlin-Brandenberg

MDStV ······················· Mediendienstestaatsvertrag

NJW ····························· Neue Juristische Wochenscrift

Nr ·· Nummer

Rn ·· Randnummer

RtStV ···························· Rundfunkstaatsvertrag

SDR ····························· Süddeutscher Rundfunk

StV ··· Staatsvertrag

ZRP ···························· Zeitschrift für Rechtspolitik

ZUM ················· Zeitschrift für Urheber- und Medienrecht

제1장 방송의 개념

제1절 서 론

최근 몇 년 동안 전파자원의 이용과 관련된 기술의 비약적 발전은 법적 영역에도 매우 다양한 문제를 던져 주었다. 법적 영역에서 가장 뜨거운 쟁점은 "방송이란 무엇인가"이다. 다시 말해 오늘날 '방송'으로 간주되는 대상을 확정하는 일이다.

디지털 기술과 전송기술의 발달은 종래의 통신네트워크를 이용해 일반 공중에게 정보를 전파할 수 있는 새로운 커뮤니케이션의 등장을 가져왔고, 이러한 커뮤니케이션 행위가 과연 방송인가 아니면 통신인가 그것도 아니면 제3의 커뮤니케이션 영역으로 구분되어 질 수 있는가라는 문제가 제기되고 있다.

특히 우리나라의 경우 이러한 새로운 커뮤니케이션 유형의 법적 성격을 어떻게 정할 것인가라는 문제는 시급한 과제로 떠오르고 있다. 세계 어느 나라보다 초고속인터넷과 모바일 인프라(Infrastructure) 등 IT기반 시설이 잘 갖추어져 있기 때문에 새로운 커뮤니케이션 유형의 등장이 가장 활발히 이루어지고 있는 곳이기 때문이다.

새로운 커뮤니케이션 유형의 법적 성격을 정의하는 과정에서 이해의 대립이 형성된다는 사실은 놀라운 일이 아니다. 다양한 이해당사자들은 미리 자신들의 법적인 방어수단들을 준비하게 되는 것이다.

예컨대, 통신사업자들은 휴대전화(mobile phone)를 이용한 디지털 콘텐츠의 수신, 웹 텔레비전 등 디지털 기술에 바탕을 둔 새로운 전파자원을 이용한 커뮤니케이션 형태가 통신의 영역에 포함된다고 주장하고 있다. 통신이란 양 방향의 통신망을 구축하여 이용자 사이에 송수신이 이루어지는 것을 특징적 표상으로 하는 데 새로운 커뮤니케이션 유형이 바로 "양방향성"을 띠고 있기 때문이라는 것이다. 이에 대하여 방송사업자들은 명백히 반대 입장을 취하면서, IP-TV와 같이 광대역통신망(BcN)을 이용해 전기적 신호로 구성된 영상·음성 내용물을 송신하는 행위 등은 방송의 영역에 포함되어야 한다고 주장한다.

이러한 현상은 필연적으로 방송개념에 대한 해석의 문제로 이어지고 있다. 즉, 헌법 제21조 제3항에서 규정하고 있는 '방송'과 '통신'을 어떻게 해석할 것인지 문제가 제기된다.[1]

우리 헌법 제21조 제3항에 관한 해석론을 살펴보면, 일반적으로 방송을 의사표현을 위한 매체 즉, 미디어로 파악하고 있는 것으로 보인다.[2] 이러한 일반적 해석론에 대해서는 몇 가지 의문이 제기된다. 첫째, 의사표현의 자유와의 관계이다. 즉, 신문이나 방송을 의사표현의 수단 즉, 매체로 파악한다면 굳이 헌법 제21조 제3항에서 신문과 방송 등에 관한 개별적 규정을 둔 의미는 무엇이며, 또 무슨 이유에서 신문의 자유 및 방송의 자유에 관한 해석이 요구된다고 할 것인가라는 의문이다. 둘째, 만약 방송을 의사표현의 매체 내지 미디어라고 한다면, 방송을 하기 위한 필수조건인 전파자원의 소유 내지 이용이 인쇄 미디어에서와 같이 자유재, 경쟁재로 이해될 수 있는가 하는 점이다.

이러한 문제의식은 대중사회의 형성이후 의사소통 즉, 커뮤니케이션과

---

1) 이 점에 관해서는 이하 전파 미디어를 이용한 새로운 커뮤니케이션 형태의 등장과 실증주의적·개념 법학적 방송개념 해석의 한계에서 자세히 살펴보기로 한다.

2) 이러한 견해로는 황성기, "언론매체규제에 관한 헌법학적 연구"(서울대학교 대학원 박사학위논문, 1999), 36면.

대중사회에서 정보공급을 의미하는 매스커뮤니케이션이 기능상 구분되었음에도 불구하고 매스커뮤니케이션인 신문[3)]과 방송을 근대 개인주의 및 자유주의적 사상에 기초해 파악함으로써 의사표현의 자유 보장에 속하는 '도구적' 개념으로 파악하고자 하는 것은 더 이상 설득력을 갖을 수 없다는 생각에서 기인한다. 말하자면 방송은 물론 신문은 더 이상 의사표현의 도구로서 파악될 것이 아니라 매스커뮤니케이션의 기능보장이라는 헌법의 가치결정에서 파악될 수는 없는가 하는 의문이 제기되는 것이며, 이를 바탕으로 논의를 시작하고자 한다.[4)]

제2절 고전적·개념 법학적 해석론

Ⅰ. 이론적 기초

R. 예링 등에 의해 정립된 개념법학(Begriffjurisprudenz)은 추상적 개

---

3) 독일 기본법이나 미국 헌법에는 'Press'라는 표현이 사용되고 있다. 미국의 경우 수정헌법 제1조에서 보장하는 프레스의 자유는 방송매체를 포함하는 개념이지만, 독일의 경우는 기본법 제5조에서 프레스의 자유와 별도로 방송에 의한 보도의 자유를 규정하고 있어 인쇄물의 자유만을 의미하는 것으로 이해할 수 있다. 일반적으로 '프레스' 개념은 생산이나 복제의 방법이라는 형식적 기준에 따라 모든 종류의 인쇄물이 포함된다는 견해와 신문·잡지 등 정기간행물에 한정된다는 견해가 있다. 그러나 여기에서 '프레스'의 개념은 개인적 출판을 제외한 불특정 다수를 향한 인쇄물 즉, 매스미디어로서의 인쇄물의 개념으로 이해하고자 한다.

4) Zippelius 교수는 언론의 자유 이외에도 헌법의 가치결정과 직접 관련된 기본권으로 인격발현권, 신체의 자유, 직업의 자유 및 재산권 보장 등을 제시했다. 이에 대해서는 R. Zippelius, Wertungsproblem im System der Grundrechte, 1962, S. 20-63ff.

념체계의 형성에 전력을 다하였다. 따라서 고전적 개념 법학적 해석론에 서는 방송에 대한 개념정의가 필수불가결한 요소로서 요구된다.

왜냐하면 개념 법학적 해석론은 정밀한 개념의 구성과 실정법을 중심으로 어떤 구체적이고 개별적인 사안을 법규범이 정하고 있는 개념의 구성요 건이라는 틀 속에 맞추어 보는 즉, 구체적 개별적 사안과 당해 개념구성요 건 간의 '엄격한 동일성 확인'을 거치는 이른바 사안의 법규범 포섭 (Subsumption)에 의해 개별적인 현상의 포섭 또는 배제라는 '양자택일식 (Das Entweder- Order-Denken)' 방식을 적용하기 때문이다.

Ⅱ. "방송개념"의 추상화와 개념구성요건표지

고전적·개념 법학적 해석론은 개념에 관한 일반적인 정의로부터 출 발한다. 즉, 개념이란 일반적으로 각각의 사물로부터 공통된 성질이나 일 반적 성질을 추출하여 구성된 표상으로 정의된다.

따라서 이러한 해석론에 따른 문헌에서는 방송에 대한 개념적 정의를 내리기 위하여 우선 라디오와 텔레비전 방송으로부터 공통적인 성질이나 일반적 성질을 추출하고자 한다.5) 기존의 방송개념에 관한 논의에서 방 송개념의 구성요건표지로는 일반적으로 다음과 같은 세 가지 요소가 공 통적으로 파악된다.

1. 기술적 요소

방송은 전기통신을 매개로 한 정보의 전파이다. 다시 말하면 전기적

---

5) R. Herzog, in: Maunz / Dürig / Herzog / Scholz, *GG-Kommentar*(*Loseblatt, 1958-2000*), Art5, RN 195.: C. Starck, in: Mangoldt / Klein, *Das Bonner Grundgesetz: Kommentar.* Bd. 1, 1999., Art5, RN 102.

진동 즉, 전파를 이용한 무선통신 기술에 기초한다. 전파를 이용한 정보
의 전파는 무선 전파 즉, 지상파 이용에만 한정되는 것은 아니다. 전송망
기술의 발달에 따른 유선방송(Drahtfunk) 역시 전파를 이용한 정보의
전파라는 본질적인 면에서는 차이가 없다. 따라서 유선을 통한 정보의
전파도 방송에 포함된다.[6]

2. 내용적 요소

방송개념의 내용적 구성요건표지로서 정보의 전달은 일반적으로 광범
위하게 이해되고 있다. 공적 의견형성과 관련된 정보 예컨대 현실적 정
치사건 등만이 방송개념의 내용적 요소로 한정되지 아니하고, 넓은 의미
의 문화적 사건에 관한 정보, 비판, 평론, 그리고 연주회, 텔레비전 연속
극, 연극, 학문 발표회와 같은 문화적 또는 재연 형성적 예술, 교육방송
과 영화, 정치풍자, 연예계 소식, 스포츠 소식, 쇼 등 역시 방송개념의 내
용적 구성요건에 포함된다.[7] 이는 모든 종류의 방송내용을 여론의 일부
가 될 잠재적 정보로 파악하는 것이라 생각된다.

3. 수신자 범위의 요소

방송은 텔레비전이나 라디오 수신기를 보유하면 누구나 시청하거나
청취할 수 있으므로 일반 대중을 대상으로 하는 매스 커뮤니케이션이라
는 개념 구성요건표지가 결정적으로 포함된다. 즉 방송은 지속적으로 불
특정 다수에게 정보를 전송하는 매스 커뮤니케이션이다.[8] 따라서 수신자

---

6) R. Herzog, in: Maunz / Dürig / Herzog / Scholz, *GG-Kommentar*(*Loseblatt,*
   1958-2000), Art5, RN. 195; Lerche, *Rundfunkmonopol,* S. 18ff.
7) 독일의 경우에는 BVerfGE 12, 205(206).
8) 쉬타르크(Starck)는 수신자 범위의 일반성 요소와 관련해 일반 대중의 동

24

의 범위가 제한되거나 한정된 공간에서 전파를 이용해 정보를 전달하는 행위는 방송개념에 포섭되지 않는다.[9] 수신자 범위가 제한되거나 한정된 공간에서 전파를 이용한 정보의 전달의 예로는 경찰방송, 철도방송, 선박 안전방송과 항공안전 방송, 그리고 병원방송 등이 제시될 수 있다.[10]

따라서 기존의 통신용 전기통신설비를 이용해 등장하는 새로운 유형의 커뮤니케이션인 동영상 등의 주문서비스(Abrufdienst)와 접근서비스(Zugriffsdienst)의 경우 수신범위의 일반성 요소 여부가 헌법상 방송개념에 해당하는지 그렇지 않은지 판단하는 데 결정적인 요소로 등장하게 된다.[11]

시적 수용가능성은 방송의 본질적인 표지가 아니라고 한다. 따라서 병원이나 회사 같은 한정된 공간에서의 방송도 기본법상 방송에 해당한다고 본다. C. Starck, in: Mangoldt / H. Klein, Das Bonner Grundgesetz: Kommentar. Bd 1, 1999. RN 94.

9) 루돌프(Rudolf)는 개별적인 사안에 있어서 한정된 공간에서의 방송의 경우 헌법상 방송개념 해당성에 대한 구별이 쉽지 않다고 지적하면서 프로그램의 수신자의 개별적 확정내지 확정 가능성을 기준으로 제시한다. 이러한 기준에 따르면 예컨대 병원에서 환자를 위한 방송은 프로그램의 수신자가 확정되어 있거나 확정 가능한 사람이므로 일반 대중을 대상으로 하는 본래적 의미에서의 방송에 해당하지 않는다고 한다. W. Rudolf, *öffentlich-rechtliche Aufgaben eines Rundfunkgesetzes im demokratischen Verfassungsstaat*, Public Law vol. 28-4-1, 2000. 6., S. 213.

10) 전정환, "헌법상 방송의 개념 – 독일기본법 제5조 제1항 2문의 내용을 중심으로", 「공법연구」 제25집 제4호 (1997), 534면 이하.

11) 조재현, "언론·출판의 자유의 보호영역에 관한 연구 – 보호영역에 관한 미국·독일·우리나라의 접근방법을 중심으로" (연세대학교 대학원 박사학위논문, 2001), 190면.

Ⅲ. 개념 법학적 해석론의 한계

1. 새로운 전파매개 커뮤니케이션 유형 등장의 기술적 배경

(1) 디지털화의 영향

음성, 영상신호를 각각의 전송경로를 통해 송출하던 아날로그 방식이 '0'과 '1'의 연속인 이진수로 전환되어 송출되면서 방송은 커다란 변화를 맞이하게 되었다.[12] 방송내용물을 이루는 음성신호와 영상신호가 '0'과 '1'로 구성된 디지털 신호로 처리되기 때문에 기존의 디지털 신호로 정보를 주고받는 통신 네트워크와 연결하여 이용하는 것이 가능하게 되었다. 이로써 정보송신자의 컴퓨터 서버와 상호 정보교환이 가능한 통신기능이 내장된 디지털 텔레비전단말기를 통해서 방송프로그램 신호를 수신할 수 있을 뿐 아니라 전화나 정보검색도 가능하게 되었다. 또, 인터넷 망을 통

---

12) 예컨대 디지털화의 영향으로 인한 주파수 이용의 효율성 증가를 들 수 있다. '아날로그 방송'에서는 동일한 주파수 대역 내에서 매우 한정된 채널만이 공급될 수 있다. 반면, 디지털 신호를 전송하게 되면 영상 및 음성 신호의 효율적인 압축 및 변조방식을 채용한 까닭에 일정한 전송 대역(채널)하에서 보다 많은 신호(정보)를 전송할 수 있기 때문에 동일한 주파수 대역 내에서 아날로그 방송보다 고화질·고음질의 방송이 가능해짐은 물론, 한 개의 아날로그 방송채널로부터 다수의 디지털방송 채널 곧 주파수 대역의 이용도가 향상되어진다. 그러나 이 경우에도 기존의 아날로그방송에 이용되던 주파수 대역을 몇 개로 나누어 사용할 것인지 아니면 그러한 주파수 대역에서 영상신호와 음성신호를 보다 선명하게 개선할 것인가의 선택이 남는다. 전자의 방식이 이른바 SDTV(Standard Definition TV, 표준TV)이고, 후자를 선택한 방식이 HDTV(High Definition TV, 고화질TV) 이다. 독일을 포함한 유럽의 경우 SDTV를 선택함으로써 지상파를 통해 보다 많은 방송채널이 등장하게 되었다. 반면, 우리나라와 미국은 HDTV를 채택함으로써 독일 등과 같이 디지털화에 따른 채널의 증가는 발생하지 않는다. 다만, HDTV를 채택한다고 하더라도 동일 채널 내에서의 여유 주파수 대역을 이용한 정보제공기능을 추가할 수는 있다.

해 디지털화된 방송프로그램을 실시간 또는 주문형 방식으로 시청할 수 있게 되었다.

이처럼 디지털화는 기존의 통신용 네트워크 특히, 인터넷 망을 통해 일반 공중에게 동영상 등의 정보를 제공하는 새로운 유형의 커뮤니케이션의 등장을 촉발한 요인 가운데 하나인 것이다.

(2) IP 멀티캐스팅(Multicasting) 기술의 개발

새로운 커뮤니케이션 유형이 등장하는데 있어 또 하나의 요인은 통신네트워크에서 멀티캐스팅의 구현이다. 즉 통신네트워크가 개인 상호간의 정보교환에 이용된다면 그 교환되는 내용이 동영상이든지 정지화면이나 텍스트이든지 상관없이 이는 전형적인 통신의 영역에 해당한다. 그렇지만 한 개인이 통신네트워크를 이용해 동시에 여러 사람이 이용할 수 있도록 정보를 제공 내지 송신한다면 이는 더 이상 전통적인 통신이라고 보기에 어렵다. 이렇게 통신네트워크를 이용해 불특정 다수에게 정보를 송신할 수 있도록 하는 기술이 바로 멀티캐스팅 기술이다.

전형적인 통신에서는 한 이용자가 의사소통을 위해 통신네트워크에 접속하면 해당 사용자가 독점적으로 특정 회선을 이용하는 전용(dedicated) 방식이 사용되었다. 따라서 동일 정보(content)를 동시에 다수에게 전송하기 위해서는 이용자 수와 동일한 수의 회선이 필요하므로 네트워크를 설치하기 위해 막대한 자원이 요구되고, 또 네트워크가 제공할 수 있는 회선이 수용한계에 달하면 추가 이용자들은 정보를 제공받을 수 없게 된다. 이러한 까닭에 통신네트워크를 이용해 일반 공중에게 정보를 전달한다는 것은 그동안 비효율성을 이유로 실현되지 않았다. 그러나 최근 IGMP(internet group management protocol)기술이 개발되고, 또 백본(backbone)망에서 MRP(multicasting routing protocol)기술이 개발되어, 동일한 콘텐츠가 하나의 회선을 통해 동시에 다수의 이용자에게 전달되게 되었다. 즉, 통신네트워크의 매스커뮤니케이션적 이용이 가능하게 된 것이다.

이와 같은 멀티캐스팅 기술의 개발로 인해 통신사업자는 전통적 통신의 영역 즉, 개인 상호간의 의사소통이나 정보의 교환을 매개하는 시설의 제공자 역할에서 벗어나 스스로 동영상과 음성 그리고 텍스트 등 디지털 콘텐츠를 복수의 이용 가입자에게 동시에 전송할 수 있게 되었다. 이렇듯 기술발달에 따라 개별적 커뮤니케이션의 매개시설인 통신설비를 통해서 불특정 다수와 의사소통할 수 있게 됨에 따라 전통적인 통신과 방송의 구분기준 가운데 하나였던 네트워크의 종류에 따른 구분은 더 이상 그 의미를 찾기 어렵게 되었다.

2. 통신네트워크의 새로운 이용형태의 등장과 실제

(1) 인터넷망의 새로운 이용형태의 등장과 기능

종래 인터넷은 커뮤니케이션의 형태에 있어 개별적 커뮤니케이션으로 이해되어 왔다.[13] 이에 따라 통신의 보호영역으로 보호되어 왔음은 물론이다. 초기 이러한 인터넷을 이용한 커뮤니케이션 형태는 네트워크의 광대역화 및 멀티캐스팅 등에 따라 이용형태에 변화를 가져오고 있다는 점은 이미 살펴본 것과 같다. 기능상 매스커뮤니케이션과 유사해지고 있고, 많은 사람들의 의식 속에서도 더 이상 개별적 커뮤니케이션만을 위한 미디어의 이용형태라고 받아들여지지 않고 있다.

지난 2004년 한 통계조사결과를 기준으로 정보획득을 위한 수단에 관한 인식변화를 살펴보면, 지상파 텔레비전을 통해 정보를 획득하는 비율은 조사대상의 97%~99% 정도로 변함없이 가장 많은 사람들이 정보획득을 위한 수단으로 인식·이용하고 있는 것으로 나타났다.[14] 지난 1999

---

13) 황성기, 앞의 논문, 89면.

년 10%대의 정보획득 수단으로 인식되던 케이블텔레비전은 70%를 기록했으며, 가장 큰 성장을 보인 것은 인터넷으로 1999년 18% 정도였으나, 2004년에는 75%를 기록했다.

또한 매스컴의 신뢰성, 공정성, 신속성, 정보제공성 등에 대한 조사에서도 인터넷이 지상파텔레비전 다음으로 높은 점수를 기록함으로써 매스컴으로서 인터넷의 비중이 더욱 커지고 있다는 사실을 보여주고 있다. 즉, 포털(Portal)[15]은 물론 인터넷 신문[16]과 인터넷 방송 같은 인터넷 기반 콘텐츠 제공자(CSP)도 신문발행 주체나 방송 주체와 같이 매스커뮤니케이션 주체로서 자리를 잡아가고 있다고 할 것이다.[17]

---

14) 한국방송광고공사, 「Media & Consumer Research」(2004). 원 자료는 매스미디어에 대한 이용자비율의 변화를 제시하였으나, 여기에서는 이를 정보획득을 위한 수단에 관한 인식의 비율로 변환하여 사용하였다. 왜냐하면 매스미디어에 대한 이용자 비율이란 것을 결국 매스커뮤니케이션 주체가 제공하는 정보를 획득하기 위한 이용이라고 생각하기 때문이다.

15) 포탈(Portal)이란 각종 인터넷 콘텐츠 제공자(CSP)의 서버(Server)를 분야별로 영역을 구분해 서비스하거나 원하는 키워드를 입력하면 관련 서버를 찾아주는 인터넷 콘텐츠 제공자이다.

16) 인터넷기반의 신문은 "종이"신문과 마찬가지로 「신문 등의 자유와 기능보장에 관한 법률」에 의해 신문으로서의 기능과 지위가 보장되고 있다. 「신문 등의 자유와 기능보장에 관한 법률」 제2조 제5호는. "인터넷신문"을 "컴퓨터 등 정보처리능력을 가진 장치와 통신망을 이용하여 정치·경제·사회·문화·시사 등에 관한 보도·논평·여론 및 정보 등을 전파하기 위하여 간행하는 전자간행물로서 독자적 기사 생산과 지속적인 발행 등 대통령이 정하는 기준을 충족하는 것을 말한다"고 정의하고 있다.

17) 우리나라의 주요 포털인 미디어다음, 네이버 뉴스 등은 매일 신문·방송이 제공하는 1만여 건에 달하는 뉴스를 편집해 내보내고 있다. 다음미디어의 경우 8명의 취재기자를 두고 자체적으로 뉴스를 생산하고 있다. 최근 인터넷 광고미디어랩인 나스미디어가 뉴스 이용방식을 조사한 결과 응답자의 85.7%가 포털을 통해 뉴스를 얻고 있는 것으로 조사됐다. 이러한 인터넷 포털의 저널리즘 역할논란은 최근 신문과의 마찰을 불러일으키고 있다. 예컨대, "언론인가 단순 전달자인가", 중앙일보, 2005. 4. 1., 23면.

(2) IP TV의 개념과 특성

통신망의 새로운 이용형태와 관련해 그 법적 성격을 놓고 가장 쟁점으로 부각되고 있는 대표적인 예로는 IP TV를 들 수 있다.[18] IP TV란 기존 초고속 인터넷 프로토콜 방식의 회선을 각 가정의 텔레비전과 연결해 다채널의 고선명(HD) 동영상을 제공한다.

IP TV는 기술적으로 세 가지 의미를 갖는다. 첫째, 텔레비전 수상기가 인터넷 프로토콜을 기반으로 한 회선과 연결돼 동영상은 물론 기존의 방송신호를 수신한다. 둘째, 서버에 저장된 대량의 동영상 혹은 음성 콘텐츠 가운데 가입자가 편리한 시간에 좋아하는 콘텐츠를 시청할 수 있다. 셋째, 다양한 데이터를 제공할 수 있다. 이에 따라 IP TV는 고화질뿐만 아니라 기존의 인터넷과 같이 텍스트 등 다양한 데이터를 제공할 수 있다. 따라서 이러한 IP TV 기술은 위성방송의 네트워크 전달, 뉴스나 이벤트의 네트워크 전달, 원격교육·학습, 회원제 정보서비스 등 다양한 부분에서도 그 이용이 예상되고 있다.[19]

(3) IP TV의 규범영역에 관한 문제제기

IP TV의 구현은 광대역통합망(BcN) 구축계획에 기초하고 있다.[20] 광

---

18) IP기반 네트워크를 이용한 텔레비전은 미국의 경우 IP TV, 유럽의 경우 ADSL TV, 일본은 브로드밴드 방송이라고 정의되고 있다. 용어가 다르게 사용되고 있지만 이들 개념들은 인터넷 프로토콜을 기반으로 한다는 점에서 동일한 행위유형이라 할 수 있다.
19) 방송영상산업진흥원, 「IP TV의 동향과 전략」(2004), 9면 이하.
20) 광대역 통합네트워크(BcN: Broadband convergence Network)는 국제 표준화 기준인 ITU-T에서는 차세대 통신 네트워크(NGN: Next Generation Network)와 유사한 개념으로, 패킷방식 전송기술을 이용하여 다양한 형태의 전자적 커뮤니케이션 즉, 전통적 의미에서 방송과 통신을 모두 수용하고 전송할 수 있는 전송 네트워크로, 각 커뮤니케이션 단말기들은 표준화된 개방형 프로토콜로 상호 유기적으로 작동하며 음성과 텍스트, 동영상

대역통합망구축을 실현하기 위해서는 재원이 문제된다. 결국, BcN에 대한 투자는 통신사업자를 중심으로 이루어질 수밖에 없는데 이미 기존의 전화와 인터넷 접속서비스 사업영역에서는 아래의 〈표 1〉과 〈표 2〉에서 예상되고 있는 것과 같이 새로운 가입자의 창출에 따른 수익을 기대할 수 없는 형편이다. 따라서 통신사업자들은 투자비용의 회수 및 이윤창출을 위해 통신선로를 이용한 새로운 사업영역의 확대 즉, 방송과 유사 내지 방송과 동일한 서비스 제공을 요구하고 있다. 이에 따라 광대역통합망 구축에 심혈을 기울이고 있는 정보통신부로서는 통신사업자들의 투자를 유치하기 위해 IP TV 등 새로운 사업영역을 허용하고자 하는 태도를 견지하고 있다. 정보통신부가 IP TV를 전기통신사업법상의 부가통신서비스로 즉, 통신사업의 일종으로 규정하고자 하는 것도 바로 이러한 까닭에서 기인한다.[21] 왜냐하면 현행 전기통신사업법은 한국통신과 같은 기간통신사업자의 경우 부가통신서비스를 개시하고자 할 경우 별도의 진입절차를 규정하고 있지 않기 때문이다.

한편, 방송위원회는 IP TV를 방송개념으로 포섭하고자 한다.[22] 기술발달에 따라 인터넷 프로토콜 기반의 망을 통한 동영상의 배급행위가 과거 파일 다운로드 방식에서 벗어나 스트리밍 방식으로 제공될 수 있으

등 각종 전자적 커뮤니케이션 메시지를 하나의 통합된 전송네트워크에서 제공하게 된다.

21) 한국통신(Korea Telecom)과 하나로통신 등 통신사업자들은 현재 IP TV사업을 추진하고 있으며, 2005년 6월 광주 등지에서 사업을 개시할 계획이다. 이와 관련해 정보통신부는 "IP TV는 전기통신법상 부가통신서비스에 해당된다고 보고 있다", "정통부, IP TV 통신법상 부가통신서비스", 아이뉴스24, 2005. 3. 31.

22) 방송위원회는 IP TV에 대해 현행 방송법 제2조 제1호 나목의 규정상 "전송·선로설비를 이용하여 행하는 다채널방송인 종합유선방송"에 해당한다고 보고, "기존 케이블텔레비전과 경쟁관계를 형성하는 등 방송산업 전반에 파급효과가 크므로 방송법 체계 내에서 규율할 필요가 있다."는 의견을 밝히고 있다. "IP TV 시범사업 후 도입", 디지털타임스, 2005. 3. 31., 9면.

며, 다채널의 운용이 가능해지는 등 케이블네트워크를 이용한 방송인 종합유선방송과 기능적 측면에 있어 차이가 없다는 이유 때문이다.

그렇다면 현행법의 해석상 IP TV는 방송인가 아니면 통신인가라는 질문이 제기되는 것은 논리상 필연적이라고 할 것이다. 현행 개별법상 방송과 통신 개념에 관한 논의가 활발한 것도 바로 이 때문이다.

〈표 1〉 통신매출현황[23]

	1996년	2002년	2007(추정)
유선전화 분야	12.2%	-0.55%	0.76%
무선이동전화 분야	165.9%	4.51%	-15.85%

〈표 2〉 초고속인터넷 가입자 증가율[24]

	1996년	2002년	2007(추정)
가입자율	33.3%	15.4%	1.4%

3. 현행 개별법상 방송과 통신에 대한 이해

헌법 제21조 제3항은 방송과 통신이라는 용어를 사용하고 있다. 하지만, 헌법 제21조 제3항은 방송과 통신의 시설기준에 대해 법률로써 정한다고 규정함으로써 이른바 '시설 법정주의'를 규정하고 있을 뿐 구체적인 개념정의를 하고 있지 않다. 따라서 방송과 통신의 개념정의는 하위 법률인 「방송법」 등에서 규정되고 있고, 고전적 해석론의 경우 헌법상 방송과 통신개념의 해석 역시 개별 법률상의 개념정의에 의존하고 있다.[25]

---

23) 엔터키너, "통방융합시장을 둘러싼 미디어 기업의 미래 전략"(2004. 10.), 13면.
24) 엔터키너, 앞의 글, 13면.
25) 황성기 교수는 방송과 통신 개념정의가 하위 법률을 통해서 이루어진다고
   할지라도, 그 개념정의가 헌법 제21조 제3항에서 규정하고 있는 방송과 통

(1) 현행법상 방송과 통신의 개념 정의

방송개념의 정의는 현행법상 여러 개별 법률 예컨대, 「방송법」과 「저작권법」[26]에서 정의가 서로 다르다. 하지만 방송에 관한 근거법률은 「방송법」이라고 할 수 있기에 「방송법」에서의 개념정의를 중심으로 살펴보면, 방송법 제2조 제1호는 "방송"을 "방송프로그램을 기획·편성 또는 제작하여 이를 공중(개별계약에 의한 수신자를 포함하며, 이하 "시청자"라 한다)에게 전기통신설비에 의하여 송신하는 것으로서 다음 각목의 것을 말한다"고 정의하고 있다.[27] 그런데 "데이터(문자·숫자·도형·이미지·그 밖의 정보체계를 말한다)를 위주로 하여 이에 따르는 영상·음

    신의 개념정의를 시도하는 데 있어서 가장 중요한 기준이 된다고 한다. 황성기, 앞의 논문, 194면. 그러나 헌법상의 개념이 하위법률에 의해 구속된다는 의미하고 한다면, 이는 헌법의 특수성 즉, 개념의 개방성, 추상성 등을 외면한 해석이라는 점에서 의문이다.

26) 한편, 저작권법은 제2조 제8호에서 "방송"을 "일반 공중으로 하여금 동시에 수신하게 할 목적으로 무선 또는 유선통신의 방법에 의하여 음성·음향 또는 영상 등을 송신하는 것을 말한다"고 규정하고, 제9호에서 이러한 방송을 업으로 하는 자를 방송사업자로 규정하고 있다. 한편, 제9의 2호에서 방송과 구별되는 개념으로 "전송"을 "일반 공중이 개별적으로 선택한 시간과 장소에서 수신하거나 이용할 수 있도록 저작물을 무선 또는 유선통신의 방법에 의하여 송신하거나 이용에 제공하는 것"으로 정의하고 있다.

27) 방송법 제2조 제1호 각 목의 규정은 다음과 같다.

    가. 텔레비전방송: 정지 또는 이동하는 사물의 순간적 영상과 이에 따르는 음성·음향 등으로 이루어진 방송프로그램을 송신하는 방송.

    나. 라디오방송: 음성·음향 등으로 이루어진 방송프로그램을 송신하는 방송

    다. 데이터방송: 방송사업자의 채널을 이용하여 데이터(문자·숫자·도형·도표·이미지 그 밖의 정보체계를 말한다.)를 위주로 하여 이에 따르는 영상·음성·음향 및 이들의 조합으로 이루어진 방송프로그램을 송신하는 방송(인터넷 등 통신망을 통하여 제공하거나 매개하는 경우를 제외한다. 이하 같다.)

    라. 이동멀티미디어방송: 이동 중 수신을 주목적으로 다채널을 이용하여 텔레비전·라디오방송 및 데이터방송을 복합적으로 송신하는 방송.

성·음향 및 이들의 조합으로 이루어진 방송프로그램이 통신망을 이용해 전송되는 경우는 방송의 개념에 포섭될 수 없다. 같은 법 제2조 제1호 다 목에서 통신망을 이용한 데이터방송에 대해 방송법의 적용 배제를 규정하고 있기 때문이다.

한편, "통신"이라는 개념이 정의되어 있는 개별 법률로는 「통신비밀보호법」을 들 수 있고, 이와 연관된 개념으로서 "전기통신"이라는 개념이 정의되거나 사용되고 있는 법률로는 「전기통신기본법」과 「정보통신망 이용촉진 및 정보보호 등에 관한 법률」 등을 들 수 있다. 각 개별 법률에 나타난 통신의 개념정의를 살펴보기로 하자. 우선 「통신비밀보호법」 제2조 제1호는 "통신"을 "우편물과 전기통신"을 말하는 것으로 규정하고 있다. 또한 "전기통신"은 "전화·전자우편·회원제 정보서비스·모사전송·무선호출 등과 같이 유선·무선·광선 및 기타의 전자적 방식에 의하여 모든 종류의 음향·문언·부호 또는 영상을 송신하거나 수신하는 것을 말한다"고 제2조 제3호에서 규정되어 있다.

「전기통신기본법」은 제2조 제1호에서 "전기통신"을 "유선·무선·광선 및 기타의 전자적 방식에 의하여 부호·문언·음향 또는 영상을 송신하거나 수신하는 것을 말한다"고 정의함으로써 「통신비밀보호법」에서의 전기통신과 동일하게 통신개념을 정의하고 있다. 한편, 인터넷의 이용 등에 관해 규율하고 있는 「정보통신망 이용촉진 및 정보보호 등에 관한 법률」 제2조 제1호는 "정보통신망"을 "전기통신기본법 제2조 제2호의 규정에 의한 전기통신설비를 이용하거나 전기통신설비와 컴퓨터 및 컴퓨터의 이용기술을 활용하여 정보를 수집·가공·저장·검색·송신 또는 수신하는 정보통신체제를 말한다"고 규정하고 있다.

(2) 통신네트워크의 새로운 이용형태와 규범영역 확정상 쟁점

현행법상 통신네트워크의 새로운 이용형태에 관한 규범영역 확정에 있어서 쟁점은 일차적으로 방송법상 방송개념의 정의에서 찾을 수 있다. 이미 살펴본 것과 같이 방송법은 방송개념을 정의함에 있어서 "인터넷 등 통신망을 통하여 제공하거나 매개하는 경우를 제외한다"고 규정하고 있다. 이에 따라 "통신"이 전기통신설비를 이용한 "정보의 교환"의 매개 또는 전기통신설비를 이용하는 이용자 간의 개별적 커뮤니케이션을 뜻함에도 불구하고,[28] 현행 방송법의 규정이 종래 통신을 위한 전기통신설비 예컨대 인터넷 망이라는 수단을 통해 일반적으로 접근할 수 있는 정보원으로 기능하는 경우에도 방송의 규범영역에서 제외된다고 주장할 수 있게 되는 것이다.

이렇게 개별법상에서 재래의 기술적 차이에 따른 구분을 척도로 하여 통신네트워크를 이용한 매스커뮤니케이션과 같은 유사한 커뮤니케이션 행위의 규범영역을 규율하고자 함으로써 전기통신설비의 이용형태가 같은 데도 서로 다른 규범이 적용될 수 있는 가능성이 열려 있게 된 것이며, 이에 따라 규범영역의 확정은 물론 규범적용상의 혼란과 논쟁이 야기되고 있는 것이다.[29] 물론 이러한 문제는 방송과 통신의 개념에 대한 문언 중심적 해석 내지 개념 법학적 해석론에 따른 것이라는 것은 의심의 여지가 없다.

IV. 고전적·개념 법학적 해석론의 문제점 및 비판적 검토

1. 법률용어의 존재론적 모호성

헌법상 규범영역을 판단함에 있어 하위 법률에서의 개념정의 규정을

---

28) 황성기, 앞의 논문, 57면 참조.
29) D. Jarass, *Rundfunkbergiffe im Zeitalter des Internet*, AfP, 2, 1998, S. 133-155.

준거로 하는 것은 헌법의 개방성 등 그 특성상 불가능하다. 따라서 헌법 상의 방송개념을 하위 법률의 개념규정을 통해서 해석하려는 문언 중심 적 혹은 개념 중심적 해석론은 적절하지도 타당하지도 않다. 문언을 중 시하는 실증주의적 해석을 주장하고자 한다면 즉, 실정법상 법률텍스트 로부터 구체적인 법명제를 연역적으로 이끌어내고자 한다면 법률개념과 그 법률개념을 해석하는 논증개념의 용어가 존재론적으로 명확하다는 인 식론적 전제에 대해 설명할 수 있어야 한다. 따라서 '언어의 명확성 – 독 트린'이라고 부르는 이러한 전제가 성립되지 않는다면 법률해석이라는 연역적 도출과정이라는 명제는 허물어진다.[30]

그런데 법률 개념이 그것에 의해 나타낼 수 있는 대상을 그 자체로서 혹은 그 글자의 논리적·언어적 의미해석을 통해서 '완전하고', '분명하 게' 지시해 줄 수 있다는 독트린은 개념의 '통시적 모호성'과 '공시적 모 호성' 때문에 유지될 수 없다.

(1) 통시적 모호성

규범해석자가 법률개념을 통해 어떤 대상이 그 법률개념에 포섭될 수 있는지를 완전하게 알 수 있다는 전제는 우리의 사회적 삶 자체가 고정 되어 있고 그 다양성 또한 한정적이라는 점을 인정하는 경우에만 타당할 수 있다. 왜냐하면 기술과 과학, 문화와 규범의 변화에 따라 해석자가 기 존의 법률언어로써 한 번도 접해보지 않은 새로운 정보를 끊임없이 생산 해 낸다면, 해석자는 그 새로운 정보가 기존의 법률언어에 의해 적절하 게 고찰될 수 있는지를 판단함에 있어 난감하지 않을 수 없기 때문이다. 특히 사회의 역동적 변화에 그 의미가 개방되어 있는 법률용어들은 해석 자가 그의 사유적 인식능력을 동원하여 생각해낼 수 있는 용어들의 모든 적용영역을 항상 앞질러 다양한 의미를 전개시킨다. 그러한 용어들은 의

---

30) 이상돈, "법률적 삼단논법의 인식론적 오류", 「안암법학」 제3권(1995), 11면.

미에 있어서 "개방적"이라고 할 수 있다. 즉, 비유적으로 표현하자면 미래를 위해 비어 있는 "의미의 창고"이며, 따라서 현재 시점에서 보면 의미의 모호성을 뜻한다.

법률용어가 이렇게 시간의 흐름이라는 관점에서 기술적·사회적으로 다양한 전개 가능성 때문에 모호할 수밖에 없는 현상을 '단어의미의 상대성'이라고 부른다.[31] 예컨대, 형법 제225조에 규정된 '문서'는 복사기술이 등장하기 이전시대에 법률용어가 되었다. 그런데 오늘날 문서의 복사물에 대해서도 문서개념을 사용할 수 있는지에 관해 형법상 문서라는 종래의 개념은 아무런 확실한 대답을 마련해 놓고 있지 못하다. 비유적으로 표현한다면 형법상의 법률언어인 문서개념은 시간의 흐름 속에서 "엉성한" 개념이라고밖에 볼 수 없다.

따라서 정밀한 개념정의를 바탕으로 한 포섭적 방법은 바로 이러한 의미의 상대성이 완전히 배제될 때에만 타당할 뿐이라는 한계를 갖는다.[32]

(2) 공시적 모호성

법률용어의 실제를 일정한 시간 축에 고정시켜놓고 과학적 분석방법을 적용해 그 정태적인 모습을 살펴보는 경우에도,[33] 언어에는 언제나 일정한 모호성이 존재한다. 이를 '공시적 모호성'이라고 부른다.[34] 언어이론과 법이론의 발전은 불명확한 언어의 유형을 다음과 같이 확립하였다.

1) 규범적 개념과 서술적 개념

공시적 모호성은 무엇보다도 이른바 '규범적 개념'이라 불리는 법률개

---

31) Okassr, *Sprache als Problem und Werzeug des Juristen*, ARAP 1967, S. 116ff.
32) 이와 비슷한 지적으로는 Haverkate, *Gewißheitsverluste im juristischen Denken*, 1977, S 18.
33) 이를 시간적 개방성이라는 변수라고 한다.
34) 이상돈, 앞의 논문, 14면.

념에서 가장 눈에 띄게 나타난다. 예컨대, 「폭력행위 등 처벌에 관한 법률」 제3조 제1항에 규정된 "위험한 물건"이라는 개념은 무엇이 "위험한 물건"인지를 판단하기 위해 일정한 규범적·평가적 요소를 고려하여야만 한다. 왜냐하면 '위험성'의 지시대상은 외부적 지각 가능성이 없는 것이기 때문이다.

이 점이 바로 규범적 개념이 갖는 특징인 것이다. 이에 반해 개념 안에 규범적·평가적 요소가 없고 외부적 지각이 가능한 대상들을 지시하는 개념은 서술적 개념이라고 한다.

2) 가치충전필요 개념

규범적·평가적 법률개념들 가운데 이른바 '가치충전을 필요로 하는 개념'[35]은 또 다른 특징을 갖는다. 즉 보통의 규범적 개념들은 일정한 평가활동을 통해 궁극적으로 서술적 개념으로 환원될 수 있다. 즉, 그 개념의 적용대상이 외부적으로 지각될 수 있다. 그런데 가치충전을 필요로 하는 개념은 그러하지 못하다.

외부적 지각이 가능한 서술적 개념으로의 환원가능성이 처음부터 존재하지 않는 개념이 가치충전이 필요한 개념이 된다. 예컨대, 민법 제103조에 규정된 "선량한 풍속", 형법 제243조에 규정된 "음란한" 등의 개념을 들 수 있다. 이러한 개념들은 "마지막" 순간까지 일정한 가치 평가가 요구되며, 서술적 개념으로 환원될 수 없다.

3) 일반조항

법률개념이 단지 일반원칙만을 제시하기 때문에 법률해석자는 그것을 구체화하는 기준을 만들어야만 해석이 가능할 경우 그러한 법률개념을 일반조항이라고 부른다. 예를 들면, 방송법 제6조의 규정에 의한 "공익성"이나 형법 제16조의 "정당한 이유" 등을 들 수 있다.

---

35) K. Engisch, *Einführung in das juritische Denken*, 8. Aufl. 1983. S. 18.

2. 비판적 검토 및 해석방법론으로서 가치 평가적 해석의 필요성

법률개념은 서술적 개념에서부터 일반조항에 이르기까지 그 모호성에 있어서 정도의 차이를 갖는다. 평가적 요소를 필요로 하지 않는 서술적 개념의 경우 고전적·개념 법학적 해석방법은 적절하게 기능할 수 있을 것이다. 그러나 구조적인 면에서 개방성, 미완성성 등을 특성으로 하는 헌법의 경우 서술적 개념이 적다고 할 것이며, 따라서 일반적 개념론에 기초한 고전적·개념 법학적 해석방법론을 헌법상 개념해석에 적용하는 것은 타당하지 않다. 특히 헌법을 사회를 장기적으로 지배하는 가치를 법제화하는 결정체라고 이해할 때,[36] 헌법상 방송개념을 현행 법규정의 개념 정의와 이러한 정의의 구성요건표지에 한정해 해석하고자 하는 것은 현행법이 헌법상 이념과 가치, 이에 기여하는 국가목표, 이들을 실현하기 위한 다양한 원리와 제도, 그리고 이들을 구체화하기 위하여 필요한 중요한 절차의 법제화라는 관점에서 볼 때 정당하지 않다. 오히려 헌법상 방송개념에 대한 올바른 해석을 위해서는 "우리가 헌법상 방송개념을 통해 보호하고 실현하고자 하는 가치는 무엇인가?"라는 질문에 대한 해답의 모색에서부터 출발하여야 할 것이며, 이러한 방법론으로서 방송개념을 전기통신설비의 매스커뮤니케이션적 이용행위로서 이해하고, 이러한 이해를 바탕으로 전기통신설비의 설치 및 운영의 특성과 이러한 전기통신설비의 매스커뮤니케이션적 이용행위에 대한 헌법적 가치평가에 따라 방송개념을 해석하여야 할 것이다.

---

36) 전광석, "국회의 인사에 관한 권한", 「고시연구」(1988. 2), 77면 이하 참조.

제3절 독일에서의 방송개념에 관한
이론과 판례의 검토

Ⅰ. 독일 기본법상 방송개념 해석에 대한 논의의 검토

1. 검토의 필요성

이미 살펴본 것과 같이 우리 헌법에는 방송개념이 구체적으로 정의되어 있지 않다. 독일 기본법도 상황은 마찬가지이다. 우리 헌법은 제21조 제3항의 방송시설 법정주의를 통해 방송이란 용어를 명문화함으로써 방송을 헌법상의 개념으로 규정하고 있을 뿐이고, 독일 역시 기본법 제5조 제1항 2문에서 방송을 통한 보도의 자유는 보장된다고 규정할 뿐 방송의 개념에 대해 구체적인 정의는 내리지 않고 있다.

다만 우리나라에서 방송개념에 관한 논의가 활성화되어 있지 못한 상황에서 기본법상 방송개념탐구에 관한 독일에서의 연구성과는 우리 헌법규정과 독일 기본법 규정의 문언상 차이점이 있다는 점을 전제한다고 하더라도 우리 헌법상 방송개념 해석에 있어 일정한 시사점을 제공할 수 있다고 보인다.

2. 논의의 배경

독일 기본법상 방송개념이 무엇을 뜻하는지에 관한 해석론은 연방정부와 주정부 간의 방송행정에 관한 관할권 다툼을 통해 최초로 제기되었다. 이후 방송개념에 관한 해석을 둘러싼 논쟁은 새로운 전기통신설비기술의 발달에 따라 다시금 제기되었다. 1972년 비디오텍스트(Videotext)[37]

도입계획과 1970년대 말 텔레비전 수상기, 전화와 컴퓨터 기술에 바탕을
둔 빌트쉬름텍스트(Bildschirmtext)[38]도입 계획이 바로 그것이다.

이러한 새로운 커뮤니케이션의 유형은 송신자가 전달하는 메시지를
수신함에 있어서 수신시간, 내용, 방법의 선택권이 수신인 즉, 시청자에
게 있다는 점에서 기존의 전형적인 방송과 그 이용형태에서 차이를 보인
다. 그리고 이러한 새로운 커뮤니케이션 유형의 등장은 기존의 전기통신
설비를 이용한 매스커뮤니케이션의 형태에 변화를 가져올 것으로 예상되
었다. 하지만 연방정부와 각 주정부 사이에는 새로운 커뮤니케이션 유형
이 연방정부의 권한에 속하는 개별적 커뮤니케이션 즉, 통신인지 아니면
주정부의 권한에 속하는 매스 커뮤니케이션인 방송인지에 관한 법적 성
격 규명을 위한 논의가 전개되었다. 그리고 이러한 논의는 연방헌법재판
소의 판결에 의해 정리되었다.

3. 독일 연방헌법재판소의 견해

독일의 경우 이미 살펴본 것과 같이 기본법상 방송의 개념에 대한 정
의 규정이 없기 때문에 방송개념의 문제는 주로 해석에 의존해 오고 있
다. 특히 독일연방헌법재판소가 방송 관련 사건판결에서 내린 방송의 개
념에 대한 해석은 방송 관련 입법에 있어 구속력 있는 지침으로서 기능
하고 있다.[39]

이하에서는 방송과 통신의 구별에 관한 기준을 최초로 제시한 1961년
제1차 방송판결[40]과 새로운 전기통신설비 기술발달에 따라 등장한 새로

---

37) 비디오텍스트에 관한 자세한 내용은 각주 52 참조.
38) 빌트쉬름텍스트에 관한 자세한 내용은 각주 56 참조.
39) 독일연방헌법재판소의 방송판결을 통한 입법지침 제공적 측면에 관하여는
    H. Gersdorf., *Der Verfassungrechtliche Rundfunkbegriff im Lichte der
    Digitalisierung der Telekommunikation*, 1995, S. 59f.
40) BVerfGE 12, 205.

운 커뮤니케이션의 법적 성격에 관한 1987년 제5차 방송판결을 살펴보고, 이를 통해 독일연방헌법재판소가 형성한 기본법상의 방송개념을 정리해보고자 한다.

(1) 방송과 통신 개념의 구별

독일연방정부와 주정부 간의 방송관할권에 관한 분쟁으로 널리 소개된 제1차 방송판결에서 독일연방헌법재판소는 기본법상 방송개념에 관해 중요한 기준을 제시하였다. 기본법상 방송개념과 통신개념의 구별이 바로 그것이다. 사건의 개요와 연방헌법재판소의 판단을 이하에서 개략적으로 살펴보기로 한다.

이른바 독일텔레비전 방송 사건이라고 불리는 이 사건은 제2차 세계대전 이후 독일연방정부가 추진하는 각종 정책에 비판적인 공영방송사를 견제하기 위해 독일연방정부를 대표해서 연방수상과 연방장관 셰퍼가 쾰른에 독일텔레비전유한회사(Deutschland-Fernsehen GmbH)를 설립함으로써 비롯됐다. 이들은 회사설립과 관련해 모두 23,000마르크에 달하는 기본자본 가운데 12,000마르크는 독일연방정부가 인수하고, 11,000마르크는 연방장관 셰퍼가 인수하는 것으로 하되, 각 주정부가 행정협정을 통해 사업지분에 참여할 수 있도록 하였다. 그런데 연방의 어떤 주도 이 회사에 참여할 의사를 보이지 않자 연방장관 셰퍼는 자신의 모든 지분을 연방정부에 넘겼고, 이로써 연방정부는 모든 사업지분의 소유자가 되었다. 이에 대해 함부르크시와 헤센주는 연방정부가 주정부의 헌법상의 권리를 침해했다고 주장하며 연방헌법재판소에 심판을 청구하였다.

주 정부의 주장에 대해 연방정부는 "우편과 통신"이라는 개념은 역사적으로 구성된 것이며, 통신 개념은 바이마르 공화국 헌법 제6조 제7호 및 제88조 제1항상의 "우편과 전신"의 전신개념에 해당하는 것으로, 이 전신개념에 무선통신과 방송 모두가 포함됨으로 통신에 관한 기본법 제

73조 제7호에 따른 입법권한은 방송 전체를 포괄하는 것이라며 항변하였다. 즉, 기본법 제5조에 따른 방송의 자유를 보장하기 위한 주요 원칙을 법률로 규범화하는 권한 역시 연방이 관할권한을 갖는다고 볼 것이므로 '북독일방송'에 방송물의 송출에 대한 독점을 인정한 「북독일방송에 관한 국가조약」과 이와 관련된 함부르크 州「州 방송법」이 오히려 연방의 입법권을 침해한 것으로 결국 무효라는 입장이었다.

연방헌법재판소는 기본법상 방송과 통신 개념을 다음과 같이 판단하였다.

"라디오 방송과 텔레비전 방송은 방송물, 즉 프로그램을 무선으로 전달하기 위해 전기적 파장인 전파를 사용한다. 이 전파는 송출시설을 통해서 전파된다. 송출시설은 전파시설이며, 그러므로 통신시설이다. 이들은 기본법 제73조 제7호에 규정된 통신에 포함된다. 단어의 뜻을 자연스럽게 이해하며 일반적인 언어습관을 좇아 해석하면, 통신에는 오로지 전기적 신호로 구성된 방송물을 송신하는 기술적 과정만 속한다. 통신은 신호전달의 과정만을 목표로 삼는 기술적인 개념에 지나지 않는다. 통신이라고 하면 이는 통신시설, 즉 기술적 설비와 관련될 뿐이며, 바로 이 설비의 도움으로 신호를 "먼 곳으로" 보내거나 중계할 수 있다. 이 점을 1928년 「통신시설에 관한 법률」이 확인하였는데, 「통신시설에 관한 법률」은 그 조문과 의미상 무선시설의 설치와 운영, 즉 기술적인 과정에 대한 규율에 제한되어 있다. 정치적·문화적 중요성을 과소평가할 수 없는 매스커뮤니케이션인 방송은 이러한 통신설비의 일부가 아니라, 통신설비의 "이용자(Benutzer)"이다."[41]

통신기술상의 측면들이 방송출현 초기에는 방송의 본질을 규정할 정도로 우세한 의미를 지녔을 수도 있다.[42] 그러나 이 같은 통신기술적 측면

---

41) 전정환·변무웅 역, 「독일방송헌법판례」(한울아카데미, 2002), 34면.
42) 자세한 내용은 이 논문 제1장 제5절 "매스커뮤니케이션으로서 방송개념의 이해"에서 구체적으로 살펴보기로 한다.

은 이미 수십 년 전부터 부차적이며 봉사적인 기능만을 부여받고 있다.[43] 통신이 일반적인 언어 사용례에 따라 단지 신호전달에만 이바지하는 무선 기술적 과정만을 포함한다면, 그로부터 이른바 演奏所(studio)技術은 통신에 속하지 않는다는 결론이 나온다.[44] 통신은 송출될 수 있게 처리된 즉, 전기적 신호로 만들어진 소리나 영상을 연주소로부터 한 개 또는 수 개의 송출시설로 전달됨으로써 시작된다.[45] 그러므로 통신은 방송물의 송출과 방송물의 수신[46]에 이르는 기술적인 과정을 포괄하게 된다.

기본법 제73조 제7호에서 규정하고 있는 통신에는 방송물 송출시설의 운영과 방송물의 수신이 제대로 이루어지도록 하기 위해 규율해야 할 기술적인 전제조건들이 속한다. 즉, 방송물을 송출하는 주체에게는 다른 방송물 송출주체의 주파수와 조정을 거친 특정한 주파수가 부여되어야 한다. 전파가 겹치거나 방해되는 일을 피할 수 있도록 송출시설의 소재지와 출력강도가 전파 기술적 관점에서 확정되어야 한다. 이런 주파수 대

---

43) BVerfGE 12, 205(208).

44) 연주소라 함은 방송의 내용이 되는 음성이나 영상 등을 마이크 또는 카메라를 통해 전기적 신호로 제작하는 시설 즉, 방송물을 만드는 스튜디오 및 방송물의 송출순서 및 시간 등을 조정하는 부조종실, 주조종실 등을 모두 포함한 개념이다.

45) 송신(Transmission)시설 즉, 송신기와 음성, 영상신호는 별개로 작동한다. 이 송신기는 연주소로부터 일정 거리 떨어져 설치된다. 송신기에는 두 개의 신호가 있어서 음성과 영상신호를 변조해 준다. 이 가운데, 영상신호는 음성신호에 비해 더 많은 정보저장용량을 필요로 하는데 약 20배까지 가능하다. 음성, 영상 송신기에서 사용되는 신호들은 이중송신기에서 하나의 복합신호로 만들어진다. 텔레비전의 경우 사용하는 전파가 직진성이 강한 직파를 사용하기 때문에 산 정상이나 높은 건물의 옥상, 혹은 철제탑 등 가능한 한 높은 곳에 안테나를 설치한다.

46) 텔레비전의 경우를 예로 들자면, 텔레비전 수상기도 송신기처럼 전파에 실려 온 전기적 신호의 영상 부분과 음성부분을 분리하는 과정을 거친다. 그러므로 여기서 방송물의 수신이라 함은 텔레비전 시청 전 단계 즉, 전기적 신호가 텔레비전 수상기에 도달하는 과정을 방송물의 수신이라고 보는 것으로 생각된다.

역과 출력강도를 준수했는지 여부는 다른 통신시설이나 전기적 시설물이 방해받지 않도록 하는 예방조치를 의미한다. 이들 사항이 통신의 개념에 속하는 것들이다.

또, 헌법제정평의회에서의 논의 역시 방송영역과 통신영역의 구분을 명시적으로 밝히고 있다. 즉, 방송의 기술적인 측면은 통신에 귀속되었다고 할지라도, "문화적 측면"인 방송물의 내용은 통신에 포함되지 않는다는 것이다. 말하자면 통신이 방송 전체를 포괄한다는 논리는 기본법에서 도출할 수 없으며, 기본법 제5조에 의해 구체화되는 법률의 규율대상은 주로 방송물의 내용이라고 밝히고 있다. 더 나아가 방송물을 제작하는 방송 주체에 대한 조직 분야의 규율은 송출시설을 설치하고 기술적으로 운영하는 조직에 관한 규정들보다 훨씬 더 중요하기 때문에 방송물의 송출과 송출시설의 운영을 하나로 통합하는 공법상 제도가 되어야 하고,[47] 이 제도의 조직에 관한 법조항을 정립할 경우, 사안연관성을 따져 볼 때 오히려 송출 기술적 사항이 방송제도에 포함되어야 한다고 한다.

(2) 분배형 커뮤니케이션과 주문 · 접근형 커뮤니케이션

제1차 방송판결 이후 "방송"개념에 대한 논의가 다시 다뤄진 계기가 된 사건이 바로 바덴-뷔르템베르크(Baden- Württemberg)주 미디어법 (Landesmediengesetz)에 관한 헌법소원사건이다.[48]

---

47) 연방헌법재판소는 예컨대, 연방정부가 공법상의 영조물을 설립해 이 영조물로 하여금 방송영역과 관련해 연방의 독자적 시설을 건립하고 운영하는 일 등을 인수하면서, 시설이용 등에 대한 조건부과를 통해 방송물회사 예컨대 현재 우리 방송법상의 방송채널사용사업자에게 "방송내용에 대한 정부의 영향력을 행사"하는 것을 우려해, 오히려 방송내용물을 제작하는 연주소시설과 송출시설의 운영을 하나로 통합하고, 이를 방송의 영역 즉 방송 제도를 통해 규율하는 것이 방송의 문화적 측면, 특히 뉴스공급기능 등과 관련해 바람직하다고 판단한 것으로 생각된다.
48) BVerfGE 74, 297.

이 사건에서 주요 쟁점은 공법상 영조물인 공영방송으로 하여금 방송과 유사한 커뮤니케이션 즉, 비디오텍스트서비스를 송출하지 못하도록 배제하고, 이들 사업을 단지 민영방송에게만 허용하는 것이 과연 기본법에 합치하는지 여부였다.[49] 즉, 공영방송이 비디오 텍스트서비스를 행하는 것이 공영방송에게 부과되는 '기본적 공급의무'에 포함되는 것인지 아니면 배제되는 것인지, 그리고 배제된다고 할 때 이러한 조치가 기본법 제5조 제1항 2문에 합치되는지 여부가 문제로 제기되었다.

연방헌법재판소는 방송과 유사한 커뮤니케이션 즉, 이른바 '유사방송서비스'의 법적 성격에 대한 규명을 위해 다시 한번 방송개념에 대해 판단하게 되었는데, 방송과 유사한 커뮤니케이션이기 때문에 방송의 자유에 대한 위반이 아니라는 주장을 받아들이지 않았다. 오히려 개인과 공공의 자유로운 의견형성을 보장하기 위해서는 기본법 제5조 제1항 2문의 보호효과가 "방송과 유사한 커뮤니케이션 서비스"의 경우에도 필요하다고 보았다. 즉, "유사방송서비스"가 제공하는 내용물이 전통적인 방송에서 제공하는 내용물과 다르지 않으며 또, 매스커뮤니케이션으로서의 기능이라는 결정적인 점에서도 전혀 차이가 없다는 점 그리고 주문형방식이 "임의의 사람에게", 그리고 접근형 방식이 "누구"에게나 언제든지 접속할 수 있다는 점은 방송이 갖는 기능적 측면에서 볼 때 결코 중요한 요소라

---

49) 1985년 제정된 바덴뷔르템베크 주 미디어법은 불링거(Bullinger)의 이론적 영향을 받았다. 방송의 경제적 측면과 의견의 자유시장론의 방송영역에의 적용을 주장한 불링거는 양 방향 전문정보 서비스인 빌크쉬름텍스트를 방송과 다른 '유사방송'개념으로 정의하였다. 불링거는 방송개념을 한정하여 해석함으로써 상대적으로 새로운 서비스 영역이 넓어지고, 여기에서 투자와 산업육성을 조성할 수 있다는 산업적, 경제적 측면을 강조한 것으로 보인다. 불링거의 이러한 주장에 힘입은 바덴퀴르템베르크 주 미디어법은 접근(Zugriff) 및 주문(Abruf) 서비스를 포함한 방송과 유사한 서비스를 방송 그리고 개인커뮤니케이션 사이의 중간 영역적 개념으로 차별화하였다. 여기에 관해 자세한 내용은 M. Bullinger, Der Rundfunkbegriff in der Differenzierung kommunikativer Dienste, AfP, 1, 1996, 1-8 참조.

고 볼 수 없다는 점을 강조하였다. 결국 연방헌법재판소는 주문형 또는 접근형이라는 새로운 커뮤니케이션 행태라고 하더라도 이는 기능적 측면에서 방송개념에 포함되는 것으로 본 것이다.

4. 방송개념 규명을 위한 주정부의 활동

연방헌법재판소가 판례를 통해 기본법상 방송개념에 대한 해석을 내놓은 것과는 별도로 방송개념규명을 위한 세 차례의 시도가 있었다.[50] 1972년 비디오텍스트 도입계획과 관련해 연방 각 주정부가 이 새로운 커뮤니케이션의 법적 성격규명을 시도한 '슐리어제 보고서'(Schlierseer Papier)[51]와 1970년대 말 양 방향 전문정보 송출행위인 빌트쉬름텍스트의 도입계획에 따른 '뷔르츠부르그 보고서'(Würzburger Papier) 그리고 디지털 기술 및 통신기술의 발달에 따른 멀티미디어의 법적 성격을 규명하기 위한 '방송개념규명위원회 보고서'가 바로 그 결과물들이다. 물론 전기통신 설비기술의 발전에 따라 새롭게 등장한 커뮤니케이션 유형이 과연 기본법 제5조 제1항 2문에 의해 규범화된 방송개념에 포함되는지 여부가 논의의 핵심이었다.

(1) 비디오텍스트의 방송개념 해당성 검토

1972년 당시의 연방우정성은 텔레비전 화면에서 활용되지 않는 첫 20

---

50) 독일의 경우 통신에 관한 권한은 연방에, 그리고 방송에 관한 권한은 주정부에 있다. 따라서 새로운 전자적 미디어가 등장하는 경우에는 연방정부와 주정부 간의 관할권 다툼이 예외 없이 전개되고 있다. 이러한 배경에서 주정부는 연방정부의 새로운 전자적 미디어 도입에 초미의 관심을 가질 수밖에 없었고 그 결과 자신들의 의견을 담은 보고서를 작성하게 되었다고 할 것이다.

51) 보고서의 자세한 내용은 J. Scherer, *Telekommunikationsrecht und Teleko-mmunikations-politik*, 1985, S. 499ff. 참조.

주사선을 신문뉴스, 문자정보, 청각 장애인용 자막과 외국영화 자막 등에 이용할 수 있도록 이들 정보를 영상과 병행하여 계속 반복적으로 전송하는 이른바 비디오텍스트 도입계획을 세웠다.[52]

이러한 새로운 커뮤니케이션의 형태는 이용시간, 내용, 방법의 선택권이 시청자에게 부여함으로써 기존 매스 커뮤니케이션의 형태에 변화를 가져올 것으로 예상되었다. 이에 각 주정부는 이 새로운 커뮤니케이션 형태의 법적 성격에 대한 규명을 시도했고, 그 연구결과가 바로 '슐리어제 보고서'로 작성되었다.

이 연구보고서에서의 쟁점은 전형저인 방송이 갖고 있던 징보제공 방식인 '분배형'(Verteil)구조와 다른 이른바 접근형(Zugriff) 또는 주문형(Abrufdienst) 커뮤니케이션이 과연 방송개념에 포함될 것인가 하는 문제였다. 이러한 쟁점을 해결하기 위한 판단기준으로 이 보고서에서는 시청자의 이용방법이라는 측면과 커뮤니케이션 메시지라는 내용적 측면에

---

52) 텍스트와 그래픽정보를 텔레비전의 여유대역을 이용해 전송하고, 이를 텔레비전 화면의 여유 공간을 통해 나타내는 것이다. 구체적으로는 여유대역을 통해 전송된 텍스트 등의 정보가 텔레비전 수상기에 부착된 디코더를 통해 음성, 영상신호로부터 분리해 낸 후, 이를 텔레비전 화면의 양쪽의 수직공간을 통해 나타낸다. 시청자는 이러한 비디오텍스트를 리모트 컨트롤러(remote controller)로 선택할 수 있는데, 이것은 특정 텍스트에 지정된 번호를 입력시키는 방법으로 이루어진다. 이러한 비디오텍스트는 텔레비전 방송의 여유대역을 이용한다는 점과 화면의 일부를 이용한다는 점에서 일정한 한계를 갖는다. 텔레비전 화면의 여유 공간이 제한되어 있기 때문에 화면에 표시되는 비디오 텍스트는 일정하게 제한되고, 따라서 내용이 많아지면 일정한 순서에 따라 순환되어 방송될 수밖에 없다는 점이다. 비디오텍스트에 관해 자세한 내용은 Wittig-Terhardt, in: Fuhr / Rudolf / Wasserburg, *Recht der neunen Medien*, S. 41: 이러한 비디오텍스트는 현재 독일에서 널리 보급되어 이용되고 있다. 비디오텍스트 디코더가 부착된 텔레비전이 대부분이며, 비디오텍스트 디코더가 없는 텔레비전이라도 100마르크 이하의 저렴한 가격으로 이용가능하기 때문이다. Kulpok, Media Perspektiven, 1991, 520ff..

천착했다.

먼저 이용방식의 측면에서 접근형 커뮤니케이션은 방송개념에 포함된다고 보았다. 왜냐하면 접근형 커뮤니케이션을 이용하기 위해 필요한 이용자 내지 시청자의 행위가 텔레비전 수상기의 스위치를 켜고 끄는 기존 방송 시청을 위해 필요한 행위와 차이가 없다고 보았기 때문이다. 이러한 맥락에서 주문형 커뮤니케이션은 통신이라는 견해를 제시하였다. 즉 시청자의 주문에 의한 커뮤니케이션은 방송의 개념에 포섭되지 않는다는 입장이다.[53]

내용측면에서는 여론형성과의 관련성이 핵심적 사항으로 검토되었다. 그러나 문자뉴스를 전달하는 텔레텍스트(teletext)는 명백히 여론 형성성을 갖지만, 일기예보나 여행정보 등이 과연 여론 형성적인가라는 문제에 봉착하게 되었다. 이 때문에 적극적(positive)인 기준설정 대신 소극적(negative)인 기준을 적용해 전파되는 내용이 여론 형성적인가에 따라 방송개념에의 포섭여부를 판단하였다. 그리고 이러한 소극적 기준에 따라 기업운영 목적의 사내방송, 백화점 및 직장 내에서의 구매의욕과 작업능률을 진작시키기 위한 방송, 개인이용 목적의 문자 또는 전화안내 등은 여론형성과 무관하기 때문에 방송개념에서 제외된다고 보았다.[54]

그러나 슐리어제 보고서는 정작 '여론형성 기능성'의 존부에 대한 기준을 제시하지 못했을 뿐 아니라 신문과의 차별성에 대한 규명에도 실패함으로써 결국 비디오텍스트 도입계획에 대한 각 주의 방송개념에의 포섭을 위한 노력은 허사로 끝나게 되었고, 연방정부는 자신들의 의도대로 비디오텍스트를 통신개념으로 간주하여 도입·관장하게 되었다.[55]

---

53) J. Scherer, supra note 51, S. 499.
54) 이 보고서는 문자와 정지화면을 통한 전자신문은 여론형성과 직접관련성이 있지만 동영상을 방송의 특징으로 보는 까닭에 방송도 아니고, 또한 지면에 활자형태로 남지 않으므로 신문으로도 분류하기 어렵다는 이유에서 이른바 '뉴미디어'라는 모호한 이름을 붙인 채 끝을 맺고 있다.
55) G. Paptistella, *Zum Rundfunkbegriff des Grundgesetzes*, DöV, 1978, 495ff.

(2) 빌트쉬름텍스트의 방송개념 해당성 검토

비디오텍스트를 통신개념으로 포섭하는데 성공한 연방정부는 1970년
대 말 양 방향 전문정보 제공이 가능한 빌트쉬름텍스트[56]를 도입하였
다.[57] 연방정부의 이 같은 행보에 대해 연방 각 주는 '슐리어저 보고서'

---

56) 빌트쉬름텍스트는 텔레비전 수상기, 전화와 컴퓨터 기술에 바탕을 두고 있
다. 빌트쉬름텍스트를 이용하고자 하는 사람은 빌트쉬름텍스트 기능이 포함
된 리모트 컨트롤러(remote controller)를 갖춘 텔레비전과 빌트쉬름텍스트
디코더, 전화망, 모뎀 등을 갖추어야 한다. 빌트쉬름텍스트 제공자는 빌트쉬
름텍스트 전용 단말기나 컴퓨터를 이용해 텍스트를 제공한다. 제공자가 전
자적 신호로 구성된 텍스트나 그래픽을 전화망 등을 통해 전송하게 되면,
전화망을 통해 전송된 텍스트 등은 모뎀을 통해 텔레비전 수상기용으로 전
환된다. 텔레비전 수상기용으로 전환된 정보는 빌트쉬름텍스트 디코더에 저
장되고, 이 디코더를 통해 화면 위에 정지화면으로 전환된다. 이런 과정을
거쳐 나타난 화면을 빌트쉬름텍스트 페이지라고 부른다. 이러한 빌트쉬름텍
스트 페이지는 빌트쉬름텍스트 중앙센터의 컴퓨터 시스템에 저장되는데, 이
시스템은 일반적으로 다른 외부 컴퓨터와 연결되어 있다. 이렇게 해서 데이
터 뱅크나 데이터 통신 특성을 가진 "전산망시스템"이 형성될 수 있다. 빌
트쉬름텍스트는 이용자가 리모트 컨드롤러나 자판을 이용해 빌트쉬름텍스
트 통제소와 대화의 질과 속도를 조정한다. 이용자의 요구에 통제소는 계속
되는 요구를 텍스트나 그래픽으로 표현함으로써 답한다. 개개의 화면페이지
는 통제센터에서 피라미드 형태의 검색구조원칙에 따라 정리되어 있다.
1993년 현재 빌트쉬름텍스트 가입자의 87.5%는 단말기로 개인 컴퓨터를 사
용하며, 6.3%는 전용 단말기를, 4.1%가 텔레비전을 사용한다고 한다. M.
paschke / 이우승 역, 「독일미디어법」(1998), 223면-226면. 이러한 빌트쉬름
텍스트는 한편 전자은행 혹은 홈뱅킹으로도 각광받고 있다.

57) 빌트쉬름텍스트의 운영자는 중앙컴퓨터센터와 전상망을 보유하고 있는 독
일텔레콤이다. 텔레콤은 통신사업자로서 이들이 제공하는 빌트쉬름텍스트
의 법적성격에 있어 통신영역에의 해당성을 주장하는 이유가 된다. 1980년
6월 초 뒤셀도르프 / 노이에스(Düsseldorf / Neuess)와 베를린 2개 지역에서
시험방송된 빌트쉬름텍스트 기술은 1983년 가을부터 연방 전체를 대상으로
방송되었으며, 1984년 6월에는 새로운 시스템기술을 가진 빌트쉬름텍스트
서비스의 무제한적인 도입이 시작되었다. 그리고 1992년 이후 빌트쉬름텍
스트 시스템은 텔레콤에 의해 이른바 데이터-J 기술로 대체되었다.

의 실패를 교훈삼아 다시금 방송개념 규명작업에 착수하게 된다. '뷔르츠부르그 보고서'의 작성이 바로 그것이다. 쟁점으로는 접근 및 주문형 커뮤니케이션의 여론형성 가능성에 대한 검토와 양 방향성이 추가된 새로운 커뮤니케이션 유형이 과연 방송개념에 포함될 수 있는가 등이 제기되었다.

이 보고서에서는 의사소통 상대방의 공중성 여부를 방송개념 해당성 판단에 있어 결정적 척도로 제시하고, 공중과의 관련성이 최소한이라도 내재한다면 기본법상 방송개념에 포함되어야 한다는 의견을 제시했다. 그런데 여기서 '공중'의 개념은 일반적 언어 사용례에 따른 것이 아니라, 의사소통 상대방의 특성을 규명함으로써 도출된 새로운 개념이 사용되었다.

새로운 공중개념을 구성하는 요소로서 첫째 직업, 이념 또는 이와 유사한 공통적 속성에 의해 서로 결속된 동질적 그룹으로서 일반 공중과 구분되는 의사소통 상대방, 둘째 동질적 그룹 구성원으로서 법적 계약, 회원가입 등의 절차에 의해 공공적 내용 제공자와 연결되어 있는 의사소통 상대방, 셋째 위의 두 그룹 전용목적의 제공내용을 수신하는 자 등의 요소가 제시되었다. 그리고 이러한 공중개념을 바탕으로 경찰무선통신, 항공·항해 유도 통신 등의 경우에는 기술적으로는 모든 사람이 수신장치를 통해 청취가 가능하지만 통신 자체가 특정집단을 제외한 다른 제3자를 의사소통 상대방에서 배제하는 것이므로 이는 방송개념에 포함되지 않는다고 설명하였다.

요컨대 주정부들은 이 보고서를 통해 이른바 '의사소통 상대방의 이질적 공중성'이라는 도구적 개념을 사용해 빌트쉬름텍스트를 방송개념의 범주로 해석하고자 하였다.[58]

그러나 연방정부는 주정부가 작성한 '뷔르츠부르그 보고서' 역시 비디오텍스트의 경우와 마찬가지로 빌트쉬름텍스트의 여론 형성성을 명백히

---

58) G Paptistella, *Medientechnisch Neuentwicklungen und Rundfunkbegriff.* DöV, 1978, S. 750-755.

밝히지 못하였다고 주장하면서, 법적 성격을 신문과 유사하다며 반격에 나섰다.[59] 결국 연방정부와 주 정부의 다툼 끝에 빌트쉬름텍스트는 통신의 영역으로 분류되어 연방정부가 이를 관장하게 되는 듯 하였다. 그러나 각 주에서의 수용태도는 상이했다. 주 정부들은 1985년부터 미디어법의 제정을 통해 각각 다르게 정의를 규정함으로써 주마다 다른 성격의 커뮤니케이션으로서 자리매김하게 되었다.[60]

이와 같은 규범적 혼란상태 속에서도 연방헌법재판소는 앞서 살펴본 바와 같이 1987년 제5차 방송판결에서 방송개념의 판단요소로서 여론형성 관련성에 대한 판단을 유보함으로써 해서상의 여지를 님겼고, 결국 1997년 연방과 주들 간의 절충과 타협의 산물인 「미디어서비스 국가협약(Staatsvertrag über Mediendienste)」이 제정될 때까지 각자 서로 다른 방송개념을 적용하는 상태가 계속되었다. 그런데 「미디어서비스 국가협약」에서는 빌트쉬름텍스트를 '잠정적인' 방송개념으로 정의하였다.[61][62]

---

59) J. Scherer, supra note 51, 557ff.

60) 함부르크 州는 빌트쉬름텍스트를 비롯해 청구에 의한 방송물 제공행위 모두를 방송으로 정의하였다. 반면 슐레스비히 홀슈타인 州에서는 빌트쉬름텍스트를 방송으로 정의하는 한편 청구에 의한 방송제공행위에 관해서는 방송개념을 적용하기 어렵다고 규정하였다. 바덴-뷔르템베르크 州는 빌트쉬름텍스트를 '방송과 유사한 커뮤니케이션(rundfunkänliche Kommunikationsdienst)'으로 정의함으로써 미디어법 적용대상인 방송개념의 범주에서 제외했다. 또한 바이에른 주는 아예 개별 커뮤니케이션인 통신 서비스로 규정하여 개인의 정보자유 규정을 적용하였다. H. Gersdorf, *Der Verfassungsrechtliche Rundfunkbegriff im Lichte der Digitalisierung der Telekommunikation*, 1995, 557ff.

61) D. Kröger / F. Moos, *Regelungsansätze für Multimediadienste*, ZUM, 6, 1997, 462ff.

62) 이른바 미디어서비스가 넓은 의미의 방송개념에 포함되게 된 이유에 대해 김영수 교수와 지성우 박사는 그 구별기준에 있어서 수신대상의 '일반성'을 제시하고 있다. 즉, 미디어 서비스 가운데 '일반성'이 결여되는 서비스는 연방관할의 텔레서비스법의 적용대상이 된다고 설명한다. 김영수 · 지성우, "독일멀티미디어관련법상의 방송 · 통신 · 멀티미디어의 개념에 관한 연구", 「성

(3) 방송개념 규명 위원회(1993~1997)

광대역 유선통신망 기술과 디지털 기술의 발달은 전형적인 커뮤니케이션 형태에 커다란 변화를 불러 일으켰다.[63] 즉, 커뮤니케이션 단말기를 둘 이상 결합시킨 이른바 멀티 커뮤니케이션 미디어가 출현했고, 이로 인해 다시 한번 기본법상 방송개념이 무엇을 의미하는지 규명하여야 하는 필요성이 제기되었다.

특히, 위성방송 출현은 범 유럽차원에서의 미디어질서 형성에 대한 필요성을 야기하였으며, 이는 독일 내에서 방송개념 규명위원회의 출범을 촉진시키는 요소로 작용했다. 1981년 유럽위원회 총회는 이른바 '929권고'를 통해 케이블 텔레비전과 위성 텔레비전에 관한 법제정의 필요성을 제기했다.[64] 또, 1982년에는 'TV 광고원칙에 관한 권고', 그리고 1984년에는 'TV와 라디오 방송을 위한 위성이용에 관한 권고'[65]가 유럽위원회 총회를 통과하였다.

유럽의회 역시 1982년 3월과 1984년 5월 두 차례에 걸쳐 '방송과 TV에 관한 결정'을 통해 유럽 내에서의 방송질서 마련을 위한 기초적 '지침'을

균관법학」 제14권 제2호, 23면. 그러나 이러한 견해는 Würzburger Papier에서 각 주정부가 주장한 내용이었음에도 연방정부가 이러한 기준을 수용하지 아니하고, 방송개념이 아닌 개인 간 커뮤니케이션 개념으로 취급하였다는 점, 그리고 연방헌법재판소의 제5차 방송판결에서 빌트쉬름텍스트의 방송개념에의 포섭여부에 관한 판단기준이 방송의 의견형성에의 관련성이라는 기능적 측면이었다는 점 등을 고려해 볼 때, 수신대상의 일반성만을 방송개념 범위에 관한 판단기준으로 적용하고 있다는 점에서 의문이 있다.

63) 광대역이라 함은 주파수 대역과 관련된 개념으로서 과거 전화선과 같이 구리선 등을 통해 전달할 수 있는 주파수 대역은 낮은 대역이고, 따라서 전달할 수 있는 정보량도 극히 제한되었다면, 동축케이블은 전송하는 주파수 대역을 높여 많은 양의 정보를 한 번에 나를 수 있는 것을 말한다. 이는 예컨대 1차선 비포장도로에서 4차선 포장도로로 도로가 바뀌었다고 비유할 수 있을 것이다.

64) ER-Dok. Nr. R(84)3.

65) ER-Dok. Nr. R(84)22.

제시하였다. 이에 따라 유럽공동체 산하 위원회는 1984년 6월 14일 '위성과 방송을 이용한 방송의 공동시장 구축을 위한 청서(Blue Paper)'[66]를 제출하였다. 청서 가운데 방송내용물(program)을 다루는 '국경없는 TV지침'이 1985년 유럽의회를 통과하게 되었다. 이 '국경없는 TV지침'을 토대로 유럽공동체 산하 위원회는 유럽위원회에 1986년 4월 30일 이른바 '방송활동에 관한 가입국의 해당 법률 및 행정규정 조화 가이드라인 제정 방안'[67]을 제출하였고, 원안에서 일부 수정된 'TV가이드라인'[68]이 1989년 10월 3일 제정되었다.

이 같은 유럽공동체 내에서의 방송질서 마련을 위한 일련의 활동들은 유럽 공동시장 구축을 위한 유럽경제공동체조약을 배경으로 이루어졌다.[69] 유럽공동체는 서비스 교류의 자유에 방송이 포함된다고 보았다.[70] 그러나 유럽공동체 법원은 방송이 자유교역의 대상인 서비스에 포함되는지 여부에 관해 엇갈린 견해를 제시하고 있다. 즉, 법원은 방송행위를 유럽공동체조약상 서비스 영역으로 해석하는 입장을 제시하면서도,[71] 방송의 문화적 성격을 고려해 유럽공동체의 소관 영역에 해당되는지 여부에 관해서는 분명한 대답을 유보하고 있다.[72] 이러한 유럽공동체 법원의 엇갈린 태도는 방송을 경제재로 볼 것인가 아니면 문화적 행위로 볼 것인가라고 하는 견해의 대립에서 기인한다.

여하튼 주 정부들은 이러한 국내외 상황 속에서 1993년 '방송개념규명위원회'를 구성해 1994년 5월 중간 보고서를 발표하였는데, 이 중간 보고

---

66) Dok Kom(84)300.
67) Dok Kom(86)146.
68) ABIEG Nr. L 298 v. 1989. 10. 17., 23ff.
69) 유럽공동시장이란 유럽경제공동체조약에 따라 상품, 인적자원, 서비스, 자본의 자유로운 교류가 보장되는 국경 없는 시장공간으로 이해된다.
70) Schwartz, ZUM 1991, 155ff.
71) EuGH, Slg. 2794, 441.
72) F. Ossenbühl, *Rundfunk zwischen nationalem Verfassungsrecht und euro-päischen Gemeinschaftsrecht*, 1986, S. 23.

서에서는 접근과 주문에 의한 방송물 제공행위는 방송개념에서 제외한다는 의견을 제시하였다. 그러나 같은 해 11월 작성된 보고서에서는 견해를 변경하였다. 즉, 유료채널과 PPV는 '방송국가협약상' 방송으로 분류되어야 하나, VOD에 대해서는 비디오 가게에서 영화를 빌리는 행위와 마찬가지로 파악되므로 방송개념에 포함될 수 없다"는 의견이 제시되었다. 그런데 VOD를 일의적으로 방송개념에서 제외한 결론에 대해서는 VOD 서비스 이용자의 공중성과 향후 뉴스, 정보도 제공될 수 있으므로 여론형성 관련성을 배제할 수 없는데 이를 고려하지 않았다는 반론이 공·민영 방송과 각 주정부 미디어청으로부터 제기되었다. 결국 VOD 서비스의 방송개념 해당성 여부는 멀티미디어 시험 프로젝트가 종료되는 1996년 말까지 유보되었다.[73]

요컨대, 방송개념규명위원회의 보고서에서 방송개념 해당성 판단기준은 두 가지로 제시되었다고 보인다. 먼저 수신대상의 기준이다. '뷔르츠부르그 보고서'에서 제시한 기준을 그대로 수용함으로써 이용가능성이 개방되어 있다면 수적 규모에 있어서는 무관하게 공중성을 인정하였다. 둘째 기준은 여론형성 관련성이다. 이에 관해서는 "여론형성에 적합하며 중요한 내용을"이라는 기준이 적용되었다. 반드시 여론 형성적이어야만 한다는 것이다. 그런데 이러한 기준은 여론형성에 적합하지 않으며 중요하지 않은 내용을 송신하는 행위는 방송개념에 포함되지 않는다고 볼 수 있는 여지를 남김으로써 새로운 커뮤니케이션 유형을 방송개념에서 배제할 수 있는 길을 열어 놓았다.

5. 학설의 전개

이미 살펴본 것과 같이 독일연방헌법재판소가 기능적 측면에서 주문

---

73) H. Gersdorf, supra note 60, S. 128.

형 방식 또는 접근형 방식의 커뮤니케이션의 방송개념 해당성 여부를 판단하고자 하였다고 한다면, 학문상 논의의 전개는 대체로 공급 내지 제공되는 정보의 내용적 측면과 전파방법 내지 전송기술 등 기술적 측면을 방송개념 해당성 여부를 판단함에 있어 구성요건표지로 하여 다양하게 형성·전개되었다.

(1) 전파의 동시성을 강조하는 견해

정보전파의 형태에 주목하는 견해이다. 전형적인 방송에서의 정보전파 형테는 동시적 전따이다. 그런데 주문에 의한 정보제공형태는 동시적 전파가 아니므로 방송의 본질적 요소를 가지고 있지 않다는 결론을 도출한다. 시청자가 주문하면 텔레비전을 통해 정보가 무선전파 혹은 유선망을 통해 제공되므로 엄격한 의미에서 방송이라 볼 수 없고 방송과 유사한 통신에 속한다고 본다.

그러나 접근에 의한 정보제공과 이용형태는 방송에 속한다고 본다. 왜냐하면 접근에 의한 정보의 제공과 이용은 전파의 측면에서 볼 때 불특정 다수에게 동시적으로 이루어지며, 단지 그것을 수신하기 위해서 수신자 측에서 일정한 '열쇠[74](Schlüssel)'만을 필요로 하기 때문에 동시적 전파라는 방송의 특성을 갖고 있다고 보는 것이다.[75]

---

74) 전형적인 방송에서 방송신호는 암호화되지 않고 송출되므로, 텔레비전 수상기를 가진 누구나 방송신호를 받아 방송내용물을 시청할 수 있다. 반면, 주문형 방송 등 유료방송의 경우 방송신호는 암호화되어 송신되고 따라서 암호해독장치, 여기서는 '열쇠'를 수상기에 설치하여야 송출되는 방송내용물을 시청할 수 있게 된다.

75) R. Herzog, in: Maunz / Dürig / Herzog / Scholz, *GG-Kommentar(Loseblatt, 1958-2000)*, Art 5, RN. 196.

(2) 수신대상의 공중성을 강조하는 견해

이 같은 견해는 전자적 파장을 이용하여 불특정 다수에게 정보를 전달하는 것을 넓은 의미에서의 방송개념으로 파악한다.[76] 이러한 광의의 방송개념에 따르면 전통적인 방식에 따라 공중에 의한 정보의 동시 수신이라는 '고전적 의미의 방송형태'는 물론 누구든지 개별적인 주문이나 혹은 개별적인 접근이 허용됨으로써 제공되는 정보를 이용할 수 있도록 하는 새로운 커뮤니케이션 유형도 방송개념에 속한다고 한다.

다만, 새로운 커뮤니케이션 유형이 제공하는 정보가 의견형성 내지 여론형성에 영향력이 없는 경우에는 기본법상의 방송개념에 포함되지 않는다고 본다.

그러나 이러한 견해에 대해서는 새로운 커뮤니케이션 형태는 우선 개별적 이용방법으로 인해 대중효과가 거의 없고 또 여론형성성도 전통적인 방송과 상이하므로 개념의 다양화와 차별화가 필요하다는 지적이 제기되기도 한다.[77] 즉, 방송개념을 엄격히 좁혀 정의하여야 하며, 새로운 커뮤니케이션 영역을 전통적인 방송영역으로부터 분리하여 차별화된 규율을 할 필요성이 있다는 것이다. 이러한 주장은 새로운 커뮤니케이션 방식에 대한 투자와 산업육성을 그 배경으로 하고 있다.

(3) 일방적 이용형태를 강조하는 견해

전기통신설비를 이용한 새로운 커뮤니케이션 행위의 양 방향적 이용형태를 준거로 전형적인 방송개념과의 구분을 주장한다. 말하자면 양 방향성이 추가된 새로운 이용형태가 과연 방송개념에 포함될 수 있는가라는 질문에 대해 방송개념에 포함되지 않는다고 한다. 왜냐하면 양 방향

---

76) M. Bullinger, in: HBdStR Bd Ⅵ, 1989, S. 669.
77) M. Bullinger, *Der Rundfunkbegriff in der Differenzierung kommunikativer Dienste*, AfP, 1, 1996, 1ff.

적 이용형태는 전형적인 개인 간 커뮤니케이션 즉 통신의 특성을 갖는 까닭이라는 것이다.

또, 설령 양 방향적 이용형태는 주로 경제적 목적을 추구하는 사업형 텔레비전(Business Television)과 같이 공적 사안을 다루는 경우는 드물기 때문에 여론 형성적 기능은 찾아볼 수 없다고 본다.

그러나 여론 형성적 기능과 관련해서는 일면 양 방향성에 의한 잠재적 여론조작 가능성을 우려하는 연방헌법재판소의 지적을 수용하는 견해가 제시되기도 한다. 양 방향성이 여론조작 가능성과 관련되어 있다는 점을 인정하고, 방송개념규명에 있어서 양 방향적 이용형데기 빈드시 빙송개념의 배제를 상징하는 것은 아니라는 지적이 바로 그러하다.[78]

(4) 정보의 전달방법을 강조하는 견해

기본법상 출판 개념이 어떻게 정의되는가에 답을 구함으로써 방송개념의 정의가 어떻게 이루어져야 하는지 해답을 찾으려 하는 견해이다. 기본법상 출판의 개념이 출판물의 내용이 무엇을 다루고 있는가에 따라 정의되지 않는 것과 마찬가지로 방송의 개념도 제공되는 정보의 내용에 따라 정의될 수 없다는 것이다. 말하자면, 여론형성관련성이 방송개념 판단의 구성요건표지가 될 수 없다는 의미이다.[79]

이러한 견해는 우선 기본법 제5조 제1항 2문의 표현형식을 논거로 제시한다. '방송을 통한 보도의 자유는 보장된다'라는 표현은 곧 제작방법이나 전달방법을 강조한 것이고, 제작방법 내지 전달방법이 방송개념에의 해당성 여부를 판단하는 데 중요한 기준이 되어야 한다고 설명한다. 또한 방송에 대한 권한이 각 주정부의 권한으로 인정된 상황에서 방송에 관한 통일적 규범정립을 위해 1987년 제정된 방송국가협약[80](Rundfunkstaatsve-

---

78) D. Jarass, *Rundfunkbegriffe im Zeitalter des Internet*, AfP, 2, 1998, 133ff.
79) C. Starck, in: Mangoldt / H. Klein, Das Bonner *Grundgesetz: Kommentar*, *Bd* 1, 1999, Art 5, RN 92.

rtrag) 제2조 제1항의 방송개념 정의를 논거로 제시한다.[81]

　이러한 견해에서 보면, 접근에 의한 정보의 제공과 이용형태는 물론이고 주문에 의한 정보의 제공과 이용형태도 방송개념에 해당된다.[82] 제작방법 내지 전달방법이 방송개념에의 해당성 여부를 판단함에 있어 중요한 기준인 만큼 공중을 위해 기획되고 전달되는지 여부는 방송개념의 본질적 요소가 아니며, 개인 간의 의사소통이 아닌 한 선택가능성이 시청자 개개인에게 있다고 하여 방송이 아니라고 할 수 없다는 것이다.[83] 이러한 견해는 더 나아가 인터넷(internet)을 통해 일반인에게 배포되는 전자적 정보의 경우 역시 방송개념에 해당하는 것이라고 한다.

6. 미디어서비스 국가협약(Staatsvertrag über Mediendienste)

(1) 서　설

　전화선 또는 케이블을 통해 음성·영상·텍스트를 제공하는 행위를 방송으로 볼 것인지 말하자면, 방송의 규범영역으로 포섭할 것인지는 기본권의 보호영역과 보호내용 등의 측면과 관련해 매우 중요하다. 그런데 이미 살펴본 것과 같이 기본법상 방송에 대한 개념규정이 존재하지 않고 따라서 방송개념 정의는 관련 입법에서 필수적 과제이다.

---

80) 1987년 제정된 방송국가협약은 1990년 독일 통일과 더불어 1991년 12월 전면 개정되었고, 2000년 4월까지 모두 네 차례 개정되었다. '통일독일의 방송에 관한국가협약'에 관하여 자세한 내용은 방송위원회, 「독일방송법」(방송조사자료 2000-2호, 2000) 참조.
81) 방송국가협약은 방송개념에 관하여 "방송이라 함은 공중을 대상으로 무선 또는 유선에 의한 전자파를 이용하여 언어와 음향 및 영상으로 제시되는 모든 종류의 내용을 전파하는 것으로 암호해독과 별도 수신료에 의한 것과 텔레텍스트도 포함된다."고 정의하고 있다.
82) C. Starck, supra note 79, RN 96.
83) C. Starck, supra note 79, RN 96f.

  방송개념의 구성요건표지를 어떻게 정할 것인가라는 문제가 지난한 과제라는 점은 판례와 학설에서 이미 살펴본 것과 같다. 연방헌법재판소는 제5차 방송판결을 통해 여론형성 관련성의 유무라는 '난해한' 조건에 판단을 유보함으로써 해석상의 여지를 남겼고, 이로써 새로운 유형의 커뮤니케이션의 기본법적 성격에 관한 혼란은 계속될 수밖에 없었다.

  결국 1997년 연방과 주들 간의 이해관계의 갈등에 대한 절충과 타협이 시도되었고, 새로운 커뮤니케이션 유형에 대한 통일적 규율을 위한 「미디어서비스국가협약」이 제정되게 되었다. 이 협약은 공중을 대상으로 새로운 커뮤니케이션을 제공하는 미디어 서비스는 '잠정적' 방송이라는 '지극히 잠정적'인 결론에 이르게 되었다.84)

(2) 미디어서비스국가협약(Staatsvertrag über Mediendienste) 개관

1) 제정목적 및 적용범위

  미디어서비스 국가협약은 네 가지 미디어서비스를 적용범위에서 규정하고 있다. 구체적으로는 다음과 같다.

  a. 상품 판매 혹은 용역 제공을 목적으로 구성된 정보의 분배 서비스85)

---

84) 미디어서비스를 방송도 통신도 아닌 제3의 영역으로 분류하면서 방송개념성 인정여부가 기술 발달에 유보되었다고 보는 견해도 있다. 김영수·지성우, 앞의 논문, 30면.

85) H. Gersdorf는 텔레쇼핑 가운데 상품의 사용안내 및 상품정보를 겸한 이른바 인포머셜(informarcial)형은 오락과 정보가 혼합된 여론 형성적 내용으로 방송영역으로 분류되고, 30-60초 분량의 광고형식의 텔레쇼핑은 양 방향적 홈쇼핑과 달리 전화로 상품판매 등이 이루어지는 분배서비스로서 방송의 기능보장을 위한 재정수입원으로 광고방송으로 분류된다고 본다. 또한 상품이나 용역의 판매를 목적으로 시청각적 상품 카탈로그라 할 수 있는 홈쇼핑은 방송사의 재정수입원과 무관하며 여론 형성적 내용이 없으므로 방송영역에 포함될 수 없다고 한다. H. Gersdorf, supra note 60, S. 122-124. 이에 대해 연방헌법재판소는 1994년 5월 27일 경제광고의 커뮤니케이션 기본권과 관련, 홈쇼핑 프로그램 개개의 제시내용에 최소한의 여론

b. 텍스트 혹은 영상의 분배서비스.

c. 텔레비전 문자방송, 라디오 문자방송 또는 이와 유사한 텍스트 서비스 형태의 분배서비스

d. 개인적 자료교환이나 게임을 제외한 텍스트, 음향 내지 영상 등을 전자적으로 저장된 곳에서 사용하는 것을 목적으로 하는 접근서비스

2) 잠정적 방송으로서 미디어서비스

기존의 방송이 일정한 방송내용물을 예정된 시간에 분배하는 형식을 취하고 있는 반면 이른바 미디어서비스는 시청자 내지 정보수용자가 포착하거나 또는 주문의 형식을 띠고 있다. 또한 이러한 미디어서비스를 통해 전달되는 내용은 대부분 전문화, 세분화된 내용이라 할 것이고, 미디어서비스를 이용하는 사람들은 각자 자신의 관심사에 따라 전달되는 내용을 선택하게 된다.

이러한 특성을 갖는 미디어서비스와 그 이용형태를 개인적 의사소통을 위한 통신의 영역으로 볼 것인지 아니면 방송으로 볼 것인지 문제에 대해 미디어서비스국가협약은 미디어서비스를 잠정적 방송영역으로 본다.

그런데 협약 어디에서도 미디어 서비스의 법적 성격에 관하여 명문의 규정을 두고 있지 않다. 그렇다면 미디어서비스의 법적 성격을 잠정적 방송영역으로 볼 수 있는 근거는 어디에서 찾을 수 있을 것인가? 또한 잠정적이라는 표현이 갖는 의미는 무엇인가? 생각건대, 미디어서비스의 법적 성격은 방송국가협약, 그리고 연방헌법재판소가 행한 일련의 방송판결에 대한 체계적인 해석을 통해 발견될 수 있다.

민영방송의 허가를 규정한 방송국가협약 제20조 제2항은 "미디어 서비스가 방송개념에 포함될 경우 이와 같은 서비스 제공자는 주 법률에 따른 허가를 필요로 한다. 이러한 전제조건이 제시되었다는 것을 미디어청

형성적 요소가 내재하면 방송에 해당하므로 방송개념의 차별화 적용가능성을 표명했다.

이 모든 州 미디어청과 합의해 확정할 경우, 서비스 제공자[86]는 이러한 내용을 통보받은 후 6개월 이내에 자신의 선택에 따라 허가신청을 하거나 혹은 방송개념에 포함되지 않도록 미디어 서비스를 제공하여야 한다. 또, 미디어 서비스 제공자는 州 미디어청에 방송법적으로 의심이 없음을 신청하여야 한다"고 규정하고 있다. 여기에 연방헌법재판소가 행한 일련의 방송개념에 대한 일관된 판단기준인 제공되는 정보의 여론형성성 여부를 적용한다면 미디어서비스가 잠정적 방송으로 파악되고 있음을 알 수 있다.

또, 미디어서비스를 제공하기 위해서는 州 미디어청에 등록을 하여야 하고, 케이블네트워크에서의 전송 채널 할당에 있어서 민영방송과 함께 규율되고 있다는 점 그리고 미디어서비스에 관한 방송국가협약 준용규정 역시 미디어서비스가 잠정적 방송성격을 갖는다는 점을 시사하고 있다고 할 것이다.

7. 정 리

독일 방송역사에서 헌법상 방송개념에 관한 논의는 두 가지 쟁점과 관련해 전개되었다. 첫째 쟁점은 기본법상 통신과 방송개념의 구별이었다. 방송을 통신의 개념에 포함된다고 주장하는 연방정부와 기본법 제5조 제1항 2문에서 보호되는 방송개념은 통신 개념에 포함되지 않는다는 주정부 간의 다툼에 있어 독일연방헌법재판소는 방송은 통신설비의 일부가 아니라, 통신설비의 '이용자'라고 함으로써 방송을 통신과 구별되는 독자적인 헌법적 개념으로 자리매김하였다.

두 번째 쟁점은 전화선 더 나아가 광대역통신선로를 텔레비전 수상기

---

86) 미디어서비스국가협약 제3조는 서비스 제공자를 "자신의 혹은 다른 미디어 서비스를 이용하기위하여 준비하는 자연인, 법인 혹은 합명회사 또는 이를 이용할 수 있도록 중개하는 자"로 규정하고 있다.

나 전용 단말기에 연결시켜 텍스트·영상 등의 정보를 접근 또는 주문에 의해 이용할 수 있도록 제공하는 빌트쉬름텍스트의 도입과 관련해 제기되었다. 전통적인 방송은 분배의 형태인데 새로운 커뮤니케이션은 커뮤니케이션 형태가 주문이나 포착 등 쌍방향성을 기반으로 하기 때문에 통신의 영역에 속한다는 연방정부의 주장에 따른 것으로 연방헌법재판소는 포착형 또는 주문형이라는 커뮤니케이션 형태가 차별성을 가져오는 것이 아니라 기능적으로 여론형성에 영향을 갖는다면 방송개념에 포함시켜 기본법 제5조 제1항 2문에서 보장하고 있는 여론형성의 다양성을 보장하여야 한다고 하였다.

이러한 독일연방헌법재판소의 해석은 전기통신기술의 급속한 변화 속에서도 전기통신설비의 커뮤니케이션적 이용형태에 있어 기능적 측면을 강조함으로써 다양한 의견형성의 보호라는 기본법 제5조 제1항 2문의 규범력을 보장하기 위한 합리적인 해석이라고 생각된다. 다만, 여론형성력이라는 모호한 기준을 적용함으로써 전기통신설비의 커뮤니케이션적 이용형태와 매스커뮤니케이션적 이용형태의 구분에 혼란을 야기하고 있다고 볼 수도 있다. 예컨대 여론의 개념을 공적 사안에 대한 의견형성이라는 측면이라고 보면 공적 사안을 다루지 않는 오락적 정보를 제공하는 경우 과연 방송의 영역에 포함되지 않는가라는 의문이 제기되는 것이다. 그러나 독일연방헌법재판소가 제5차 방송판결에서 개인 또는 공공의 의견형성에 기여하는 것이 방송의 기능이라고 밝힌 만큼 공적 사안에 대한 의견형성뿐만 아니라 문화적·종교적 다양한 사안에 대한 의견형성과 관련된 정보 역시 여론형성력을 갖는 것이며, 따라서 이러한 정보를 제공하는 행위는 방송에 포함된다고 해석하여야 할 것이다. 말하자면, 여론의 개념 역시 공적 사안에 대한 의견형성이라는 과거의 개념범주에 얽매어 해석되어서는 안 되며, 공적 사안뿐만 아니라 사회의 제 현상에 대한 개인적인 의견형성과 관련된 개념으로 이해되어야 할 것이다. 이러한 여론 개념에 대한 이해가 전제되어야 비로소 방송의 개념에 대한 올바른 해석이 도출될 수 있을 것이다.

제4절 우리나라에서 방송개념에
관한 이론의 전개

우리나라 헌법상 방송이라는 용어는 이미 살펴본 것과 같이 헌법 제21조 제3항의 방송·통신의 시설기준법정주의에서 등장하고 있지만 헌법 자체가 그에 대한 정의를 내리고 있지는 않다. 따라서 방송과 통신에 관한 구체적인 개념정의는 하위법률에서 구체화되고 있다.

그런데 급속한 전기통신설비기술의 발달로 새로운 커뮤니케이션 유형이 등장함에 따라 방송과 통신에 대한 개념과 영역에 대한 논의가 활성화되는 양상을 보여 왔다. 그러나 이러한 논의들은 개별법에서의 개념정의를 바탕으로 이루어지고 있을 뿐 헌법상 보호가치 내지는 보호영역과 관련된 논의는 찾아보기 어렵다.

이하에서는 새로운 커뮤니케이션 형태에 관한 규범영역의 확정과 관련해 제시되고 있는 기존의 논의를 살펴보고, 이를 헌법상 방송의 보호영역의 관점에서 비판적으로 검토하고자 한다.

Ⅰ. 기존 논의의 이론적 토대

전기통신설비를 이용한 새로운 커뮤니케이션 형태에 관한 기존 연구에서의 논의를 살펴보면 이른바 매체특성론적 접근방법(a medium-specific analysis)'에 바탕을 두고 있다고 보인다.[87]

그런데 이러한 매체특성론적 접근방법은 방송과 통신 그리고 인쇄 모두를 동일하게 언론매체라는 전제에서 출발하고 있다.[88] 또, '매스미디어의 자유'에 대해 자유권적 기본권의 관점에서 접근하고 있다고 보인다.

Ⅱ. 매체특성론적 접근방법에 대한 검토

방송과 통신을 모두 언론매체로 파악하는 매체특성론적 접근방법에 대해서는 다음과 같은 점에서 의문이 제기된다. 첫째, 우리 헌법상 통신이라는 용어는 제21조 제3항에서뿐만 아니라 제18조에 규정되어 있다. 문제는 제21조 제3항의 통신과 제18조의 통신 사이의 관계이다. 각 규정을 엄격히 살펴보면 제21조 제3항의 규정은 통신시설이라고 규정되어 있는데 이는 방송시설과 같이 묶여 규정되고 있다. 따라서 여기서의 통신은 신문과 방송에 뉴스를 공급하는 뉴스통신을 의미하는 것이고, 이러한 뉴스통신의 매스커뮤니케이션으로서의 기능 보장을 위해 시설기준을 규정한 것이라고 보면, 전기통신설비를 이용한 개별적 의사소통을 규정하는 헌법 제18조의 통신의 비밀과는 구분될 수 있다.[89] 바로 이러한 점에서 헌법 제18조의 통신을 신문, 방송과 같은 매체 내지 미디어의 매스커

---

87) 특히, '매체특성론적 접근방법'을 중심으로 방송과 통신의 융합에 관한 연구로는 대표적으로 이인호, "방송·통신의 융합과 언론의 자유", 「공법연구」 제28집 제4호(2000), 247면 이하 참조.
88) 이인호 교수는 헌법 제18조가 보장하는 통신의 비밀은 개인의 사생활을 보장하고자 하는 의미를 넘어 헌법 제21조가 보장하는 언론자유의 전제조건으로 파악되어야 한다고 지적하면서, 통신의 언론매체로서의 의의를 강조한다. 그리고 그 논거로서 헌법 제21조 제3항에서 "통신"을 규정하고 있다는 점을 제시한다. 이인호, 앞의 논문, 249면. 참조.
89) 이와 같은 견해로는 한상희, "뉴미디어시대에서의 표현의 자유 - '미디어융합'현상에 대한 헌법이론의 구축을 위하여" (사이버커뮤니케이션학회 발제문, 2004). 7면.: 조재현, 앞의 논문, 222면.

뮤니케이션적 이용형태와 동일시하는 매체특성론적 접근방법은 쉽게 이
해하기 어렵다.[90]

　둘째, 모든 매체의 매스커뮤니케이션적 이용행위를 자유권적 기본권으
로 파악할 수 있는가의 문제이다. 인쇄물의 매스커뮤니케이션적 이용행
위의 대표적인 예인 신문의 경우 신물발행을 위한 매체인 인쇄물이 자유
재, 경쟁재이며, 때문에 신문발행의 자유가 자유권적 기본권으로 보장된
다는 데에는 의견이 일치된다. 그러나 무선전파의 매스커뮤니케이션적
이용행위인 지상파방송, 위성방송의 경우 방송을 위한 매체인 주파수는
"자연적 공물"[91]로서 국가의 관리 대상이며, 사용을 위해서는 설긘행위가
요구된다.[92] 따라서 방송의 자유는 그 수단 내지 매체인 전파자원의 특
수성으로 인해 자유권적 기본권으로 파악하기는 어렵다.[93]

　셋째, 방송은 전기통신설비의 매스커뮤니케이션적 이용형태라는 점이
다. 따라서 종래의 통신망을 이용한 새로운 커뮤니케이션이 등장한다고
하더라도 거브너(George Gerbner) 등이 지적하듯이 기존의 방송 특징인
사회와 문화에서 중심적이고 가장 침투성이 강한(pervasive) 효과를 갖
는다고 한다면 그 규범영역은 통신이 아닌 방송이 되어야 할 것이다.[94]

---

90) 헌법 제18조의 통신의 비밀이 언론의 자유와 관련이 있다는 지적은 타당하
　　다. 하지만 여기서의 언론의 자유는 단지 개별적 의사소통의 보장과 관련
　　해서만 타당하다고 생각된다.
91) 프랑스의 경우 전파의 공물성 여부에 대한 논란 끝에 1989년 시청각커뮤니
　　케이션의 자유에 관한 법률의 개정을 통해 전파의 사용은 국가의 공물의
　　점유의 배타적 형태라고 명시적 규정을 두었다. 정재황, "방송의 다원주의
　　보장과 방송규제기관에 관한 헌법판례-프랑스의 경우를 중심으로", 「한국
　　헌법학의 현황과 과제(금랑 김철수 교수 정년기념논문집)」(박영사, 1998),
　　455면 참조.
92) 정재황, 앞의 논문, 457면.
93) 방송의 자유의 성격에 관한 자세한 내용은 제3장 방송의 본질에 다룬다.
94) G. Gerbner / L. Gross / M. Morgan / N. Signonelli, *The 'Mainstreaming' of
　　america Violence Profile No.11*, Journal of Communication Vol.30,
　　summer(1980), pp.14.

왜냐하면 대중 민주주의 사회에서 매스커뮤니케이션을 보호하는 이유는 미디어의 종류와 상관없이 그것이 매스커뮤니케이션적으로 이용됨으로 인해서 수행하고 있는 의견 형성적 기능, 사회 통합적 기능, 문화적 기능 등에 따른 영향력을 고려한 것이기 때문이다.

넷째, 방송과 통신의 구별은 미디어 내지 매체의 차이가 아닌 그 매체 내지 미디어가 커뮤니케이션에 이용되는가 아니면 매스커뮤니케이션적으로 이용되는가 하는 기능에 따른 구분이라는 점이다. 즉, 지상파 방송과 무선통신은 모두 무선전파를 이용하고 있으며, 케이블방송과 유선통신은 유선망을 설비로 이용한다는 점에서 완전히 일치한다. 이러한 사실은 〈그림 1〉에서 확인될 수 있다.

이와 같은 이유에서 전기통신설비를 이용한 새로운 커뮤니케이션의 규범영역을 확정함에 있어서 매체특성론적 접근방법을 적용할 이유나 까닭을 찾기란 매우 힘들다고 생각된다.

물론, 이른바 '규제모델 선택'의 문제에 있어서 반론이 제기될 수 있다. 새로운 커뮤니케이션 유형에 전통적인 방송과 같은 규범체계를 적용하는 것은 '과도한 규제'라는 지적이 바로 그것이다. 하지만 이미 케이블네트워크 또는 위성의 매스커뮤니케이션적 이용행위와 관련해 전기통신설비의 매스커뮤니케이션적 운용 주체인 종합유선방송사업자 등과 달리 정보 내지 프로그램을 공급하는 방송채널사용사업자에 대해서는 현행 방송법 제2조 제3호 라목에서 "방송채널사용사업을 하기 위하여 제9조 제5항의 규정에 의하여 등록을 하거나 승인을 얻은 자"라고 규정함으로써 무선주파수의 매스커뮤니케이션적 이용자인 지상파방송사업자와는 다른 "완화된" 규제체계인 등록제를 적용하고 있는 만큼 과거가 아닌 현 시점에서 매체특성론적 규제차별화를 논하는 것이 어떠한 의미를 갖는지 또한 의문이다.

이렇게 볼 때, 종래 통신망의 새로운 이용형태로서 등장하고 있는 새로운 유형의 커뮤니케이션의 헌법적 규범영역을 확정하기 위해서는 현행

법 체계와 기존 기술적 기준에 천착할 것이 아니라 오히려 헌법상 방송의 보호가치 즉, 방송에 대한 가치 평가적 요소에 대한 규명이 요구된다고 할 것이다. 왜냐하면 현행 법은 헌법이 추구하는 이념과 가치를 실현하기 위한 조건이며, 이러한 환경적 조건은 법률 제정 시점에서 인식되고 확인된 내용에 한정되어 있기에 헌법적 이념과 가치를 모두 담고 있다고 할 수 없기 때문이다.

<그림 1> IP TV와 케이블텔레비전의 구조비교[104]

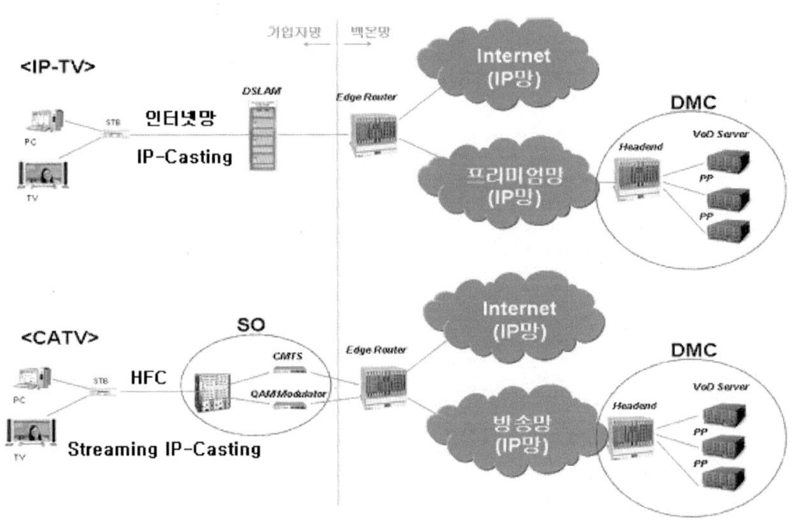

---

95) 방송위원회, "뉴미디어 서비스 도입 및 디지털방송 활성화에 관한 계획", (정책보고자료, 2005. 5.), 22면에서 인용.

제5절 매스커뮤니케이션으로서 방송개념의 이해

I. 매스커뮤니케이션의 의의와 고전적 언론자유의 한계

커뮤니케이션이란 의사소통이라고 할 수 있다. 이러한 의미에서 커뮤니케이션은 의사소통의 규모와 범위에 따라 대인 커뮤니케이션(interpersonal communication), 집단 커뮤니케이션(group communication), 매스커뮤니케이션(mass communication)으로 구분된다. 대인커뮤니케이션이라 함은 정서적 친밀감과 물리적 근접성을 가진 사람들 사이에서 행하여지는 의사소통행위를 말한다. 여기서 물리적 근접성이란 물리적으로 분리되어 있지만 정서적으로 연결된 사람들 사이에서 일어나는 서신교환이나 전화통화를 포함한다. 반면, 강당 내에서 청중을 상대로 행하여지는 연설과 같이 집단 내부 또는 집단 간에 행하여지는 커뮤니케이션을 집단커뮤니케이션이라 하며, 소수의 송신주체(mass communicator)가 수많은 의사소통의 상대방인 수용자에게 정보를 제공하거나 오락과 설득을 목적으로 메시지를 보내는 의사소통행위 및 과정을 매스커뮤니케이션이라 한다.[96]

1. 매스커뮤니케이션과 커뮤니케이션의 기능적 차이

(1) 인쇄술, 언론의 자유, 사회구조의 변화, 매스커뮤니케이션

'손 인쇄기'(hand-press)의 발달과 이를 기반으로 한 출판물의 보급은 인류역사상 매스커뮤니케이션의 기원으로 평가될 수 있다.[97] 손 인쇄기

---

[96] 커뮤니케이션의 유형구분에 관해 자세한 내용은 유일상, 「매스미디어 입문」 (청년사, 2002), 397-398면.

[97] 인쇄기는 라인 계곡의 포도 짜는 기계에서 발전된 것이다. 요하네스 구텐베

의 도입은 손으로 일일이 정성들여 베껴 생산함으로써 공급량에서 극히
한정되었던 '읽을거리'를 짧은 시간에 '상대적으로' 많이 생산할 수 있는
계기가 되었다.[98] 인쇄술의 도입이 바로 매스커뮤니케이션의 등장을 의
미하지 않는다. 지배세력은 인쇄술을 자신들에 대한 비판적 도구로 여겼
고, 따라서 인쇄술의 이용은 엄격한 통제 아래에 놓이게 되었다.[99]

그러므로 인쇄술의 매스커뮤니케이션적 이용은 모든 시민들이 자유로
이 말하고 쓰고 인쇄할 수 있는 '언론의 자유'가 보장된 이후라고 할 수
있다.

르크가 인쇄기를 사용한 것은 1440년이었다. 그 당시 그가 사용한 인쇄기는
글자가 하나씩 새겨져 있는 토막들을 한 줄로 연결해 문장을 만드는 것이
었다. 그 인쇄기의 틀은 나무로 짜여졌으며 그 틀 안에 글자들을 손으로 일
일이 배열했다. 글자들이 배열된 표면을 들어올려 거기에다 잉크를 바른 다
음, 나무틀 전체를 종이에 대고 누르면 인쇄가 이루어졌다. 그는 이 손 인
쇄기로 한쪽에 42줄이 들어가는 성경, 일명 구텐베르크 성경이라 알려진 책
을 찍었다.

98) 필사본의 경우 한 권을 만드는 데 1년이 넘는 시간이 소요되었지만, 손 인
쇄기를 사용하면서 두 대의 손인쇄기를 사용해 한달 안에 오백 권에서 천
권을 찍어낼 수 있게 되었다고 한다. 배식한, 「인터넷, 하이퍼텍스트 그리고
책의 종말」(책세상, 2003), 49면.

99) 영국에서는 1275년 제정된 貴人誹毁法(De Scandalis Magnatum)의 적용범
위를 확장하는 것은 물론 여러 단행법률이 언론의 자유 특히, 인쇄물을 통
한 언론의 자유를 억압하였으며, 또한 이러한 법률위반 사건을 처리하던
성좌재판소(Court of Star Chamber)의 악명은 1641년 장기의회(Long
Parliament)에 의해 폐지되기까지 많은 사상가들을 공포에 떨게 했다. 1641
년 장기의회는 성청령을 폐지했다. 이로써 왕권에 의한 출판물의 통제는
무력화되고 1642년 하원은 이른바 '서명법'을 제정하였다. 서명법은 모든 출
판물에 대해 저자의 이름과 동의 없이 인쇄 혹은 재판을 발행할 수 없도록
규정했다. 그러나 왕권에 의한 출판물에 대한 통제체제의 붕괴가 곧 자유
로운 출판을 의미하지 않았다. 의회가 왕의 그 자리를 대신하였다. 의회는
1643년 허가명령을 통해 성청령에 포함되었던 모든 내용을 부활시켰다. 즉,
허가, 등록, 서명, 수입통제, 수색과 압수, 의회의 위원회명령과 출판공사에
의한 구금 권한 등이 다시 등장했다. 밀턴의 '아레오파지티카'는 바로 이러
한 의회의 '허가명령'에 대한 항의였다.

언론의 자유는 1776년 버지니아 권리장전 제12조에서 출판의 자유가 보장되고, 1789년 프랑스 인권선언 제11조에서 "사상과 의사의 자유로운 교환은 인간의 가장 귀중한 권리의 하나이다. 따라서 모든 시민들은 자유로이 말하고 쓰고 인쇄할 수 있다. 다만 법에 의해 규정된 경우에 있어서 그 자유의 남용에 대해서는 책임을 져야한다"라고 규정됨으로써 보장되기 시작했다. 그 후 1791년 미국 수정헌법 제1조에서 언론 또는 출판의 자유가 최초로 국민의 기본권으로 명문화된 이후 즉, 근대 입헌국가의 성립과 함께 언론의 자유는 국민의 기본권으로 보장되기 시작했다.[100]

다만, 이러한 근대 언론의 자유는 개인적 의사표현의 자유라는 의미에 한정된다. 즉 사상에 대한 관용은 곧 개인적 출판의 허용을 의미하였고, 이는 곧 사상의 자유시장이 자연히 형성될 수 있는 사회적, 경제적 상황을 전제로 근대 언론의 자유가 형성된 까닭이다.

인쇄술의 매스커뮤니케이션적 이용형태가 등장하는 데 있어 또 하나의 결정적인 요인은 사회구조의 변화에서 찾을 수 있다. 산업사회, 기술과학사회, 자본주의적 생산양식 등의 현대적 모습이 갖추어지고 분화가 심화되면서 사회구조는 커다란 변화를 맞았다. 후기 산업사회에서 재화의 생산과 분배는 다양한 사회적 하부체계(subsystem)의 기능에 의해 이루어진다.[101] 사회적 하부체계는 '시장의 조정기능'을 바탕으로, 과학과

---

100) 16세기 정치적, 권력적 통일체로서 현상학적·선입헌주의적 기본유형으로서 시작한 근대국가는 19세기에 이르러 만개하기에 이른다. 근대국가의 헌법국가로의 발전과정을 이슨제(Isensee) 교수는 정치적 급부의 내용을 기준으로 국가권력의 독점을 통한 국민 상호간의 안전보장을 담당한 16세기 근대국가, 국가권력의 침해로부터 국민의 자유를 보장할 과제를 수행하게 된 18세기 시민적 법치국가, 그리고 사회의 자유화와 산업의 발전, 시장사회의 위험에 직면해 인간의 존엄성과 실질적 자유의 보장을 과제로 한 사회적 법치국가 등 세 단계로 구분한다. J. Isensee / 이승우 역, 「국가와 헌법」(세창출판사, 2001), 75면.

101) 사회적 하부체계는 예컨대, 환경관리체계, 경제체계, 의료체계, 교통체계,

기술의 전문지식을 제공하는 전문가집단과 그것을 바탕으로 재화를 생산해내는 산업 그리고 과학과 산업영역을 계획·조정 그리고 관리하는 국가의 기능적인 상호작용에 의하여 재화의 생산과 분배가 이루어지는 매커니즘이 요구된다.[102] 따라서 이질화되고 분화된 대중사회로의 사회구조 변화는 그에 상응하는 정보, 지식, 경험들을 다양하고 대량적으로 생산하고 공급하는 매스커뮤니케이션의 등장을 필연적으로 요구하게 된 것이다. 즉 개인적인 사상의 교환, 정보의 교류과정을 의미하는 커뮤니케이션와 달리 전문적으로 정보를 생산해 이를 공급하는 대형 출판기업의 출현을 가져왔고,[103] 이로써 미디어의 매스커뮤니케이션적 이용행위가 성립하게 되었다.[104]

예술체계, 교육체계, 사법체계 등을 들 수 있다. 그리고 이러한 하부체계는 더 작은 단위의 영역별 기능적 분화에 따라 예컨대 의료체계 안에서 의료분쟁해결체계가, 사법체계 안에서는 형사사법체계와 같이 더 작은 단위의 사회적 하부체계로 기능적 분화가 이루어지고 있다.

102) 이상돈·홍성수, 「법사회학」(박영사, 2000), 31면.

103) 원가절감, 생산과 관리의 효율화를 그리고 더 나아가 최대이윤의 보장과 기업의 사회적 지위 강화를 위한 대규모화, 즉 규모의 경제를 추구하는 것을 특성으로 하는 산업사회에서 출판기업 역시 소비자의 기호에 맞는 상품을 대량생산할 수 있는 대기업화는 불가피한 현상이다. 이러한 출판기업의 대규모화는 중소규모의 출판기업이 시장에서 "퇴출"되는 결과를 불러왔고, 소수의 대형 출판기업이 시장을 사실상 독점하게 되는 결과를 가져왔다

104) 물론, 시민 개개인은 여전히 말하고 쓰고 펴내는 주체로서 개인적 의사소통을 행한다는 점에서는 의사표현의 자유를 향유할 수 있는 지위를 계속해서 갖는다. 그러나 의사소통과정에서 정보생산자로서의 지위가 강조되던 고전적 자유주의의 시각으로는 해결되지 않는 정보소비자로서의 지위보장에 관한 문제가 제기되기 시작했다는 점이 중요한 의미를 갖는다고 할 것이다.

(2) 매스커뮤니케이션의 기능과 보호의 필요성

인간은 의사소통을 통해 자아를 실현하고, 또한 공동체생활에 있어 중요한 의사결정에 참여한다. 따라서 커뮤니케이션의 자유가 보장되지 않고서는 다른 모든 자유와 권리의 진정한 보장이 어렵고, 이에 따라 커뮤니케이션의 자유는 다른 모든 자유의 기초가 되는 것이다.[105] 헌법상 누구나 자신의 의사를 자유롭게 표현하고 전달할 권리가 보장되는 것도 바로 이러한 까닭에서 비롯된다.

의사의 표현과 전파의 방법은 언어, 문자, 그림 등 어떠한 방법에 의하든 상관없으며,[106] 침묵마스크 착용 등 상징적 표현도 포함된다. 다만, 의사표현의 매체 내지 미디어를 국가에게 요청할 권리는 보장되지 않는다.[107]

매스커뮤니케이션을 보장하는 것은 자아실현과 인격발현을 위해 커뮤니케이션이 보장되는 것과는 기능적 측면에서 구분이 된다. 매스커뮤니케이션은 의사소통의 상대방을 불특정 다수로 하며 정치적 사건에서 문

---

105) 미국의 카도조(B. Cardoze) 대법관은 "미국 수정헌법 제1조가 보장하고 있는 언론의 자유가 그 밖의 다른 모든 형태의 자유의 모체이며 불가결한 조건이다"라고 하였고(Palko v. Connecticut, 302U. S. 319〈1937〉), 독일연방헌법재판소도 "언론의 자유는 모든 자유의 기초"라고 하였다(BVerfGE 7, 198〈208〉).

106) Chr. Degenhart, *Bonner Kommentar*, Art.5 Abs. 1 und 2, 1987, RN. 163ff.

107) 미디어란 의사표현의 내용인 정보를 담아 나르는 "그릇"이라고 할 수 있다. 정보전달의 물리적 · 기술적 수단인 미디어는 기술발달에 따라 목소리, 얼굴표정, 몸짓 등 의사표현자의 신체행위를 이용한 '표현적 미디어'(the presentational media)에서 인쇄 서적, 신문 등의 '구성적 미디어'(the representational media)로, 그 다음에는 전화, 라디오, 텔레비전, 텔렉스, 팩스, 컴퓨터와 같이 '표현적 미디어'나 '구성적 미디어'를 전달하는 '기계적 미디어'(the mechanical media)로 발전되어 왔다. 표현적, 구성적, 기계적 미디어로의 구분에 관하여서는 김정탁, 「미디어와 인간」, (커뮤니케이션북스, 1998), 101~102면.

화소식까지 광범위한 정보를 제공하여 의사소통의 상대방이 자신의 의사표현의 자유를 행사하는 데 있어서 중요한 역할을 수행한다. 즉, 대중민주주의 사회에 있어서 사회적 하부체계의 기능적 한 부분으로서 '정보제공체계'인 매스커뮤니케이션이 그 기능을 다함으로써 개인들이 자유를 누리기 위한 실질적인 조건이 보장될 수 있다. 그러므로 국가는 이러한 정보제공체계로서 매스커뮤니케이션이 왜곡되지 않도록 질서를 계획·조정 그리고 관리를 담당하는 기능을 통해 정보의 생산과 분배가 이루어지도록 끊임없이 상호 작용하는 것이 요구된다.

2. 자유권적 언론자유 해석의 한계

매스커뮤니케이션의 성립은 고전적 언론의 자유에 대한 이해에 있어서 중요한 의미변화 내지 언론자유의 내용에 변화를 요구한다. 그 필요성은 19세기 초 의회나 정당 등에서의 연설과 논의들을 활자화하여 공표하는 기능을 수행해온 신문의 기능 변화의 예를 통해 확인할 수 있다.[108)109)]

---

108) 이러한 수고에 대한 사례로 의회나 정당은 여러 가지 방식으로 신문사를 지원하였다. 당시 여러 신문사의 편집인들은 종종 정당의 대리인으로서 활동하였다.

109) 우리가 일상어로 사용하는 신문이란 '신문지'(newspaper)를 뜻한다고 할 것이다. 그렇지만 신문의 개념은 일의적으로 정의하기 어렵다. 넓은 의미에서 신문은 고대의 손으로 쓴 신문(필사신문)이나 벽보(벽보)를 포함한 사회적 대화일체를 포함한다. 그리고 오늘날 중국에서는 우리가 쓰는 신문이라는 말은 보도를 뜻하는 것으로 쓰인다. 좁은 의미의 신문은 신문지를 메시지 용기로 사용하는 커뮤니케이션 현상을 말한다. 이러한 개념정의에 따르면 신문은 신문지와 동일한 내용이 된다. 차배근, 커뮤니케이션학개론(하), (세영사, 1983), 25면. 현행 「신문 등의 자유와 기능 보장에 관한 법률」은 신문의 개념요소로 정기성과 계속성을 규정하고 있다. 한편, 독일에서는 임시로 발행하는 여러 형태의 유인물 내지는 전단도 신문에

상업화와 도시화로 인해 신문의 성격은 초기 근대 사상(思想)내지 이념신문에서 상업신문(Geschäftspresse)으로 바뀌었다. 또, 신문기업의 대규모화로 인해 영세 신문발행인들은 점차 사라져 갔고, 결국 일부 신문기업이 사실상 시장을 독점하게 되었다.[110]

이로써 국가의 간섭과 침해로부터의 자유가 곧 '공론의 장'을 보장한다는 '사상의 자유시장'이라는 예정조화적 가설은 서서히 무너지기 시작하였다.[111][112] 말하자면, 분업화된 사회에서 독점적 지위를 갖는 신문기업의 출현은 국민으로 누구나 신문발행에 참여할 수 있는 기회를 실질적으로 제한하는 결과를 초래하였고, 이는 공동체사회 내에서 현출될 수 있는 의사의 다양성을 축소시키는 것을 의미하기 때문에 기존 시민적 법치국가 아래서의 국가로부터의 자유라는 방어권으로서의 언론의 자유에 대한 이해만으로는 설명될 수 없는 새로운 국면이 등장하고 있음을 의미한다.

포함시키고 있다.

110) 한상범, 「기본적 인권」(정음사, 1985), 150면.

111) 여기에서 공론의 장(public sphere)이란 개념은 하버마스(Habermas)에 의해 성립된 개념이다. 하버마스에 따르면 공론의 장은 시민사회와 국가 사이에 존재하는 공간으로서, 시민들은 이 공간을 통해 자신들의 의견을 여론으로 수렴하여 국가에 전달하고 정책에 반영시킨다고 한다. 그리고 이러한 공론의 장이 제 기능을 하기 위해서는 모든 시민들의 접근 가능성이 보장되어야 하는 반면, 모든 특권은 배제되어야 한다. 다시 말해, 시민들이 "아무런 제약도 받지 않고, 집회와 결사의 자유, 그리고 의견을 표현하고 공표할 수 있는 자유를 보장받는 가운데 일반적인 관심사들에 대한 논의가 성립된다면" 그러한 공론의 장에서 형성되는 여론은 정당성을 지니게 된다. 즉, 공론의 장은 현실적 구체적 공간(sphere)이 아닌 이념적·추상적 공간을 의미한다고 할 것이다. J.Habermas, The public sphere, in A. Mattelart & S.Siegelaub(eds.) Communication and Class Struggle, 1. Capitalism, Imperialism, 1961. pp.198-201.

112) 한상범, "미국에 있어서의 언론자유의 법구조", 「사법행정」(1980), 21면.

II. 매스커뮤니케이션의 헌법적 보호가치

1. 출판의 매스커뮤니케이션적 이용형태와 헌법적 보호가치

고전적인 커뮤니케이션과 국가 간의 관계는 국가와 의사표현자의 이항 대립적 구조로 구성되므로 국가의 간섭 및 침해의 금지는 곧 커뮤니케이션의 자유라는 명제가 성립된다. 그러나 매스커뮤니케이션의 구조는 이와 다르다. 국가, 매스커뮤니케이션 주체 그리고 매스커뮤니케이션 주체로부터 정보를 획득해 자신의 의견을 형성하는 개인으로 구성되는 이른바 '3각 관계'가 형성된다.

독일연방헌법재판소가 기본법상 보장된 출판의 자유에 대해 출판의 제도적 독자성이 뉴스와 의사의 전파에 이르기까지의 다양한 정보의 제공에 의해서 보장되고 있기 때문에 단순히 의사표현의 자유의 일부분이라고 할 수 없다고 언급하고 있는 것도 바로 이러한 맥락에서 이해될 수 있다.[113] 즉, 매스커뮤니케이션은 커뮤니케이션의 전제가 됨을 의미한다. 그러므로 자신의 의사를 형성하는 데 필요한 정보를 매스커뮤니케이션 주체로부터 취득할 수밖에 없는 현대인의 언론의 자유를 고전적 의미의 자유 즉 국가로부터의 침해방지를 요구할 수 있는 소극적 의미의 방어권으로만 이해해서는 의견형성의 다양성을 보장하기 위한 전제조건인 정보원의 다양성을 충족시킬 수 없게 된다. 이로써 언론 '자유'의 개념은 "…… 로부터의 자유(freedom from)"에서 어떤 바람직한 목적을 달성하는 데 필요한 수단의 존재를 요구하는 "…… 를 위한 자유(freedom for)"라고 하는 보다 적극적인 개념으로의 수정이 요구된다.

국가는 단순히 언론의 자유를 침해하거나 간섭하지 않는 것뿐만 아니라 동시에 적극적으로 자유를 촉진해야 하며, 언론의 자유를 실현할 수

---

113) BVerfGE 10, 118ff.

있는 여건을 마련해야 할 것을 요구한다. 즉 매스커뮤니케이션의 자유에 대한 보장이 요구되는 것이다.

이렇게 볼 때, 매스커뮤니케이션으로서 출판의 헌법적 보호가치는 고전적 언론의 자유에서와 같이 출판기업을 설립할 수 있는 출판기업설립의 자유와 그 활동의 자유를 보장한다고 할지라도 설립 및 활동의 보장은 커뮤니케이션의 상대방인 정보 수용자로서 대중이 취득할 수 있는 정보의 범위를 확장함으로써 정보의 시장에서 다양성을 보장하는데 있다 할 것이다.114) 공적 사안에 대한 정보를 제공하는 매스커뮤니케이션 주체인 신문사에 대해 공적 책임이 강조되고 또, 국가에 의한 '자유출판제도의 보장'이 요구되는 것도 이러한 맥락에서 이해될 수 있다.115)

매스커뮤니케이션으로서 출판의 성립 내지는 출판의 매스커뮤니케이션적 이용형태의 등장과 함께 매스커뮤니케이션 환경에서 언론 자유의 성격, 그리고 매스커뮤니케이션으로서 출판의 헌법적 보호가치와 언론의 자유와의 '구별' 등에 관한 문제가 기본권이론상 검토되어질 수 있다면, 19세기 말 전기통신설비를 이용한 매스커뮤니케이션의 등장은 매스커뮤니케이션의 헌법적 보호영역과 관련해 또 다른 중요한 의미를 갖는다.

---

114) 이와 유사한 견해로는 한상범, "매스미디어의 발달과 언론·출판의 자유", 「사법행정」, (1964), 14면.

115) 독일연방헌법재판소는 출판의 자유를 개인의 주관적 공권으로서뿐만 아니라 객관적 규범질서로서 자유출판제도도 보장한다고 한다. 객관적 질서로서의 자유출판제도의 보장은 정보의 수집단계로부터 출판물을 배포하기까지의 모든 단계에 있어서 그리고 오락적 내용이나 광고 등도 포함한 출판활동의 전 영역의 보장을 의미한다. 이에 관해서는 M. Löffler / R. Ricker, *Handbuch des Presserechts*, 1994, S. 37. 참조.

2. 무선전파를 이용한 매스커뮤니케이션과 헌법적 보호가치

(1) 무선전파를 이용한 커뮤니케이션의 등장과 방송의 어원적 의미

1) 무선전파를 이용한 커뮤니케이션의 등장

무선전파를 이용한 커뮤니케이션 기술의 발달은 20세기 초 새로운 발명품에 주어지는 특허권을 둘러싼 치열한 공방으로 더욱 가속화되었다. 경제적으로 막대한 수입을 제공하는 특허권의 매력은 발명가들의 창의력을 북돋았으며, 특허권의 확보는 거대한 통신사업을 독점할 수 있는 핵심요인이 되었다.[116]

무선통신이 가장 먼저 발달한 미국에서 이러한 상황을 바탕으로 Western Electric사와 General Electric사 그리고 Westinghouse사 등 3대 회사가 20세기 초반 산업을 주도하게 되었다. 이들 3개사는 무선통신에 있어서 3대 요소라고 할 수 있는 전기, 전력, 변조기 등의 분야에서 서로 연합함으로써 매스커뮤니케이션으로서 방송의 등장에 결정적인 영향을 미치게 되었다.

그러나 전파자원을 이용한 커뮤니케이션은 초기 단지 새로운 기술에 대한 관심의 대상이자 소수 아마추어 무선통신사들 간의 개별적 의사소통의 형태로 출발하였다.

2) 방송의 어원적 의미

방송이라는 표현이 우리나라에 도입된 배경을 역사적으로 살펴보면 영어의 Broadcasting을 동양권에서 도입하면서 중국에서는 그 뜻을 그대로 살려 광파(廣播)라고 했으나, 일본에서는 방송이라고 번역했고, 한국은 일본의 번역어를 그대로 수입했다.[117]

---

116) S. Head, Broadcasting in America, 5th ed., 2000, pp.42-44.
117) 일본에서 방송이란 표현이 등장한 배경을 살펴보면 다음과 같다. 제1차세

한편, 어원적으로 살펴보면 Broadcasting에서 Broad(넓게)를 방(放)으로, casting(보내다)을 송(送)으로 번역한 것이다. 이와 같은 어원적 분석에 따를 때 방송이란 어떤 내용물을 넓게 보낸다고 하는 뜻을 갖고 있는데, 이것을 가능케 해 주는 물적 토대가 바로 전파이다. 그러므로 방송은 전파자원의 이용형태를 의미하는 개념에서 출발한 것이다.

즉, 방송은 전파자원을 이용하는 또 다른 형태의 커뮤니케이션인 무선통신과 구별되는 개념으로 의사소통의 상대방이 특정인 내지 한정된 범위의 수신인이 아닌 공중 즉, 수신대상의 일반성을 특징으로 한다.

(2) 무선전파의 매스커뮤니케이션적 이용형태의 성립

새로운 기술이 등장하면 일반적으로 사람들은 '테크놀로지 자체'에 대한 강한 관심을 표한다. 무선전파를 이용한 기술도 예외는 아니었다.[118]

계대전 중인 1917년 1월 하순경 남아프리카를 돌아 대서양을 거쳐 유럽 항로에 취항하던 한 선박의 무선통신사는 인도양상에서 '독일의 가짜 순양함이 출몰하고 있으니 경계하라'는 무선송신을 받았다. 무선의 발신지는 케이프타운(Cape Town) 근처의 영국해안기지였지만 특정 수신자에게 송신한 것이 아니었기 때문에 발신자가 확인되지 않아 수신증명을 할 수가 없었고, 그는 어디선가 발신하는 통신메시지를 받았다는 뜻으로 '이러 이러한 방송을 수신하였다'고 기재하였다. 이것이 일본에서 공문서에 방송이라는 표현이 사용되어진 기원이고 이렇게 유래된 '방송'이라는 표현이 1919년 일본 체신성의 성문규정으로 나타났다.www.nhk.or.jp / bunken / jp, '20세기 방송사' 참조.

118) 1899년 실험에 성공한 무선 텔레그래피(wireless telegraphy)는 1906년부터 1912년 사이에 라디오텔레그라피(radiotelegraphy) 혹은 라디오텔레포니(radio telephony)로 불리게 되었다. 라디오텔레포니는 점(dots)과 대시(dash)로 구성된 모르스 부호 대신 사람의 목소리와 음악을 송신하는 무선기술을 의미하였다. 이러한 용어사용으로 인해 1920년 이전까지 무선 텔레그래피와 라디오는 서로 구분 없이 혼용되었다. 1920년에 이르러 두 가지 형태의 무선전파를 이용한 커뮤니케이션은 모두 '라디오'라는 개념으로 알려지게 되었고, 라디오텔레포니 혹은 라디오폰이 유행하기 시작하면

1920년대 초 등장한 무선통신기술은 전파의 속성상 일 대 다의 매스커뮤니케이션 구조를 띠지만, 무선통신을 위한 장치인 '라디오 세트'는 많은 기술적인 한계를 가지고 있었고,[119] 사회적 관심은 무선통신을 통해 전달되는 메시지 즉 프로그램 내용보다는 청취수단으로서 단말기에 대한 기술적 '신기함'에 머물렀다.[120][121]

서 라디오 방송이라는 이름과 함께 사용되었다. 미국에서 상업방송국 설립이 본격화되면서 1922년부터 방송이라는 용어로 자연스럽게 옮겨간다. 라디오 개념의 형성과정에 대해서 자세한 내용은 S. Douglas, *Inventing American broadcasting*, 1899-1922, 1989 참조.

119) 초기 라디오 수신기의 모습은 지금의 그것과 크게 달랐다. 군사용이나 개별적 커뮤니케이션 즉, 무선통신에 적합한 형태를 띠고 있었다. 스피커가 부착되어 있지 않아 내용을 듣기 위해서는 헤드폰이나 이어폰이 필요했다. 이는 매우 중요한 의미를 내포하고 있다. 즉, 라디오 수신기를 통해 전달되는 내용을 가족 전체가 듣지 못하고 가족 중 한 사람만 들을 수 있다는 것을 의미한다. 또한 수신기는 가정에서 조립할 수 있는 키트 형식이 주였고 조립된 것은 매우 비싸서 일반 대중들이 구입하기 어려웠다. 수신기가 가정 조립식이었다는 것은 또 다른 의미를 갖는다. 남성들에게는 조립기술을 활용해 들어보는 '불가사의한 장난감'이였던 반면, 여성들에게는 '보기 싫은 박스(Box)'이거나 '침묵' 이외에 아무것도 아니었다. S. Moores, *The box on the dresser: Memories of early radio and everyday life*, Media, Culture & Society, 1988, pp.31.

120) 이 당시 무선전파를 통해 전달되는 메시지 즉, 프로그램은 다분히 "이벤트 의존적"이었다. 말하자면, 1920년대 이후 1930년대 초반까지 전파에 실려 라디오 수신기를 통해 접할 수 있는 내용은 이벤트를 관찰하는 것뿐이었다. 이벤트를 프로그램 형식이나 길이에 맞게 구성하지도 않았으며 그대로, 즉 실제 시간에, 그리고 이벤트의 지속시간에 맞춰 단순히 전달했다. 이러한 내용물 사이에는 아나운서의 목소리나 프로그램 예고 등이 없이 빈 공간으로 남아 있었다. "게으르게 그냥 켜놓고 계속 듣는 것"을 방지한다는 것이 무선국(Radio Station) 운영자들의 주장이었다. P. Scannell, *Public service broadcasting and modern public life*, Media, Culture & Society, 1989, pp.31.

121) 이에 관해 자세한 내용은 L. Johnson, *Radio and everyday life: The early years of broadcasting in Australia*, 1922-1945, Media, Culture & Society, 1981, pp.167-178.

무선전파의 매스커뮤니케이션적 이용행위는 '라디오 세트' 생산자의 끊임없는 기술개발 등에 의해 본격화되었다. 1930년대 중반을 넘어서면서 기술적 진보에 따라 헤드폰(headphone)을 이용해 혼자 라디오 세트를 이용하던 과거와는 달리 라디오 세트에 스피커가 부착됨으로써 가족 모두가 함께 무선전파에 실려 오는 내용을 들을 수 있게 되었다. 이에 따라 라디오세트 판매가 주목적이었던 생산자들은 청취자들의 이탈을 막기 위해 광고 없이 콘서트 음악, 교육 강의, 기상리포트 등의 정보를 매일 정기적으로 송출하였다. 이로써 무선전파의 이용형태는 개별적 커뮤니케이션을 위한 무선국(Radio Station with a personal aim)과 일반 공중에게 정보 등을 제공하기 위한 방송국(Broadcasting Station)으로 구분되게 되었다.

물론, 무선전파의 매스커뮤니케이션적 이용형태에 대해 "라디오 세트 판매를 위해 전파자원(radio)을 홍보 수단으로 이용하는 것은 결과적으로 전파자원의 상업적 가치를 일부 기업이 독점하도록 허용하는 것이다"라는 비판이 제기되기도 하였다.[122] 그러나 이 같은 비판적 목소리에도 불구하고 라디오 세트 판매대수는 수직상승을 거듭했고, 무선전파의 매스커뮤니케이션적 이용을 의미하는 방송국은 일반 대중에게 정보를 공급하는 정보제공체계로서 자리매김하게 되었다.

이러한 무선전파를 이용하는 정보공급은 텔레비전 기술의 등장과 함께 비약적으로 커졌다.[123] 텔레비전의 출현과 발전은 인간이 최초로 소

---

122) P. Maxim, *Charges Air Monopoly*, 1922. pp.17.

123) 텔레비전이란 명칭은 프랑스의 Persky에 의해 처음으로 사용되었다고 한다. 그 이전에는 시각적 전화(visual telephone)라고 부르기도 했고, 다이아포토(diaphoto), 텔레포토그라프(telephotograph) 등 여러 가지 이름으로 불리기도 했다. J. L. Servan Schreiber, *The Power to Inform*, New York, McGraw-Hill Book Publishing Co., 1974, pp.175(김규, 「방송미디어」(나남, 1998), 131면에서 재인용). 한편, 텔레비전 방송은 라디오 방송보다 더 많은 방송시설을 필요로 하였기 때문에 대기업이나 국가에서 텔레비전 방송에 나섰다.

리를 내고 움직임을 나타내며 색채를 사용하여 표현한 이른바 신체어 (somatic language)였던 커뮤니케이션의 원형을 전자(electronics)기술에 의해 최대한으로 증폭시켜 무한대의 공간성과 동시성을 갖기 때문이다.[124][125][126]

결국, 무선전파의 매스커뮤니케이션적 이용형태를 의미하는 방송은 20세기 가장 강력한 정보공급체계로 부상하게 되었다.

---

124) 텔레비전 방송을 최초로 실시한 나라가 어디인가에 대해서는 의견이 일치되지 않는다. 1931년 미국이 첫 시험방송을 하였다는 주장하는 문헌이 있는가 하면, 1928년 독일이 '제국방송협회'를 설립하여 최초로 텔레비전 시험방송을 시작하였다는 문헌도 있다. 여기서는 일반적인 견해에 따라 영국 BBC의 흑백 텔레비전방송을 세계 최초의 방송이라고 본다. 프랑스, 독일 등 유럽 국가들은 1930년대에 각각 텔레비전 실험방송을 실시했으나 수상기의 높은 가격으로 상용화는 기술개발로 가격이 내릴 때까지 미뤄졌다. 2차대전 이후 텔레비전방송 수상기 가격 인하에 따라 텔레비전 수상기 보급은 확대되었고, 텔레비전방송은 매스커뮤니케이션으로서 위력을 발휘하게 되었다.

125) 최초로 음성과 영상신호를 무선전파를 통해 공중의 수신을 목적으로 전파하고자 한 텔레비전 방송의 시도는 독일에서 이루어 졌다. 독일은 제국방송협회를 설립하여 방송전반을 총괄하면서 1928년부터 5개 방송국에서 실험방송을 개시하였다. 그러나 실제로 정식 방송을 시작한 것은 1936년 영국의 BBC에 의해서였다. 1929년 실험방송을 거쳐 BBC는 1936년 11월부터 런던의 북쪽에 있는 알렉산드라궁에서 매일 일정한 계획에 따른 메시지 즉, 프로그램을 방송했다. 미국의 경우도 1920년대 말부터 텔레비전 방송을 위한 여러 차례의 실험을 거친 뒤인 1939년 뉴욕에서 열린 만국박람회에서 RCA 등이 자체 개발한 텔레비전 수상기를 선보이면서 루즈벨트 대통령의 연설장면을 일반대중에게 생중계하기도 하였다. 텔레비전 방송의 잠재력을 확인한 미국의 연방통신위원회(FCC)는 1941년 525주사선 방식의 흑백텔레비전 상업방송을 허가하였다. 2차세계대전의 발발로 침체기를 맞았으나 1950년대에 접어들어 텔레비전 수상기의 급속한 보급에 힘입어 활기를 되찾았다. 여기에 컬러텔레비전수상기의 등장은 전파를 이용한 매스커뮤니케이션의 자리를 확고히 하는 계기가 되었다.

126) 김규, 앞의 책, 141면.

(3) 무선전파의 매스커뮤니케이션적 이용으로서 방송의 기능

매스커뮤니케이션 발전사는 일반적으로 4단계로 구분된다. 제1단계는 19세기 일어난 기계식 인쇄기개발에 따른 출판에 의한 매스커뮤니케이션 시기이며, 다음으로는 20세기에 이르러 등장한 영화(film)를 매개로 한 제2단계, 그 다음으로는 무선전파를 매개로 한 매스커뮤니케이션, 마지막으로 텔레비전이 가져다준 영상과 음성을 이용한 매스커뮤니케이션이 그것이다.

무선전파를 이용한 초기 커뮤니케이션의 형태는 이미 살펴본 것과 같이 전화나 무선전신과 유사한 의사소통의 양당사자 간의 개별적 커뮤니케이션에 그쳤다.[127] 그러나 라디오 세트의 진화는 무선전파를 이용한 커뮤니케이션을 더 이상 단순한 대인커뮤니케이션이나 집단커뮤니케이션이 아닌 소수의 송신자가 불특정 다수에게 정보, 오락 등의 메시지를 제공하는 매스커뮤니케이션으로의 기능 변화를 가져왔다.

무선전파의 매스커뮤니케이션적 이용형태로서 라디오와 텔레비전방송의 기능에 대해 미국의 언론학자인 맥퀘일(D. McQuail)은 실증적 연구를 바탕으로 사회학적 관점에 따라 다음 〈표 3〉과 같이 정리한 바 있다. 사회학적 관점에서 정보제공기능과 사회동원 기능은 사회의 변화와 발전에 관계된 것이라고 한다면, 나머지 기능들은 사회의 통합에 관계된 기능이라고 한다.[128] 요컨대 방송은 정보를 제공하고 사회를 통합하는 사회적 하부체계로서 기능한다고 할 것이다.

---

127) 전파미디어에 대한 초기 이러한 입장은 독일연방헌법재판소의 제1차 방송판결(Eerste Fernse-Urteil)에서 방송을 통신의 영역에 포함시키려는 연방정부와 이에 반대하여 방송의 특수성을 주장하는 주정부 간의 다툼에서 핵심 쟁점으로 부각되었다. BVerfGE 12, 205, 246.

128) D. McQuail / J. Blumer / and J. Brown, *The Television Audience: A Revised Perspective*, in Dennis McQuail(ed.), Sociology of Mass Communication, 1972, pp.135-165.

〈표 3〉 社會學的 觀點에서 본 매스커뮤니케이션의 機能[129]

情報提供機能	① 사회와 세계의 사건 등에 대한 정보 제공 ② 권력관계에 대한 정보 제시 ③ 개혁·적응·발전의 촉진
社會統合機能	① 사건과 정보의 의미에 대한 설명 ② 정립된 권위와 규범에 대한 지지 제공 ③ 새로운 세대와 구성원의 사회화(socialization) ④ 분산된 행위들의 조정 ⑤ 합의의 형성(consensus building) ⑥ 사회적 과제들의 우선순위 설정 ⑦ 사회구성원들의 상대적 지위의 암시[130]
社會維持 機能	① 지배적 문화의 표현, 하부문화의 인정, 새로운 문화의 개발 ② 공동체적 가치관의 형성과 유지
娛樂提供 機能	① 즐거움, 기분전환 및 긴장해소 수단의 제공 ② 사회적 긴장의 해소
社會動員(social mobilization)[131] 機能	① 정치·전쟁·경제개발 등에 관련된 사회적 목표의 홍보

---

129) D. McQuail, *Mass Communication Theory*: An Introduction, 1983, pp.76-84.

130) 지위암시란 특정한 개인이나 하위집단 혹은 사회적 쟁점에 관한 뉴스가 매스커뮤니케이션을 통해 실제로 보도됨으로써 그 보도의 대상이 된 사람들에 대한 중요성 등을 한층 더 부각시키는 효과를 말한다. 예컨대, 어떤 평범한 사람이 방송을 통해 알려지게 되면 주변사람들의 화젯거리가 될 뿐만 아니라 유명인사로 취급받게 되거나 멸시의 대상이 되기도 하며, 사회적인 쟁점들이 뉴스를 통해 보도됨으로써 그 쟁점의 중요도가 사람들에게 널리 인식되어 토론의 주제가 되고, 또한 사회적 조치를 위한 공공의제로 떠오르게 된다.

131) 사회동원기능이란 국가 혹은 사회 전체의 이익 증대를 위해 방송이 특정한 가치나 행동유형을 확산시키는 데 적극적으로 기여하게 되는 것을 뜻한다. 즉, 방송은 사회구성원의 관심과 참여, 지지를 활성화하고, 구성원이나 참여자의 활동을 조직화하여 구체적인 지침을 부여하며, 설득이나 선전, 캠페인을 통해 사회구성원의 태도변화를 유도한다는 것이다. 예컨대, 연말 불우이웃돕기 성금 방송과 같은 각종 성금 모금 방송은 방송의 동원

(4) 방송의 헌법적 보호가치

그간 무선전파의 매스커뮤니케이션적 이용형태를 의미하는 방송이 갖는 다양한 사회적 기능 가운데 헌법 이론적으로 주목을 받아온 기능은 정보제공 기능, 즉 보도기능이었다.

공적사안에 관한 정보제공 기능을 통해 신문과 마찬가지로 개개인의 의견형성에 있어 중요한 영향을 미친다는 점이 강조된 까닭이다. 다시 말하자면 방송의 여론형성 기능 때문에 방송에 대한 헌법적 보호가치는 정보수용자인 대중이 취득할 수 있는 정보범위의 확장 및 정보의 다양성 보장으로 대표되어왔다.

그러나 방송의 기능 내지 과제는 국민의 정치적 의사형성뿐만 아니라오락, 지속적인 사실보도의 수준을 넘는 정보는 물론 문화적 책임까지 포괄하는 것이다.[132] 따라서 공적 사안에 대한 정보를 제공하는 보도기능만을 강조하기보다는 정보수용자인 대중이 자유롭고, 포괄적이며, 진실에 부합하는 다양한 의사를 형성할 수 있도록 보장되어야 할 것이며, 이를 위해 국가에 의한 "자유로운 방송질서의 형성 및 보장"이 요구된다고 보는 것이 타당하다고 생각한다.

제6절 소 결

전파 혹은 전기통신설비 그 자체는 아무런 가치판단을 요구하지 않는다. 다만 이러한 미디어가 무슨 목적을 위해 어떻게 사용 내지 이용되는

적 기능에 의한 사례라고 할 것이다.
132) E. W. Böckenförde / J. Wieland, *Die Rundfunkfreiheit ein Grundrecht*: AfP 1982, S. 79.; BVerfGE 74, 297(324).

가에 따라 그 가치판단이 요구되는 것이다.

미디어의 이용형태는 각각의 응용형태의 객관적 사실에서, 즉 미디어가 커뮤니케이션적으로 이용되는가 아니면 매스커뮤니케이션적으로 이용되는가라고 하는 이용형태에서 구분될 수 있다. 커뮤니케이션적인지 아니면 매스커뮤니케이션적인지 그 사항 내적인 특성을 탐지하고 찾을 것은 일차적으로 법률가의 임무는 아니다. 그러나 그 특성의 존재는 배제될 수 없는 것이며, 더욱이 개연적이다. 말하자면 미디어의 매스커뮤니케이션적 이용형태라는 사물구조를 부정할 수는 없을 것이다. 그렇다면 정치적인 행위 특히 입법자는 이러한 사물구조의 특수성에 상응하는 법적 편제형태를 고려하여야만 한다.

물론, 이러한 논증에 대해서는 의문이 제기될 수도 있을 것이다. 방송을 하나의 도구 즉, 의사표현의 매개체로 이해하고 방송의 자유를 자유권적 기본권으로 이해하고자 하는 관점에서 본다면, 방송이나 통신 모두 의사표현의 매개체에 불과하므로 차별성을 찾기 어렵고, 이에 따라 방송과 통신에 관련된 입법은 언론의 자유라는 자유권적 기본권의 행사에 대한 제한으로서의 의미를 갖고 있을 뿐이라고 이해할 수 있기 때문이다.

바로 이러한 이유에서 헌법상 방송이 과연 의사표현의 매개체를 의미하는 것인지, 방송의 자유가 언론의 자유의 다른 내용과 같은 자유권적 기본권인지, 결과적으로 헌법상 방송의 본질이 무엇인지에 관한 검토가 요구된다고 할 것이다.

제2장 방송의 본질

제1절 서 론

　'방송의 본질'이란 주제의 논의를 찾아보기란 쉽지 않다. 방송의 자유에 관한 해석론이 그간 중심된 주제였다고 보인다. 그런데, '방송의 본질'과 '방송의 자유'에 관한 해석론이 엄격히 구분되는 것은 아니다. 왜냐하면 '방송의 자유'에 관한 각각의 해석론은 이미 방송의 본질에 관한 논의에 바탕으로 두고 있기 때문이다.

　주관주의적 해석론에 따르면 방송은 신문발행·출판과 마찬가지로 주관적 권리, 즉 기본권 주체가 스스로 주관적 성향에 따라 방송을 할 것인지 아닌지를 결정할 수 있는 자유권적 기본권인 의사표현의 자유에 속하게 된다. 또, 의사표현의 다양한 매개체 가운데 하나로서 의미를 갖고, 이러한 의사표현의 매개체를 통한 의사표현의 자유에는 언론의 자유에 관한 헌법 도그마가 그대로 적용된다고 한다. 한편, 객관주의적 해석론에 따르면 방송은 개인의 주관적 권리를 부여하는 기본권 규범이 아닌 국가에게 의견의 다양성 보장이라는 헌법적 과제를 적극적으로 실현할 것을 의무 지우는 객관적 질서 곧 제도를 의미한다.

　이하에서는 '방송의 자유'에 관한 논의 속에 '감춰져 있는' 방송의 본질에 관한 독일에서의 이론과 판례 그리고 미국에서의 방송의 본질에 관한 판례를 분석한다. 아울러 우리나라에서 방송의 본질에 대한 기존의 논의도 다룬다.

이러한 시도는 방송과 통신을 과연 의사표현의 매개체로 이해할 수 있는가 아니면 또 다른 의미를 갖는가라고 하는 측면에서 헌법상 '방송의 본질'에 관해 규명이라고 할 것이다.

제2절 독일에서의 이론과 판례

Ⅰ. 학설의 전개

독일기본법은 '출판의 자유'(Pressefreiheit)를 명문으로 규정하고 있는 것과 달리 방송의 자유(Rundfunkfreiheit)를 명문으로 규정하고 있지 않다. 기본법 제5조 제1항 2문에서 '방송을 통한 보도의 자유는 보장된다'라고 규정하고 있고 이로 인해 그 법적 성격에 관해 다양한 해석론이 제시되고 있다.

그간의 논의를 정리해 보면 크게 방송을 의사표현의 매개체로 보고, '방송의 자유'라는 명제를 자유권적 기본권으로 파악할 것인지 아니면 주관적 기본권이 아닌 국가에 대해 객관적으로 의무를 부여하는 객관적 질서로 파악할 것인지에 관한 다양한 해석론으로 이어지고 있다.

1. 의사표현의 매개체로서 방송의 이해

(1) 주관주의적 해석론

주관주의적 해석론의 논거로는 우선 기본법 제5조 제1항에 대한 체계적 해석의 필요성이 제시된다. 즉, 방송의 자유를 봉사하는 자유 (dienende Freiheit)라고 이해하면서 방송의 자유를 하나의 독립적인 기본권이 아니라 단지 공공의 의사형성에 기여하는 성격을 가진다고 보는 것은 기본법 제5조 제1항 1문의 체계에 있어 문제가 발생한다고 보는 것이다. 또, 방송의 자유가 사적·공적 의사형성에 기여한다고 할지라도 이러한 기능은 개별기본권이 자유권적 기본권으로 보장될 때 인정될 수 있을 뿐이며 본말이 전도되어서는 안 된다고 주장한다.[133]

요컨대, 기본법 제5조 제1항 1문이 국가에 대한 방어권적 자유권으로서 주관적 공권성에 의심의 여지가 없는 것과 마찬가지로 기본법 제5조 제1항 2문도 1문과 동일한 해석을 해야지 다르게 해석할 만한 근거가 없다고 한다.[134]

주관주의적 해석론의 또 다른 논거로는 방송체계의 형성이 입법자에게 위임되었다는 규범의 역사성과 발생 당시의 상황이 제시된다.[135] 기본법 제정에 있어서 공영방송을 기본법에 명시적으로 규정하는 것을 거부하였고, 아울러 기본법 제정에 있어서 공영방송 내지는 민영방송체제에 관한 논의가 있었지만 두 모델 가운데 어느 것도 확정하지 않았기 때문에 '방송을 통한 보도의 자유'라는 규정이 방송사설립의 자유권을 부인하는 논거로 사용되는 것은 설득력이 없다는 이야기이다.

(2) 방법론적 기초

기본법 제5조 제1항 2문도 1문과 동일하게 해석함으로써 방송을 출판과 같이 주관적 권리의 대상으로, '방송을 통한 보도의 자유'를 '출판의 자유'와 같이 자유권적 기본권으로 파악하고자 하는 주관주의적 해석은

---

133) Chr. Degenhart, BK Art. 5 Abs. 1 und 2, 1999, RN. 643ff.
134) H. Klein, *Rundfunkfreiheit*, 1978, S. 41ff.
135) Stenografisches Protokoll der 25. Sitzung des Grundsatzausschußes am 24. 11. 1948, S. 14.

‘각자에게 그의 것을’이라는 ‘정의의 원리’, ‘국가·사회 이원론’, ‘배분의 원리’[136](Verteilungsprinzip) 등에서 그 이론적 배경을 찾는다.

정의의 원리에 따를 때 모든 이익과 부담, 권리와 의무, 권한과 책임은 개별적으로 누군가에게 각각 귀속되며 또한 귀속되어야 한다. 따라서 방송의 자유 역시 모든 국민에게 주관적 권리를 부여하는 기본권 규범으로 이해되어야 한다는 입장이다. 이러한 전제에서 모든 국민은 방송에 관해 권리 일반론에 따른 관계 즉 권리 주체와 수범자 그리고 객체 사이에 성립되는 ‘삼중의 관계’가 형성된다고 본다.[137] 여기서 권리주체가 수범자에 대하여 특정한 행위를 구하는 권리를 가지는 경우 수범자는 권리주체에 대해 이 행위를 이행하여야 할 의무를 부담하게 된다.

방송의 자유를 주관적 공권[138]으로 파악하는 견해는 기본권 개념의 성

---

136) C. Schmitt는 시민적 자유의 근본이념으로부터 법치국가적 헌법의 중추적 원리를 형성하는 두 개의 결과가 나타나는데 그 하나는 ‘배분의 원리’(Verteilungsprinzip)이며, 또 다른 하나는 ‘조직의 원리’(Organisationsprinzip)라고 설명한다. 배분의 원리에 따라 개인의 자유영역(Freiheitsspäre)은 국가 이전에 주어진 것으로(als etwas vor dem Staat Gebenes) 전제되며 개인의 자유는 원칙적으로 ‘무제한’적인 반면 이 자유의 영역을 침해하는 국가의 권한은 원칙적으로 제한된다고 한다. 또한 조직의 원리는 이 배분의 원리의 수행에 봉사한다고 한다. 요컨대 기본권적 자유란 이 배분의 원리의 표현이며 구체화라고 한다. C. Schmitt, *Verfassungslehre*, 3. Aufl. S. 126f.; 계희열, “헌법관과 기본권이론”, 「공법연구」 제11집(1983), 32면.

137) R. Alexy, *Theorie der Grundrechte*, 1985, S. 469ff.

138) 주관적 공권(subjektive öffentliche Rechte)라는 개념은 독일의 공권이론의 성립과정에서 공법과 사법의 엄격한 이원적 구분론을 전제로 하여 공법영역에서 반사적 이익(Reflexrecht)이 아닌 영역을 확정하기 위해 성립된 개념이다. 요컨대, 국민이 국가에 대하여 무엇을 요구할 수 있는 법적인 힘을 말한다. 오늘날 주관적 공권 또는 주관적 권리로서의 성질은 기본권의 개념 본질적 요소로 인정되고 있다. 즉, 기본법상의 국민은 더 이상 국가의 통치권의 대상이 되는 단순한 객체가 아니며 기본법상 기본권의 향유자로서 과거와 달리 국가에 대하여 다양한 권리를 행사하는 주체로서의 지위를 인정받게 되었다. 특히 기본법에서 개인에게 보장되고 있는 기본권은 여타의 단

립사를 정당성화 논거로 한다. 즉, 자유주의헌법은 절대군주에 대한 시민계급의 정치적 승리에 따른 '전리품'으로서 '인권(Menschenrechte)'이념과 '헌법국가(Verfassungsstaat)'이념이 결합된 산물로 받아들여진다. 그러므로 헌법에 의해 보호되는 권리와 자유는 국가에게는 행동 제약의 원리로, 시민계급에게는 국가권력에 대한 방어권으로서 기능하는 것이기 때문에 기본권의 제1차적인 기능은 국민과 국가와의 관계에 대한 언명이라는 명제가 성립된다고 한다.

요컨대, 자유주의 헌법관에 따르면 기본권은 국가에 대한 소극적 권한제한규범(negative Kompetenzbestimmung)으로 파악되기 때문에 '방송의 자유' 역시 주관적 공권으로서 받아들여지는 것이다.[139]

(3) 검 토

헌법은 개인의 선험적 자유권 이외에 변호인의 조력을 받을 권리, 체포·구속의 이유 등을 고지 받을 권리 등 후천적으로 창설된 자유권도 규정하고 있다. 물론 이러한 창설된 자유권은 선험적 자유권의 실현에 기여하는 것이다.[140]

순한 권리보다 우월적 지위를 갖게 되었으며 기본권의 실현이 단순한 입법자의 재량에 달려 있는 것이 아니기 때문에 입법자는 단순한 법률의 제정·개정을 통해 기본권에 의한 보호를 박탈할 수 없다. 이에 관하여 자세한 내용은 김성수, 「일반행정법」(법문사, 2004), 134-152면 참조.

139) H. Ehmke, *Wirtschaft und Verfassung*, 1961, S. 30. 전광석, "기본권의 객관적 성격과 헌법이론", 「고시계」 1992. 11., 76-77면에서 재인용.

140) 그렇지만, 이러한 창설된 자유권의 주관적 권리로서 본질적인 내용은 인간의 인격적 주체성 내지 초월성의 의미에서의 인간존엄성 이상의 것이다. 그래서 자유권의 본질적 내용은 개별 자유권이 갖는 각각의 핵심내용 분석을 통해서 규명되어야 한다. 이러한 주장은 이른바 '핵심영역설' 내지 '동태적 핵심영역설'로서 자세한 내용은 김대환, 「기본권 제한의 한계」(법영사, 2001), 104면 이하; 정태호, "기본권의 본질적 내용보장에 관한 고찰", 「헌법재판소 헌법논총」 제8집(헌법재판소 1997), 314면 이하 참조.

그러나 창설된 기본권이 주체에게 귀속되는 주관적 권리임에 틀림없을지라도 선험적 자유권과 달리 기본권 주체에게 귀속되는 것이 별도로 존재하지는 않는다.141) 단지 국가권력이 이러한 영역에 개입하는 경우 헌법이 보장하는 바와 같이 취급해 줄 것 내지는 이에 위반되는 취급을 하지 말 것을 청구하는 권리이다. 결국 창설된 자유권이란 자기의 고유한 것을 향유하는 것이 아니라 직접적으로는 단순히 행위방식에만 관련되어 있다고 할 것이다.

이러한 관점에서 방송의 자유를 선험적 자유권이 아닌 후천적 자유권이라고 본다면 방송의 자유는 기본권제도 내지 기본권규범에 의해 비로소 규정되는 것이기 때문에 객관적 법질서로부터 독립성을 보유하지 못한다.142)

물론 여기서 또 하나의 문제가 제기된다. 방송의 자유가 선험적 자유권인가? 아니면 후천적 자유권인가? 이에 대한 규명은 방송의 자유가 전형적인 자유권적 기본권과 같이 개인적 인격 발현을 위해 보장되는 기본권인가에 대한 검토로 구성되어야 할 것이다.

그런데 연방헌법재판소가 제1차 방송판결에서 방송의 자유는 각 주에서의 공적·정치적·헌법적 생활 전체에 대해서 본질적 중요성을 가지며, 여기에서 연방국가에 있어서 주의 헌법상의 지위가 생긴다고 밝히고 있는 점,143) 나아가 제1차 방송판결과 제2차 방송판결에서 방송의 자유가 제도적 자유라고 한 점,144) 제2차 방송판결에서 공중에 대해서 의무를 지는 사업이라는 방송의 특별한 본성이라고 판단하고 있는 점에 비추어 볼 때,145) 방송의 자유를 선험적 자유권으로 보기는 어렵다.

---

141) 김명재, 앞의 논문, 126면.
142) 김명재, 앞의 논문, 126면.
143) BVerfGE 12, 205(259).
144) BVerfGE 12, 205(261) ; 31, 314(326).
145) BVerfGE 31, 314(328).

2. 객관적 질서로서 방송의 이해

(1) 객관주의적 해석론

기본권 규범을 개별주체에게 귀속될 수 없는 객관적인 법 제도나 질서의 구성요소로 파악하는 객관주의적 해석론의 견해에 따르면 방송의 자유는 제도로서의 의미를 갖는다. 말하자면 기본법상 방송의 자유는 국가를 객관적으로 의무지우는 것이지 주관적 권리를 의미하는 것은 아니다.[146)

객관주의적 해석론은 그 논거로서 우선 기본법 제5조 제1항 2문이 주관주의명제 구조를 취하고 있지 않다는 점을 강조한다. 주관주의명제형식으로 규정되어 있는 출판의 자유와 달리 방송의 자유는 '방송의 자유' 그 자체가 아니고, '방송을 통한 보도의 자유는 보장된다'라고 규정되었다는 것이다. 즉, '보도를 위한 자유'(Freiheit zur Berichterstattung)가 아닌 보도의 자유(Freiheit der Berichterstattung)라는 행위형식이 보호됨으로써 보도할 수 있는 사실적 가능성이 법적으로 보호되는 것이라고 보는 것이다. 이렇게 볼 때 기본법 제5조 제1항 2문은 오직 입법자의 의무를 의미하는 객관적 성격을 지니는 데 그친다.[147)

또 다른 논거는 아이러니하게도 주관적 해석론과 같이 기본법 제정역사에서 제시된다. 헤렌킴제(Herrenchiemsee)의 헌법초안 제7조 제1항에

---

146) R. Alexy, *Grundrechte als subjektive Rechte und objektive Normen, in Der Staat,* Bd. 1. 1990, S. 49-68ff.; 김효전, "주관적 권리와 객관적 규범으로서의 기본권", 「헌법학 연구」 제6권 제2호(2000), 307면.

147) R. Alexy는 주관적 권리를 객관적으로 이유부여 하는 것도 가능하기 때문에 이러한 것은 필연적이지 않다고 한다. R. Alexy, *Individuelle Rechte und kollektive Güter: Internationales Jahrbuch für Rechtsphilosophie und Gesetzgebug* 1, 1989, S. 50f.; 김효전, 앞의 논문, 314면; E. W. Böckenförde / J. Wieland, *Die Rundfunkfreiheit- ein Grundrecht?,* AfP 1982, S. 78.

따르면 "모든 사람이 그의 의견을 자유롭게, 공개적으로 진술할 권리를 가지고, 다른 의견에 관한 정보에 접근할 수 있다. 방송수신과 인쇄물에 대한 제한은 허가되지 않는다"[148]고 규정되어 있는데, 이로써 이른바 '방송의 자유'는 방송수신자를 위한 권리적 측면을 강조한 것이지 다른 선험적 자유권과 같이 개인의 인격발현을 위한 주관적 권리를 의미하지 않는다고 보는 것이 타당하다고 본다. 또 이러한 초안 내용이 기본법 제정 당시 그대로 명문화되지 않았다고 하더라도 그 의미는 여전히 유효하다고 한다.[149]

또, 객관주의 해석론은 방송을 출판물과 같이 사적 경쟁의 대상으로 취급할 경우 의견의 다양성 보장이라는 헌법적 가치가 보장될 수 없다고 한다. 왜냐하면 방송의 자유를 주관적 권리로 파악할 경우 탈규제라는 흐름 속에서 시장에 모든 것을 맡기게 되는데, 이 경우 경제적 경쟁이 방송 전체에서의 의견의 다양성을 보장한다는 객관적 근거가 없다는 것이며,[150] 또, '방송의 자유'는 전파자원의 매스커뮤니케이션적 이용행위라는 특성상 사법성 및 사경제성과 관련하여 동등하게 취급할 수 없다는 것이다.[151]

요컨대, 객관주의 해석론은 기본법 제5조 제1항 2문에서 규정되어 있는 방송의 자유를 다른 법 주체와의 관계에서 성립하지 않는 의무를 수범자인 국가에 대해서 객관적으로만 의무지우는 내지는 과제를 부여하는 규범이지 주관적 권리라고 파악하지 않는다.

---

148) J. Wieland, *Die Freiheit des Rundfunks*, 1984, S. 63ff.

149) J. Wieland, supra note 148, S. 63.

150) W. Hofmann-Riem, *Rundfunkrecht neben Wirtwirtschaftsrecht*, 1991 : H. Jarass, *Krtellrecht und Landesrundfunkrecht*, 1991 : P. Lerche, Afp 1984, 183ff.

151) K. Stern / H. Bethge, *Öffentlich-rechtlicher und privatrechtlicher Rundfunk*, Frankfurt a.M. 1971, S. 52.

(2) 방법론적 기초

기본권 규범을 기본권 주체 각자가 갖는 그 생활사정, 이익, 자유로 이해하는 입장을 '주관적 근거지음'이라고 한다면, '객관적 근거지음'이란 기본권 규범을 전체 즉 공동체 이익, 공공재에 대해서 갖는 의미로 이해하는 입장이라고 볼 수 있다.[152]

객관주의 해석론은 기본권 규범에 관한 객관적 근거지음에 따른 것이라고 볼 수 있다. 이처럼 기본권 규범을 객관적 근거지음의 시각에서 파악하게 되면 국가의 기능과 역할에 대한 인식 역시 변화된다. 기본권을 국가에 대한 소극적 권한제한규범으로 파악하는 경우 국가는 기본권에 대한 잠재적인 침해자로 인식되어 진다. 따라서 국가가 기본권에 의해 보호되고 있는 국민의 생활영역을 침해하는 것은 국가의 부정적·소극적인 권한에 속하는 일로서 허용되지 않는다. 기본권에서 나오는 국가권력의 한계성 때문이다.[153] 그러나 기본권 규범을 객관적 질서로 이해하게 되면 국가는 개인의 지위와 자유를 침해할지 모른다는 '의심의 눈초리'에서 벗어나 기본권규범에서 부여받은 의무를 적극적으로 이행하여야 할 규범 수범자로서의 위치에 서게 된다. 이로써 국가는 비록 국민의 주관적 청구권이 없는 경우에도 기본권의 실현을 위해 모든 것을 다하여야 하는 적극적 의무를 지게 된다.

이러한 의무는 특히 입법자에게 해당되는데 입법자는 기본권규범으로부터 '기본지침과 활동의 동기'를 부여받게 되며, 기본권에 의하여 규정된 법적 상태가 위협을 받을 때는 보장의무를 지고, 기본권 실현을 위한 전제조건을 형성해야 할 의무를 지게 된다. 기본권의 내용을 확정하는 입법이 요구될 뿐만 아니라 나아가 조직형태와 절차규정을 마련하는 것도 필요하다. 입법자가 자신의 과업을 어떻게 수행할 것인가 하는 것은

---

152) R. Alexy, supra note 147, S. 458ff.
153) 허영, 「헌법이론과 헌법(중)」(박영사, 1992), 51면 이하.

입법자 자신이 결정할 사안이다.

기본권 규범에 관한 객관적 근거지음의 시각에서 객관주의적 해석론은 '방송'을 제도로, 그리고 '방송을 통한 보도의 자유 내지 방송의 자유'를 제도보장으로 이해한다.154) 여기서 제도보장은 기본권의 객관적 질서성의 양태 가운데 하나인 제도보장이라 할 수 있다.155)156) 따라서 기본

---

154) 헌법이론에서 제도보장개념은 바이마르공화국 헌법의 해석과 관련하여 M. Wolff가 "제국헌법과 재산권"이라는 그의 논문에서 "바이마르공화국 헌법 제153조에 있어서 재산권의 제도보장적 보장"이라고 함으로써 재산권이 개별적인 권리주체의 구체적인 주관적 권리를 의미할 뿐만 아니라, 법제도(Rechtsinstitut)로서 사유재산제의 보장도 의미한다고 주장함으로써 최초로 성립된 것으로 본다. 계희열, 「헌법학(중)」(박영사, 2000), 52면.: 정극원, "제도보장론의 성립과 현대적 전개", 「헌법학연구」 제4집 제3호(1998), 245면. C. Schmitt는 이런 제도보장이론을 기본권과 관련된 일반적 헌법이론으로 승화시켰다. 다만, 그는 자유권과 제도의 분리를 통해 자유권이 아닌 제도의 보호를 제도보장이론을 통해 설명하였다. 그러나 오늘날 기본권의 양면성이론은 이러한 C. Schmitt의 제도보장이론에 변화를 요구한다. 독일연방헌법재판소도 기본권의 양면성을 인정하면서 제도보장의 문제를 기본권과 결부하여 평가하고 있으며, 특히 모든 기본권은 '주관적 권리'의 측면과 '객관적 질서'의 측면 내지 '제도적 보장'의 측면을 동시에 내포하고 있음을 전제로 이론을 전개하고 있다. 이승우, "기본권의 양면성이론과 제도보장의 관계", 「공법연구」 제31집 제1호(2002), 305면 이하. 그런데 본 연구에서의 제도보장개념은 K. Hesse가 파악하고 있는 개념으로서의 "제도보장"을 의미한다. 즉, 기본법 제7조의 교육제도와 같이 개인의 권리를 전혀 보장하지 않으면서도 기본법의 기본권목록에 수록되어 있는 보장내용을 의미하는 것으로 파악한다.

155) 객관적 질서와 제도보장의 관계에 대하여 이승우 교수는 '객관적 질서'라는 개념은 포괄적인 개념이며, '제도보장'이란 개념은 객관적 질서를 구체화한 실천적 하위개념이라고 파악한다. 그리고 이러한 이해를 바탕으로 객관적 가치질서라는 상위개념에 비하여 제도보장이라는 개념은 전자를 구체화하고 실천하는 개념이기 때문에 그때그때 가치관의 변화에 따라 변화의 가능성이 크다고 한다. 이승우, 앞의 논문, 307면.

156) W. Hoffmann-Riem, *in: E. Benda u.a.(Hrsg.), Handbuch des Verfassungrecht* 1. S. 191.

권 목록에서 보장되고 있는 '제도로서의 방송'[157]은 민주주의 기본질서의 기본요소로서 객관적 질서로 파악되며, 국가는 기본권의 실현을 위해 모든 것을 다하여야 하는 적극적 의무를 지게 된다고 본다.

(3) 비 판

객관주의적 해석론에 대해서는 우선 방법론적 기초와 관련해 기본권의 목적인 동시에 근거는 개인의 보호에 있고, 객관적 질서 내지 공공재의 보장이 아니라는 비판이 제기된다. 이러한 비판적 견해는 "그 역사에서도, 오늘날의 내용에서노 기본권은 제1차적으로 개인의 권리이다. …… 기본권의 객관적 원리로서의 기능이란 바로 기본권의 작용력의 원리적인 강화인 것에 불과한데, …… 그 근원은 어디까지나 기본권의 제1차적 의미내용에 존재하는 것이다. …… 그러므로 기본권의 객관적 원리로서의 기능이 그 본래의 핵심으로부터 분리되어, 객관규범의 구조체로서 독립함으로써 기본권의 본래적이고 영속적인 의의가 후퇴되어서는 안 된다"는 '공동결정 판결'을 논거로 제시한다.[158] 즉, 기본권을 객관적 가치질서로 파악하는 것은 그 독자적인 보호목적의 수단이 아니라 항상 각자의 보호에 따른 수단에 불과하다는 것이다.[159]

다음으로 '방송의 자유'를 객관적 질서로 파악하여야 할 현실적인 특별한 상황이 존재한다고 하더라도 이 때문에 기본권의 내용을 해석하거나 그와 유사한 구성요건이나 보호영역의 범위를 설정함에 있어서 어떠한 영향을 받을 이유는 없다는 비판이 제기된다.

---

157) 독일연방헌법재판소는 이른바 제1차 방송판결에서 "기본법 제5조 제1항 2문에서 방송이라는 표현을 사용하는데, 이때 방송은 제도라는 의미를 가진다."라고 설시함으로써 "방송"의 제도로서의 성격을 분명히 하였다.: BVerfGE 12, 205(228).
158) BVerfGE 50, 291, S. 337f.
159) 김효전, 앞의 논문, 316면.

헌법해석에서 생활현실을 고려한다고 할 때, 사회적인 현실을 반영하는 과정에서 헌법규범이 본래 의도했던 내용의 고유성이 점차 사라질 수 있다는 우려인 것이다. 말하자면, 특별한 상황에 근거하여 특별한 규율내용을 정하는 것은 가능하나, 헌법의 내용해석 자체가 그러한 상황으로 바뀌는 것은 아니라는 지적이다.

자유의 전제가 되는 여건이 현실적으로 부족하여 그 자유를 모두가 나누어 누리는 과정에서 상황에 따라 기본권제한이 좀더 가해질 수 있을 뿐이지, 방송을 '언론의 자유'에서 특별히 취급하여 주관적인 권리를 배제하고 객관적 질서로 해석할 수 있는 것은 아니라는 것이다. 더욱이 방송의 자유만이 이른바 '특수한 상황'에 놓여있는 것은 아니며, 예컨대 70년대 서독에서 발생했던 대학의 학생 수용시설 부족상태라든가, 새로 편입된 옛 동독지역의 노동이나 직업훈련 기회의 부족상태 등도 바로 그러한 상황에 해당한다고 본다.

결국 어떠한 경우든 기본권규범의 해석에서 현실적인 여건이 고려되어야 한다고 한다면 개별적인 자유보장을 독립해서 특별하게 취급하기보다는 오히려 전체적으로 그것이 전개되는 전제들의 변화가능성에 대한 반응으로서 다루어져야지 그렇지 않을 경우 헌법해석이 오히려 헌법규범이 본래 의도했던 내용의 본질을 왜곡시키는 해석을 초래할 수 있다고 경고한다.[160]

---

160) K-E. Hain, *Rundfunkfreiheit und Rundfunkordnung*, Nomos Verl, Baden-Baden, 1993, S. 49.

II. 방송에 관한 전형적 문제제기와 학설상 논쟁

1. 방송사업허가청구권과 허가제도의 성격

(1) 기본권 제한제도로서의 이해

방송을 의사전달 매개체로 보는 주관주의적 해석론에서는 누구든지 의사전달을 위한 방송사를 설립할 권리가 보장된다고 본다. 이는 누구나 신문이나 영화를 제작하여 배포하는 권리가 보장되는 것과 같다는 것이나. 따라서 방송사를 설립할 권리가 보장되지 않는다고 한다면 이는 신문이나 영화에서와 같이 본질적인 내용에 대한 침해가 된다고 본다.

다만, 원칙적으로 모든 사람에게 기술적으로 가능한 범위 내에서 방송을 행할 권리를 보장되지만 자유의 전제된 여건 예컨대, 전파자원이 현실적으로 부족하여 그 자유를 모두가 나누어 누리는 과정에서 상황에 따른 기본권 제한이 좀더 가해지는 것이다. 따라서 방송허가제는 기본권 제한을 의미하며 비례의 원칙에 따라 심사되어야 한다고 이해된다.

(2) 기본권 보장제도로서의 이해

방송을 객관적 질서라고 이해하게 되면 방송의 자유는 개개인이 헌법적 질서 안에서 자신의 선국가적인 자유와 권리를 자유롭게 행사하는 것을 의미하지 않는다. 따라서 방송국개설허가청구권은 방송의 자유의 내용에 포함되지 않는다.[161] 오히려 입법형성을 통해서 그 구체적인 내용이 정해지는 것이고 입법자가 방송사업을 허가하기로 결정했다면 방송사업을 하려는 사람에게는 단지 방송법에 의거하여 파생적으로만 주관적

---

161) Chr. Degenhart, JZ 1981, S. 962; Chr. Pestalozza, NJW, S. 2159 (곽상진, 앞의 논문, 29면에서 재인용).

권리가 부여된다. 따라서 허가를 받지 못한 경우에도 기본권의 본질적 내용에 대한 제한이 아니라고 본다. 왜냐하면 입법을 통해 방송사업허가에 관한 기준을 제시하는 것은 사회 공동체구성원 전체가 자유롭게 누릴 수 있는 객관적 질서의 형성을 도모하는 것이지 개인의 자유영역을 보호하기 위한 것이 아니므로 제한적 의미는 처음부터 없는 까닭이다.

오히려 방송허가제도는 바로 이런 목적 때문에 헌법상 방송의 자유에 대한 보장을 통해 명해졌다고 한다.[162] 왜냐하면 제한적인 전파자원에 관한 이용권한을 누구에게 부여할 것인가의 문제는 우연이나 각 세력의 자유로운 형성에 내맡겨서는 안 되기 때문이라는 시각이다.

다만, 이 같은 결정권한을 행정부의 비기속적인 재량에 위임하는 것은 결코 충분하지 않으므로 입법자가 진입의 허용 또는 거부와 관련한 전제조건을 규정하여야 하며 나아가 입법자가 이것을 결정할 때는 법치국가적 절차를 반드시 마련하여야 한다고 한다. 또, 입법자에게는 방송의 자유의 실현을 위한 전제조건을 형성해야 할 의무가 부여되고, 기본권의 내용을 확정하는 입법행위가 요구되지만, 입법자에게 방송자유의 기본적 요구에 불리하게 영향을 미칠 가능성이 있는 기본구상을 선택할 수 있는 입법형성의 자유가 주어졌다고 볼 수는 없다고 그 한계를 제시한다.[163]

2. 방송에 관한 입법의 성격

(1) 기본권 제한적 법률유보

주관주의적 해석론에서 방송의 자유는 국가에 대한 방어적 공권으로 파악되며, 국가에 대한 소극적 권한제한규범으로 이해된다는 것은 이미 살펴 본 것과 같다.

---

162) BVerfGE 57, 295, S. 326f.
163) BVerfGE 73, 118(187).

이러한 견지에서 볼 때 '방송의 자유'의 내용을 구체화하는 입법은 기본권 제한적 입법으로 이해된다. 따라서 입법자는 방송 주체에 대한 모든 제한을 규정함에 있어 과잉금지 및 기본권 제한입법의 일반적 한계를 존중하여야 한다.

다만, 이러한 견해에 따르더라도 기본권을 행사할 수 있는 자원의 부족이라는 이유에서 기본권실현을 위한 질서규정이나 절차규정의 필요성은 인정된다. 즉, 방송용 주파수의 운용주체의 선정과 허가를 위한 방송법상의 규율이 필요하다는 것이다. 또, 다양성 보장을 위한 진입제한 규정이 필요하다는 점도 인정된다.

이러한 견해에 대해서는 방송 관련 입법은 다양성 보장이라는 '방송의 자유'의 내용을 규율하는 특별한 법률상의 규정들이기 때문에, 헌법 제37조 제2항에서 요청되는 법률에 의한 기본권 제한이라는 법리와 조화되기 어렵다는 비판이 제기된다. 방송 관련 입법의 성격을 기본권 제한입법으로 이해하는 경우 방송법상의 규율은 다른 기본권 제한입법과 동일하게 되는데 그렇다면 동위의 혹은 상위의 법익보호를 위해 그때그때 문제되는 기본권을 규제하는 다른 모든 기본권 제한입법과 마찬가지로 방송에 특수한 조건을 실현하는 규정을 둔 이유를 합리적으로 설명할 수 없다는 지적이다.[164]

(2) 기본권 형성적 법률유보

객관주의적 해석론에 따르면 '방송의 자유'는 개인의 인격발현을 위하여 인정된 기본권이 아니며, 개인의 의사형성이나 여론형성에 미치는 사회적 효과 내지 파생적 결과를 뜻하는 공공의 자유로운 의견형성에 기여하는 제도로 이해된다. 또, '방송을 통한 보도의 자유'는 자유민주주의적

---

164) 박용상, "방송의 자유의 보호와 그 형성", 「헌법논총」 제14집 (헌법재판소, 2003), 23-24면.

기본질서를 확립하는 데 봉사하는 데 있는 것이며,[165] 방송의 자유에서 '자유'는 방송 주체가 국가의 개입에서 자유로울 것을 보장하는 자유주의적 방어권이 아니라, 방송 전체에 있어서 시청자인 국민에게 다양한 내용의 방송내용물이 제공될 수 있도록 하여야 한다는 객관적인 질서를 의미한다.

이렇듯 방송의 자유를 객관적 질서라고 파악하게 되면, 방송의 자유는 국가의 부작위가 아니라 국가의 적극적 행위를 통해 보장되며,[166] 잠재적 방송 주체로서 개개인의 주관적 권리 또한 이러한 객관적 질서에 합치되는 한에서만 받아들여진다. 바로 이 점이 방송과 신문의 자유에 있어서 핵심적인 차이를 나타낸다.[167] 때문에 방송 관련 입법도 기본권을 제한하는 입법이 아닌 기본권규범을 실현하기 위한 기본권규범의 형성적 입법이라고 보며, 이에 따라 제한입법과는 다른 정당화 근거가 필요하다고 한다.[168]

이 같은 시각은 방송관련 입법을 기본권 형성적 법률유보로 파악하는 것으로서, 기본권 형성적 법률유보는 침해와 무관한 것으로 기본권 제한의 허용성 판단이론(Eingriffsdogmatik, Eingriffsschema)을 극복하여 기본권에 관련된 모든 본질적인 문제들에 대한 규율을 목적으로 전개된다고 파악한다.[169] 그렇기 때문에 방송관련 입법에 대한 위헌성 심사는 '비

---

165) 방송의 자유를 객관적 질서로서 파악하는 입장에서는 방송의 자유의 '봉사적 기능' 내지 '봉사의 자유' 외에 다양한 개념을 사용하고 있다. 예컨대 Paschke는 방송의 자유를 '기본권적 보호권'으로 표현하고, Starck은 방송의 자유는 표현의 자유를 실현하고 공개된 사상시장을 조성하기 위한 '도구적 권리'로, W. Hoffman-Reim은 '도구적 자유'로 표현한다. 이 밖에도 '제도적 권리' 내지 '제도적 자율성'이라는 개념으로 사용된다. 김진웅, "방송자유의 제도적 성격에 관한 연구", 「한국언론학보」 제45-4호 (2001), 137면.

166) J. Wieland / Joachim, *Die Freiheit des Rundfunks*, 1984, S. 68ff.

167) J. Wieland / Joachim, supra note 166, S. 68.

168) M Sachs, in: Sachs(Hrsg). GG, 3 Aufl. 2002, Vor Art. 1. RN. 78.

169) BVerfGE 49, 89(126).

레의 원칙'이 잣대로 적용되지 아니하고, 방송의 헌법적 보호가치에서 도출되는 의견의 다양성보장을 위한 구체적 질서를 입법자가 형성하지 않았는지 여부가 심사 잣대로 적용된다. 또, 방송 주체에게 방송의 자유의 보호목적과 다른 부당한 부담을 부과하는 경우 이러한 입법은 형성의 한계를 벗어난 것으로 위헌이 된다.

다만, 최초의 기본권 형성입법이 아닌 이미 기본권 형성입법에 의해 부여된 권리에 대하여 법률개정을 통해 그 권리를 제한하는 결과를 가져오는 경우에 대해서는 형성의 변경과 함께 침해가 행해지는 것이므로 이때 그 위헌 여부는 신뢰보호의 원칙에 따라 판단할 수 있다.[170]

독일연방헌법재판소가 방송의 자유를 형성할 입법자의 과제와 관련해 '일반 법률'에서 과잉금지의 원칙 따라 허용되는 기본권 제한과 상관없다는 견해를 밝히고 있는 것도 바로 방송관련 입법의 성격을 기본권형성적 법률유보로서 파악하기 때문이라고 할 것이다.[171] 즉, 방송 관련 입법은 독일 기본법 제5조 제2항에 대한 제한이 아닌 기본권의 내용을 구체화하는 것으로, 결코 기본권침해가 아니라는 것이 독일연방헌법재판소의 판단이다.[172]

3. 방송사업자 및 그 종사자의 법적 지위

방송주체는 사실상 존재하기 마련인 까닭에 방송주체와 그 종사자[173]가 '누리는' 공공기관에 대한 정보제공 청구권, 취재원비닉권(증언거부권)

---

170) S. Ruck, *Zur Unterscheidung von Ausgestaltung-und Schrankengesetzen im Bereich der Rundfunkfreieit*, AöR 117, 1992, S. 550f.
171) BVerfGE 57, 295, S. 321 ; 95,220, S. 235f.
172) P. Lerche, HStR V. 2.Aufl. 2000, §121 RN 4 mit Fn. 85.
173) 종사자라 함은 예컨대 방송기자, 작가, 프로듀서, 아나운서, 배우, 카메라맨 등 방송내용물의 제작에서 편성에 이르기까지 참여하는 모든 사람이 여기에 속한다.

등의 권리가 어떠한 성격을 갖는 것인가라는 문제가 제기된다.[174] 다시 말해서 방송주체와 그 종사자들에게 보장된 권리가 전적으로 향유될 수 있는지 아니면 단지 민주주의질서의 구성요소로서 기능하는 범주 내에서 제한적으로 허용되는가라는 문제가 제기된다.

객관주의적 해석론에서 방송주체인 방송사나 그 종사자가 누리는 지위는 '개별적 권리'가 아니며, 오히려 민주주의, 사회국가원리 및 법치주의원리의 실현이라는 공적 과제와 관련된다. 따라서 방송의 주체나 운영자는 방송의 주인(Herren des Rundfunks)이 아니며,[175] 방송사 종사자에게 보장되는 개별적 권한행사는 공적 과제수행과 관련해서만 보호된다고 본다.[176] 비록 이들이 사실상 방송운영에 있어서 주체적 지위를 차지하고 있

---

174) 전정환 교수는 방송사와 그 종사자를 포함해 방송사에 대한 허가 및 감독기관, 그리고 시청자까지 방송의 자유의 주체인지 여부에 대하여 검토하고, 우리나라의 경우 방송내용물에 대한 사후적 감독이나 방송사업에 대한 허가업무를 담당하고 있는 방송위원회는 그 직무상 방송내용물에 간접적으로나마 영향을 미칠 수 있다면 헌법상 방송의 자유의 한 내용을 이루고 있는 국가로부터 자유의 보호를 받는다고 보아야 한다고 주장한다. 전정환, "방송자유의 주체", 「공법연구」 제30집 제3호(2002), 242면. 그러나 방송위원회가 국가기관이라는 점에서 국가가 국가로부터의 독립이라는 명제가 성립할 수 있는지 의문이다. 오히려 국가기관인 방송위원회는 입법자가 형성한 객관적 질서로서 방송의 자유가 제 기능을 유지할 수 있도록 하는 보호의무를 진다고 보는 것이 타당하다고 생각된다.

175) W. Hoffmann-Riem, *Rundfunkfreiheit druch Rundfunkorganisation*, 1979, S. 17.

176) 런던대학 미디어법 교수인 에릭 바렌트(Eric Barendt)는 독일연방헌법재판소의 제1차 방송판결에 대하여 방송의 자유는 방송사의 제도적 자유라고 해석하고, 방송사는 국가의 간섭으로부터 자유롭지만 방송사내의 종사자가 표현의 자유 권리를 행사하는 것은 덜 중요하다고 파악하면서, 이것이 많은 나라에서 방송규제기구의 구성·권한에 대한 수많은 논란의 원인되고 있다고 주장한다. 만일 정부가 자신의 지지자들로만 텔레비전 규제기구를 만들지 못하도록 하는 법적인 제한이 없다면 방송의 자유는 상당히 침해받지만, 다른 한편 프로그램 편성책임자나 사장에 의해 개별 언론인의 자유가 제한받을 때 그것을 방송의 자유에 대한 위반으로 볼 수

지만177) 이들은 자신의 고유한 개별이익이 아닌 의견의 다양성이 확보되도록 다양한 정보를 제공하는 목적에 기속되는 한에서 권리행사가 허용될 뿐이라는 것이다. 왜냐하면 '방송의 자유'라는 기본권의 향유자는 현재 사실상 방송운영을 행하는 방송사 혹은 그 종사자가 아닌 공동체 구성원 전체이고, 이러한 의미에서 현재의 방송운영 주체인 방송사와 그 종사자는 사회공동체의 '신탁관리자(Treuhänder der Gesellschaft)' 기능을 수행한다고 보기 때문이다.178)

이렇게 볼 때, 방송사나 방송종사자에게 허용된 권리행사는 국가의 간섭배제를 통해서 실현되는 것이 아닌 입법권자의 구체적 질서형성을 통해서 구체화되고 실현될 수 있는데 이러한 요구를 반영한 것이 미디어법 내지 방송법이다.179)

있는지 분명하지 않다는 까닭이라고 한다. Eric Barendt / 김대호 역, 「세계의 방송법」(한울 아카데미, 1998), 66면: 그러나 에릭 바렌트 교수의 지적은 첫째, 독일에서의 방송의 자유는 방송사의 자유가 아니며, 방송사가 국가의 간섭으로부터 자유로운 것은 방송사의 고유한 개별적 권리가 아닌 객관적 질서로서의 방송의 자유에서 연역되는 국가의 보호의무에 따른 것이라 점. 둘째, 방송종사자가 누리는 지위는 표현의 자유에서 연역되는 것이 아니라 의견의 다양성에 기여하는 방송의 기능에서 보장되는 것이라는 점 등에서 논리적 타당성을 찾기 어렵다고 생각된다.

177) 베트게(Bethge) 교수는 이러한 주체적 지위를 "특별한 공적지위"라고 표현한다. H. Bethge, in: Fuhr(Hrsg.), *Das Recht der Neuen Medien*, 1989, S. 109.

178) BVerfGE 60, 53(66); W. Hoffmann-Riem, supra note 238, S. 22-23. 호프만 림(Hoffmann-Riem)은 이러한 이념에 상응하는 방송체계를 공영방송체제로 파악하면서, 미국과 같이 경제적 시장매커니즘에 지배하는 상업방송체제에서는 단지 이와 같은 방송에 대한 요구가 단지 "공익(public interest)"에 기여하는 의무로만 규정하고 있다고 본다. 그러나 독일의 공·민영 이원적 방송체제에서도 이러한 이념은 민영방송사업자의 조직 구성 등에서 여전히 요구되고 있다는 점에서 단지 공영방송제도와 상업방송제도의 차이점으로 설명하고자 한 것은 납득하기 어려운 견해라 생각된다.

179) 김진웅 박사는 「구 정기간행물 등록 등에 관한 법률」과 「방송법」의 비교를 통해 이러한 점을 논증하고자 한다. 즉, 「방송법」은 제1조 목적 조항에 "이

Ⅲ. 독일 연방헌법재판소의 견해

1. 서 설

독일연방헌법재판소가 행한 방송판결은 그때그때의 당면한 문제들을 처리하기 위하여 시도했던 신중하고 보다 실용적인 방법으로서 많은 공감을 얻고 있다.[180] 그렇다고 세부적인 사항에 있어서 비판의 여지가 전혀 없다는 의미는 아니다. 또, 판례가 모든 본질적인 문제를 해결할 수 있는 충분한 장치를 제시했다는 것을 의미하지도 않는다. 그러나 독일연방헌법재판소가 행한 방송판결이 현재 독일 각 주의 방송법질서 형성에 있어서 기준과 지침을 제공하는 구심점 역할을 수행하여 온 것은 사실임에 틀림없다.[181]

기본법 제5조 제1항 2문에서 보장되고 있는 '방송의 자유'에 대한 해석에 있어서 연방헌법재판소는 방법론상 객관주의적 해석론을 기본입장으로 하고 있다고 보인다. 왜냐하면 일련의 방송 관련 판결에서 재판소가 주관주의적 논증형식이 아닌 객관주의적 논증형식을 채택하고 있는

법은 방송의 자유와 독립을 보장하고 ……"로 규정함으로써 방송의 자유와 독립은 주어진 자연상태에서는 본래의 목적에 도달할 수 없고, 법적으로 보호되어야 성취될 수 있음을 의미한다고 밝히고 있는 반면, 「구 정기간행물 등록 등에 관한 법률」의 경우 신문에 관한 법적 규정이 신문의 자유에 관해서 어떠한 제한도 없으므로 방송의 자유의 실현은 이와 근본적으로 차이가 있음을 알 수 있다고 한다. 김진웅, 앞의 논문, 142면 각주 20.

180) 독일연방헌법재판소는 1961년 독일텔레비전방송사건에서 기본법상의 방송개념의 통신개념으로부터의 구별필요성에 대한 해석을 제시한 이후, 기본법 제5조 제1항 2문의 해석을 통해 공법상 영조물인 공영방송에 대한 부가가치세 부과의 정당성 문제(제2차 방송판결) 등 모두 8차례에 걸친 방송판결을 통해 방송질서 형성에 기준과 지침을 제공해 오고 있다.

181) W. Stuiber, *Medien in Deutschland*. Bd. 2 Rundfunk, 1 Teil, Konstanz: UVK Medien, 1998, S. 424.

까닭이다. 즉, 위헌여부가 문제된 각 주의 방송법에 대해 독일연방헌법재판소는 기본권주체의 법익침해여부와 법익침해의 합헌성여부를 심사하지 않고, 방송의 자유라는 객관적 질서와 이에 저촉되는 각 주 방송법 간의 충돌의 문제라는 관점에서 이러한 충돌을 해결하기 위해 '방송의 자유'라는 객관적 가치질서에 저촉되는 각 법규가 전체법질서의 본질적 구성원리에 적합한지 내지 해당 법률이 전체 체계로부터 엄격히 정의된 '방송의 자유'의 의미내용을 침해하는지 등을 심사하였다.

2. 객관적 질서로서의 해석에 대한 신호

(1) 제1차 방송판결

연방헌법재판소는 신문 분야에서는 상당히 많은 수의 독립적인 경향이나 정치적 성향, 세계관적 기본태도에 있어 서로 경쟁관계에 있는 신문들이 존재하는 반면,[182] 방송 분야에서는 전파자원 등 물적 토대뿐만 아니라 방송제공물 송출에 소요되는 막대한 비용이라는 재정적인 이유에서 송출주체 혹은 방송주체가 상대적으로 소수에 그칠 수밖에 없다는 점을 지적하였다.[183] 그리고 바로 이러한 까닭에 방송의 자유를 실현하고 유지시키기 위해서는 특별한 예방조치가 요구된다고 보았다.

그런데 여기서 무엇보다 중요한 것은 "방송에 대한 '제도적 자유'가 신

---

182) 독일 연방헌법재판소는 신문에 대해서도 신문발행사, 신문인쇄소, 신문들을 임의대로 숫자를 늘려 새로 설립하고 유지할 수 있다고 보는 것은 결코 타당하지 않다고 지적하였다. BVerfGE 12, 205, S. 261.

183) 여기에서 송출의 의미는 독일방송제도의 이해에 있어서 중요한 단서를 제공한다. 즉, 방송물의 제작과 분리된 전송시설의 설치 및 운영에 대한 설명으로 이해되어야 할 것이다. 그리고 이러한 이해에서 방송내용물을 제작하는 방송사업자는 모두 자가 송출시설 곧 채널을 확보한다는 명제는 성립되지 아니한다고 할 것이다.

문에 대한 제도적 자유 못지않게 중요하다"184)고 판단함으로써 방송의 자유와 민주적 국가질서 형성 간의 직접적인 관련성을 강조하였다는 점이다. 이는 방송의 자유를 기본권의 객관적 질서양태 가운데 하나인 제도보장으로 파악하는 입장으로 풀이되기 때문이다.

(2) 제3차 방송판결

재판소는 헌법적으로 보장된 방송의 자유라고 하더라도 그 효력을 발하기 위해서는 법률에 의한 형성이 필요하며, 방송의 자유를 보장하라는 국가적 보호의무가 방송의 독특한 고유의 성격에서 발생한다고 함으로써 방송의 자유에 대한 객관주의적 해석태도를 제3차 방송판결에서 다시 한 번 확인하였다.185)

이와 같은 객관주의적 해석태도는 기본법 제5조 제1항에 대한 이해에서도 확인된다. 방송의 자유는 기본법 제5조 제1항에서 보장되고 있는 주관적 권리이자 객관적 질서로서의 의사형성의 자유에 기여하는 자유라고 보는 것이다. 말하자면, 방송의 자유는 현대적 매스커뮤니케이션이라는 여건 아래에서 의사형성의 자유를 보완하고 강화해야 할 필수적인 부분에 해당되므로, 방송이라는 매스커뮤니케이션을 통해 자유롭고 포괄적인 의사가 형성될 수 있도록 보장해야 한다는 것이다.186)

(3) 제4차 방송판결

니더작센 州 주 방송법의 민영방송사업자 선정기준을 규정에 관한 위헌성 여부가 문제로 제기된 제4차 방송판결에서 재판소는 방송의 자유가 개인적 권리가 아닌 객관적 질서라는 관점을 명확히 했다.187)

---

184) BVerfGE 12, 205(261).
185) BVerfGE 57, 295(319).
186) BVerfGE 57, 295(320).

재판소의 견해에 따르면 방송은 사적·공적 의사형성의 보장에 기여하는데 이러한 과제를 수행하기 위해 무엇보다 방송이 국가의 지배나 영향력 행사로부터 자유로울 것이 요구된다고 한다. 그런데 의사형성에의 기여는 소극적인 질서형성을 통해서는 충족될 수 없으며, 현존하는 다양한 의사들이 방송에서 가능한 한 폭 넓고 완전하게 표현될 것을 보장하는 적극적인 질서가 필요하다는 것이다. 즉, 방송의 자유라는 과제에 부응하기 위해서는 이를 실현하기 위한 적절한 실질적·조직적·절차적 측면에서의 규율이 필요하다는 이야기이다.[188] 그러므로 누구에게 어떠한 기준에 따라 방송내용물을 제작, 편성할 수 있는 법저 지위를 부여힐 깃인지, 법적 지위를 부여받기 위해 방송사업자의 조직은 어떻게 구성되어야 하는지 그리고 방송사업자의 방송채널 이용을 어떻게 할당할 것인지에 관한 규율이 요구되어지는데, 방송진입과 관련해 주목해야 할 점은 모든 신청자에게 방송사업 허가를 내줄 수 없는 한 각 신청자에게 동등한 참여기회를 보장해 주도록 입법자가 법률에서 규율해야 하며 국가의 제한적인 감독권을 규정하여야 한다는 것이다. 이런 까닭에 방송의 자유는 기본권주체의 일정한 행위에 대해 방해배제를 청구하는 권리를 의미하지 아니하고, 단지 입법자에 대해서 기본권 목적 실현을 위한 조직[189]과 절차에 관한 규정을 제정하도록 적극적으로 요구하는 권한이 부여될 수 있다고 보았다.

다만, 조직과 절차에 관한 권리는 '권한에 관한 권리(Rechte auf Kompetenzen)'이지 권한 그 자체는 아니며, 따라서 조직과 절차에 관한 권리, 즉 권한에 관한 권리와 권한 그 자체 사이에는 조직과 절차라는

---

187) BVerfGE 73, 118.
188) BVerfGE 73, 118(152).
189) 여기서 조직이란 "일정한 목적을 지향하는 여러 사람들이 함께 하는 공동생활"과 관련된다. 바로 이렇게 여러 사람들이 함께 공동 활동을 하기 위한 조직을 구성하고 그 조직의 체계와 절차에서 요구되는 요청들을 만족시켜야 한다는 것이라고 할 것이다.

권한에 관한 규정의 제정이라는 매개가 요구된다고 한다.

요컨대, 이 사건에서 연방헌법재판소는 방송의 자유를 이러한 규정의 제정이라는 입법자의 행위를 요구하는 조직과 절차에 관한 기본권이라고 본 것이다.[190]

(4) 제6차 방송판결

노르트라인-베스트팔렌 州 주 방송법의 위헌성 여부에 대한 사건에서 역시 연방헌법재판소는 방송의 자유에 대한 기존 객관주의적 해석을 유지하였다.[191]

연방헌법재판소는 민영방송사업자가 운영하는 종합채널에 대한 제한 혹은 요구조건을 규정한 주 방송법 제11조[192]와 제12조 제3항[193] 등에 대해 기본법 제5조 제1항 2문에서 방송의 자유를 보장한다고 해서, 그 주체에게 임의로 이를 사용하라고 권한을 부여한 것은 아니기 때문에 민영방송에 대해서도 공공의 자유로운 의사형성에 기여하기 위한 내적 다원성이라는 척도를 부과할 수 있다는 점은 의심의 여지가 없고, 따라서

---

190) H. Gersdorf, supra note 60, S. 64.
191) BVerfGE 83, 238ff.
192) 州 방송법 제11조는 프로그램위탁사항에 관하여 "방송사는 자유로운 의사형성과정의 매체이며 요소로서, 그리고 공공의 소관사항으로서 방송을 전파한다. 그 범위 안에서 방송사는 공적 과업을 수행한다. 방송채널은 각 채널의 범주에 부응하여 포괄적으로 정보를 제공하고, 자유로운 사적·공적 의사형성에 기여하여야 하며, 방송에 대한 문화적 위탁사항에 부응하여야 한다. 또한 종합채널에는 노르트라인-베스트팔렌 州에서 일어나는 공적 사안이 반영될 수 있어야 한다."고 규정하고 있다.
193) 채널에 관한 제 원칙을 규정한 주 방송법 제12조 제3항은 "모든 종합채널은 채널 위탁사항을 수행함에 있어서 의사의 다양성을 가능한 폭넓고 완전하게 구현되도록 하여야 한다. 정치·세계관, 사회적 측면에서 중요한 제 세력과 집단이 종합채널에서 반드시 발언할 수 있어야 한다. 종합채널은 보도부분에서 일반적인 의미를 지닌 논쟁적 주제를 다루는 데 적절한 시간을 배정하여야 한다."고 규정하고 있다.

입법자가 민영방송사에 대해서 다양성보장 수단을 완화해야 할 이유는 없다고 판시하였다.

설령, 이러한 내적 다원성 요구로 인해 시청률감소가 발생해 민영방송사의 광고수입이 감소될 가능성이 있다고 할지라도 주 방송법은 채널 내에서 방송내용물의 구성비율에 대해 전혀 규정한 바가 없으며, 방송사는 대중적으로 인기를 얻을 수 있는 방송물과 다른 방송물을 구성할 자유가 있다고 할 것이므로 법률로써 종합채널에 대해 최소한의 기준을 준수할 것을 요구할 수 있다는 판단이다.

요컨대, 연방헌법재판소는 이 사건을 통해 방송이 자유에 대한 객관주의적 해석을 다시금 확인하였으며, 또 이러한 견지에서 방송관련 입법의 성격이 기본권의 제한이 아닌 방송의 자유를 구체화하는 기본권 형성입법이라는 시각을 견지하였다.

3. 의사표현의 자유로부터 방송의 특수성·독자성 강조

기본법 제5조에서 방송이 갖는 의미는 기본법 제5조의 내용을 고려하지 않고서는 제대로 해석될 수 없다. 기본법 제5조 제1항 2문에서 정보수집으로부터 뉴스와 의사의 전파에 이르기까지 출판의 제도적 독자성이 보장되고 있고, 의사표현·출판·정보의 자유가 모두 자유로운 의사형성의 보장에 기여한다는 공통분모를 가지고 있다고 하더라도 상호 용해될 수는 없다.

방송은 개별 방송물을 선정하고 편성하면서 어느 정도 일정한 경향성을 띠게 된다. 어떠한 내용물을 방송하지 말아야 하는지, 어떤 방송물에 관해 시청자의 관심을 유발할 필요가 없는지, 동일한 내용이라도 방송물을 어떻게 구성하고 표현할 것인지 등의 판단이 중요하게 된다. 때문에 경향기업인 신문과 마찬가지로 방송에 대해서도 제도적 자유가 중요하다. 이러한 이유에서 연방헌법재판소는 매스커뮤니케이션으로서 방송은 그 암시성, 광범위성, 현실성 때문에 특별한 의미를 가지기 때문[194]에 방송의 자유를 개인의 방어권으로 이해하기에 불충분하며[195], 자유로운 의견형성을 위해 방송의 의미와 방송주체의 집중에 대한 통제의 시급함을 강조하였다.[196]

제3절 미국에서의 판례

Ⅰ. 무선전파 사용의 기본권적 성격과 방송의 본질

1. 무선전파 사용의 자유와 무선국개설의 자유

20세기 무선통신이 처음 등장했을 때, 사회민주주의 정당들이 다수당을 차지하였던 독일, 프랑스, 영국 등에서 전파자원은 공공의 재산으로 인식되었고, 따라서 무선전파의 사용은 개인의 자유의 대상이 아니었다. 하지만 당시 미국에서의 전파자원에 대한 인식은 달랐다. 무선전파 사용에 아무런 제약이 없었다. 때문에 무선전파를 이용하고자 하는 사람들은 누구나 무선국을 설치·운영, 소유할 수 있었다.[197]

무선국은 해마다 크게 늘었고 국방을 위한 군사용 무선통신이 방해받는 상황에 이르게 되자, 육군과 해군은 의회에 전파자원의 사용에 대한

---

194) BVerfGE 90, 60(87).
195) BVerfGE 73, 118(152).
196) BVerfGE 95, 143.: 권형둔, "정보화 사회와 방송의 자유", 「공법학연구의 최근 동향」(한국공법학회, 2005), 33면.
197) 이 당시의 무선국, 곧 라디오 스테이션이라는 표현을 방송국이라고 이해하는 것은 올바른 이해라고 할 수 없으며, 오늘날의 표현에 따르면 '아마추어 무선국'에 속한다고 할 것이다.

국가의 관여를 요구하게 되었다. 결국 의회는 1912년 전파자원의 사용에 대해 국가의 관여를 인정하는 라디오법을 제정하게 되었다. 동법은 연방통상장관에게 주파수 할당(allocation)권을 부여하였으며, 또한 주파수 사용이 허용된 자들에게는 무선통신 질서를 유지할 의무를 부과하였다. 또, 이러한 질서를 위반한 자에 대해서는 5백 달러 이하의 벌금부과 등이 규정되었다.

다만, 무선국의 설치자, 무선국의 위치, 무선국 개설의 목적, 통신시간 등을 신고하면 누구든지 주파수를 할당받을 수 있었기에 당시 연방통상장관의 주파수 할당권은 행정법학상 기속행위인 허가에 해당히었다. 즉, 주파수 할당은 통상장관의 의무이며, 단지 어떠한 주파수를 사용하게 할 것인지를 선택할 뿐이지 재량적 성격의 권한은 아니었다.

이러한 주파수 할당권의 법적 성격은 연방통상장관이 행한 무선주파수 사용 재허가 거부 처분의 위법성을 다툰 Hoover v. Intercity Radio Company, Inc. 사건[198]에서 연방항소법원이 주파수 사용을 위한 신청에 대한 통상장관의 허가 또는 재허가 처분권의 성격을 기속적 권한이라고 판시함으로써 확인되었다.

이 사건 판결 이후 200여 개의 무선국이 새로이 설치되었다. 그런데 무선국의 수의 증가하고 기존 무선국들이 경쟁적으로 출력을 강화함으로써 전파자원 이용의 법적 성격에 관한 문제는 다시 불거지게 되었다.[199]

---

198) 286 F. 1003(1923).
199) 박용상, "새방송법과 방송위원회", 「법조」(1988. 6.), 133면.

2. 방송용 무선주파수 사용 특허와 공공재로서 방송

(1) 방송의 등장과 공공재로서 주파수의 이해

1) 방송용 무선주파수 사용 특허제의 입법배경과 내용

인터시티 무선국사건 이후 무선전파의 이용형태는 초기 개인적 의사소통을 목적으로 한 아마추어 무선 통신사들의 커뮤니케이션에서 벗어나, 오늘날 방송국의 운용형태를 띠기 시작하였다. 매일 일정한 시간대에 인기 있는 음악을 송출하는 무선국이 등장하게 되었고, 이러한 무선국은 전파를 수신할 수 있는 대상을 제한하지 않음으로써 당해 주파수를 수신해 전달되는 내용을 청취하고자 하는 사람의 수가 크게 증가하였다.

의사소통의 상대방을 특정하지 않는 이 같은 형태의 무선통신을 행하는 자들은 1922년부터 상업적 광고를 송출하고 그 대가로 일정한 수익을 얻게 되었다. 이러한 경제적 이익으로 인해 무선국들은 서로 경쟁적으로 오락적 내용물의 송출에 나서게 되었다. 또한 더 많은 청취자를 확보하기 위해 주파수를 임의로 변경하거나 송출출력 증대에 앞 다투어 나섰다. 왜냐하면 광고주들은 보다 많은 청취자를 확보한 무선국에 대가를 지불하고 자신들의 광고를 송출하는 것이 물품판매에 더욱 효과적이기 때문에 무선국들은 청취자 확보를 위해 위와 같은 행태를 보일 수밖에 없었다. 그러나 이러한 현상의 이면에는 전파간섭과 혼신 현상이라는 역기능이 기다리고 있었다.

전파간섭과 혼신현상에 가장 민감하게 반응한 것은 라디오 세트 생산기업과 정부였다. 라디오 세트 생산사업자들은 혼신으로 인해 라디오 세트에 대한 구매력 저하라는 경제적 이해관계에서 그리고 라디오 세트생산 산업을 전쟁 후 미국경제를 부흥시키는 핵심 전략산업의 하나로 육성해 경기활성화를 도모하고자 하는 당시 행정부의 이해관계가 맞아 떨어졌기 때문이다. 때문에 라디오 세트 판매와 직결된 음악 등의 오락적 내

용물을 주파수의 간섭 없이 안정적으로 제공할 수 있는 특정 대역 주파
수의 배타적인 이용을 위한 질서 즉, 오늘날 의미에서 방송제도의 형성
이 추진되었다.

라디오 세트 생산업체와 행정부는 계속적으로 이와 같은 목적을 달성
하기 위해 '공익목적' 원칙을 주장하며,[200] 주파수사용에 대한 국가의 감
독을 요구하게 되었고, 결국 의회는 1927년 "주파수는 공공을 위한 자원
이며, 무선국은 허가받은 주파수를 사용할 뿐"이라는 취지의 라디오법
(Radio Act of 1927)을 제정하기에 이르렀다.[201] 이로써 방송에 적합한
대역의 주파수는 한정된 국가자원으로서의 성격을 갖게 되었고, 이러한
한정된 국가자원을 독점적으로 이용하는 방송은 철도, 전신, 전화서비스
와 같이 공공재로 규정되었다.[202] 또, 방송용 주파수를 사용할 수 있는

---

200) 통상장관이었던 허버트 후버(Herbert Hoover)는 전국 라디오회의 개막연
     설에서 주파수 사용에 있어 '공익의 원칙'을 제시하였는데, 그가 밝힌 라디
     오 방송의 공익성 원칙이란 첫째, 일 대 일 무선통신의 전파이용방식에 비
     해 불특정 다수를 대상으로 하는 라디오 방송이 우월한 '공익 서비스'라고
     하였다. 즉, 개인 전화의 사용 형태와 마찬가지인 개인들 간의 무선통신의
     사용은 의미 없는 개념이며, 무선통신을 위한 주파수는 중앙의 방송국으로
     부터 만들어진 내용물을 확산시키는 것이어야 한다는 것이고, 이 내용물은
     반드시 뉴스, 교양, 오락 그리고 대규모 공동체 구성원에게 중요한 상업적
     메시지의 전달과 같은 커뮤니케이션 형태에 이용되어야 한다는 것이다. 즉,
     소규모 지역을 대상으로 행하여지던 아마추어 통신에 비해 다수의 대중에
     게 다양하고 많은 정보를 제공하는 상업방송국을 우월한 공익 서비스로 규
     정한 것이다. 둘째, 상업방송국을 책임 있는 공익의 후견인으로 규정하고,
     아마추어 통신을 무선장비를 갖고 노는 행위로 평가하면서 아마추어들의
     전파사용을 제한하고 상업방송을 위한 주파수우선할당이 정당하다는 것이
     다. 셋째, 당시 60만여 명에 달하는 라디오 세트 구입자들의 이익을 보호하
     여야 한다고 주장하면서 방송을 보편적 서비스라고 주장하였다. H.
     Hoover, *Opening address. Herbert Hoover Presidential Library*, HHPL,
     Commerce Papers: Radio, Conferences, national-first, minutes, Feb. b.496,
     1922.
201) J. Hemmer, *Communication under Law*, N. J. 1980, pp.257.
202) 상업방송국들은 이러한 입장을 절실히 원했는데, 이러한 이유에 대해

기간을 3년으로 한정함으로써 현재 점유되고 있는 주파수 대역은 라디오를 청취하는 일반대중의 이익이라는 관점에서 새롭게 할당될 수 있게 되었다.[203] 아울러 방송주체가 법률상 부여된 의무에 대해 허위 진술을 하거나, 외설적인 내용을 방송하는 경우, 그리고 당초 설립 목적과 다르게 운영될 경우 허가를 취소할 수 있는 권한이 연방라디오위원회에 부여되었다.[204]

요컨대, 1927년 라디오법 제정에 따라 방송용 주파수의 사용 즉, 방송국 개설허가의 법적 성격은 누구든지 일정한 자격을 갖춘 신청인에게 반드시 허가를 발부하여야 한다는 무선국개설에 있어서 적용되던 이른바 기속적 처분의 성격에서 재량적 처분인 특허로 변하게 되었다. 이러한 방송국 개설허가 처분의 법적 성격변화는 사법부의 판결을 통해 확인되었다.

Krumm & Elwood는 "상업방송국들이 방송을 공공재로 규정하고자 한 것은 자신들을 다양한 정보와 오락을 일반 공중에게 제공하는 '공공서비스 방송'으로 설정함으로써 주파수 사용의 독점적 사용을 보장받으려는 목적"에서였다고 분석한다. 백미숙, "미국 근대방송제도의 역사적 성립과 시민라디오의 실험", 「언론과 사회」 12권 2호(2004), 42면. 상업방송국들은 이러한 공공재 주장의 연장선상에서 미국 전체 서비스를 위한 방송국의 숫자를 제한할 것을 주장하였다고 한다. 당시 대표적인 라디오방송국인 웨스팅하우스는 전국적인 서비스를 위해 12개에서 15개 정도의 방송국이면 충분할 것이라고 제안한 것으로 알려지고 있다.

203) FCC. v. Sanders Brothers Radio Station 309US. 470(1940).

204) 연방정부의 기관으로 설립된 연방라디오 위원회는 대통령이 임명하는 6년 임기의 5명의 위원으로 구성되었는데, 주파수할당·방송국 위치결정·시설기준·시청률에 따른 방송국의 분류·전파방해 예방·방송국의 송출강도의 설정 및 방송국의 의무이행여부에 대한 조사 등의 직무를 수행하게 되었다. 연방라디오 위원회는 향후 연방통신위원회(Federal Communication Commission)로 변경되었다.

2) KFKB Broadcasting Association, Inc. v. FRC[205]

① 사건개요

캔사스(Cansas) 州 밀포드(Milford)에 위치한 라디오 방송국 KFKB은 1923년 9월 20일 브린클리 존스(Brinkley-Johns) 병원협회 명의로 방송용 주파수사용허가를 받아 운영되어 오다가 1926년 브린클리 박사 명의로 재허가를 받았다. 그 후 브린클리 박사는 매일 전화상담으로 구성된 "Medical Question Box"라는 방송 프로그램을 진행하면서 질병의 증상을 호소하는 환자들에게 자신이 소유하고 있는 제약회사에서 생산되는 의약품을 계속적으로 추천했다.

1930년 KFKB방송국에 대한 재허가 신청이 접수되자, 연방라디오위원회는 청문회를 열어 허가여부를 논의하였다. 연방라디오 위원회는 "라디오 방송국의 허가는 라디오프로그램이 청취자에게 봉사하는 것에 대한 일종의 보상이며, 청취자의 이익은 막중한 것이기 때문에 방송국은 그 운영자의 이익에 종속되어서는 안 된다"고 전제하고, "환자를 보지도 않고 진찰도 하지 아니한 채 자신이 운영하는 제약회사의 의약품을 추천하는 행위는 국민건강 및 안전에 해로울 뿐만 아니라, 자신의 제약회사에서 생산되는 의약품만을 처방한 것은 방송국이 개인의 이익을 위하여 운영되었음을 입증하는 것이므로 재 허가를 하여 줄 수 없다"고 함으로써 전파사용에 있어서 공익목적을 강조하였다.

② 연방항소법원의 견해

연방항소법원은 브린클리 박사의 항소에 대해 연방라디오위원회의 결정을 전원 일치된 의견으로 인용하고, 항소를 기각하였다. 연방항소법원은 연방라디오 위원회가 방송국 재허가 여부를 결정할 권한이 있는가라는 쟁점에 대하여 "라디오방송은 주간통상(Interstate Commerce)의 형태를 띠기 때문에 연방정부의 권한사항이며, 따라서 연방라디오위원회는

---

205) 47 F. 2d. 670(1931).

방송국의 프로그램이 공익, 편의, 필요(Public interest, convenience or necessity)에 부응하였는지를 심사하여 방송용 주파수의 재허가 여부를 결정할 수 있다"라고 판단하였다.

결국 법원은 방송용 주파수 사용을 의미하는 방송국 허가 혹은 재허가행위가 재량적 성격의 특허임을 확인한 것이다.

3. 공공재로서 방송과 주파수 이용권 행사의 내용적 한계

(1) 공공재로서 방송

누가 어떤 주파수를 사용할 수 있는가라는 문제를 논의하기 위해 열린 제2차 무선국회의 개막연설에서 후버(Hoover)는 무선통신의 성격, 질, 그리고 가치라는 3가지 기준을 적용해 정부, 공공, 그리고 상업방송을 포함한 사적 무선통신의 구분하기로 한 1차 무선국 운영자회의의 결정을 폐기하였다. 또, 상업방송들은 '공공서비스'를 수행한다는 측면에서 더 이상 상업방송이 아닌 '공공방송(Public Broadcasting)'이라는 명칭을 사용하였다.[206]

한시법으로 제정되었던 1927년 라디오법(Radio Act of 1927)은 1934년 연방통신법(Federal Communication Act of 1934)으로 대체되었다. 하지만 방송을 공공재로 규정한 1927년 라디오법의 규정은 연방통신법에서도 계속 유지되었다. 또, 연방라디오위원회는 연방통신법에 의해 연방통신위원회(Federal Communication Commission)로 그 명칭이 변경되었으나,[207] 연방라디오위원회(FRC)가 행사해 오던 재량적 성격의 주파수 할

---

206) H. Hoover, *Statement of the Secretary of Commerce. The Radio Conference*, HHPL, Commerce Papers, National-Second. Mar. 20, b.496, 1923.

207) 당시 연방통신법은 FCC 위원구성에 관하여 대통령이 지명하는 7년 임기의 7명의 위원으로 구성하도록 규정되었으며, FCC의 권한과 책임은 연방라디오위원회와 동일한 내용으로 규정되었다. 다만, 벌칙을 강화해 10,000

당권과 주파수 사용허가 취소권을 그대로 승계하도록 규정하였음은 물론, 공동체 내의 논쟁적인 문제를 다루는 경우 반대 견해를 균형 있게 다루도록 하는 등의 의무를 지우고 이를 주파수 사용허가의 조건으로 하는 규정을 제정, 적용할 수 있는 권한을 부여함으로써 공공재로서 방송의 성격을 보다 명확히 하였다.

(2) 인신공격원칙과 반론시간제공 의무

연방통신위원회가 주파수 이용권 행사의 내용적 한계 내지 공공재로서 방송의 성격을 강조하기 위해 제시한 원칙이 바로 '공정성원칙'(Fairness Doctrine)이다.[208] 이 공정성원칙의 구체적인 내용 가운데

달러 이하의 벌금과 2년 이하의 징역이 규정되었다.

208) 연방통신위원회가 1949년부터 적용한 주파수허가취득의 조건으로서 인정되어온 "과거(former)" 공정성원칙은 1987년 폐지되었다. 공정성원칙은 공동체 내에서 논쟁적인 문제를 다룰 경우 방송 주체로 하여금 반대의견을 균형 있게 다루도록 의무화하였다. 다만, 동등한 시간을 할애할 것을 내용으로 하지는 않았다. 이러한 과거 공정성원칙은 그러나 무선전파를 이용한 매스커뮤니케이션 주체 즉, 방송 주체인 방송국으로 하여금 논쟁적인 문제를 회피하게 함으로써 언론의 자유에 대한 위축효과(chilling effect)를 가져올 우려가 있다는 비판적 목소리와 방송채널 즉, 전파를 이용한 매스커뮤니케이션 주체의 수적 증가를 이유로 연방통신위원회의 자체 결정에 따라 폐기되게 되었다. 특히 채널 수의 증가에 따른 공정성원칙의 폐기와 관련해서는 Thomas G. Krattenmaker & L. A. Powe, Jr., "*Converging First Principles for Converging Communication Media*", 104 Yale L. J.1719(1995) 참조. 여기에서 주목할 점은 '공정성원칙'이 폐기된 것이 아니라, 주파수허가취득의 조건으로서의 공정성원칙의 적용이 금지되었다는 점이다. 즉, 주파수의 희소성이론에 근거한 공정성원칙의 적용이 무효화된 것이다.(FCC v. League of Women Voters, 468 U.S. 364). FCC는 이후 주파수사용허가와 분리라는 공정성원칙에 대한 재평가를 통해 새로운 공정성원칙을 현재 유효하게 적용하고 있다. 현재 공정성원칙의 규정은 다음과 같다: 47CFR 73.1910 Fairness Doctrine. The Fairness Doctrine is contained in section 315(a) of the Communications Act of

하나인 '인신공격원칙'의 제정을 통해 연방통신위원회는 방송에 의해 인신공격을 당한 피해자에 대해서는 반론의 시간을 제공하라'는 의무를 부과하였다. 이에 대해 방송국과 그 구성원들은 반론시간 제공의무에 대해 수정헌법 제1조에 의해 보호되는 언론의 자유에 대한 침해를 강력히 반발하였다.[209][210] 결국, 이 '인신공격원칙'의 위헌성 여부가 연방대법원에

1934, as amended, which provides that broadcasters have certain obligations to afford reasonable opportunity for the discussion of conflicting views on issues of public importance.

209) 레드 라이언(Red Lion) 방송국은 1964년 11월 27일 "기독교성전(Christian Crusade)"이라는 연속 프로그램에서 하기스(B. J. Hargis) 목사의 15분 분량의 연설을 방송하였다. 하기스 목사는 연설에서 쿡(F. Cook)이 당시 공화당 대통령 후보였던 골드워터에 대해 저술한 "골드워터 – 극우주의자"라는 책을 소개하면서, 저자인 쿡의 과거행적과 신상문제를 거론하였다. 쿡은 이러한 방송에 대해 자신에 대한 '인신공격'이라며 레드 라이언(Red Lion)방송국에 방송시간을 요청하였으나, 레드 라이언 방송국은 인신공격의 피해자에 대해 반론의 시간을 제공하라는 원칙은 단지 재정지원자가 없을 때만 반론을 행할 무료시간을 제공해 줄 것을 방송국에 요구하는 것이라며 쿡의 요구를 거절하였다. 이에 쿡은 연방통신위원회에 레드 라이언 방송국의 행위의 부당성을 고발하였고, 연방통신위원회는 청문을 통해 방송국에게는 유로든 무료든 반론시간을 제공할 의무가 있다고 결정하였다. 방송국 측은 '공정성원칙'이 자신의 수정헌법 제1조에 의해 보장되는 언론의 자유를 침해한다고 주장하면서 연방항소법원에 항소하였다. 연방항송법원은 인신공격원칙과 그에 따른 방송국의 반론시간제공의무가 정당하다고 판단하였다. Red Lion Broadcasting v. FCC, 381F. 2d 908(1967).
210) '전국 라디오, 텔레비전 보도국장 협의회(The Radio & Television News Director's Association; 'RTNDA')'는 방송에서의 인신공격에 대한 반론시간 제공에 관하여 연방통신위원회가 내린 결정에 대해 당시 보수적 판결로 유명했던 Chicago 제7 순회항소법원에 소송을 제기하였다. 제 7 순회항소법원은 "방송국이 희생을 무릅쓰고 무료로 반론시간을 제공하여야 한다면 방송국은 자유로운 주장이나 정치적 내용을 방송하는 데 위축되게 될 것이며, 결과적으로 사회적 쟁점에 관한 토론을 방송하려고 하지 않게 되어 언론의 자유가 손상될 것"이라며 공정성원칙의 시행의 위헌성을 지적하였다. 동 법원은 또한 "연방통신위원회 결정이 막연하여 방송국측이

서 다투어지게 되었다.[211]

연방대법원은 쟁점에 관한 활발한 토론을 방송하는 것은 방송에 있어서 공익에 포함될 뿐만 아니라, 연방통신법 제315조와 유사한 인신공격 원칙 또한 공익에 기초하고 있다는 사실은 이미 의회가 인정한 것이라고 봄으로써 공정성원칙과 인신공격, 정치적 사설에 관한 원칙(political editorial rules)들을 제정 적용한 연방통신위원회의 권한 행사는 합법적이라고 판단하였다.

4. 수정헌법 제1조 해석에 있어서 인신공격 원칙의 헌법적 의의

미국 헌법은 수정 제1조에서 "…… 언론 또는 출판의 자유를 제한하는 법률을 제정할 수 없다 ……"고 규정하여, 언론·출판의 자유를 절대적 기본권의 형식으로 규정하고 있다. 절대적 기본권이라면 기본권의 보호영역만이 중요할 뿐 그 제한의 문제는 발생하지 않는다.[212]

신문의 경우, 미국 연방대법원은 Miami Herald Publishing Co. v. Tornillo사건[213]에서 반론권보다 편집권의 독립이 우선되며, 반론권은 언론의 자유와 양립할 수 없다고 판결하였다. 플로리다 주법의 반론권 조항을 위헌이라고 판결한 이 사건에서 미국 연방대법원은 매스컴의 사회적 책임은 의심할 여지없이 바람직한 목표임에 틀림없지만, 헌법이 매스커뮤니케이션 주체의 책임을 강요할 수 없으며, 다른 많은 덕목들과 마

부담이 크며, 연방통신위원회의 검열가능성과 방송국 스스로의 검열가능성이 충분히 예견되므로 수정헌법 제1조에 위배된다"고 보았다. Radio & Television News Director's Association v. US 400 F. 2d 1002(1968).
211) Red Lion Broadcasting Company v. FCC. 395 US 367(1969).
212) 조재현, "언론·출판의 자유의 보호영역과 제한이론 – 반론권의 헌법적 근거를 중심으로", 「법학연구」 제13권 제4호(연세대학교 법학연구소, 2003), 188면.
213) Miami Herald Publishing Co. v. Tornillo, 418U. S. 241(1974).

찬가지로 입법화할 수 없다고 했다.214) 말하자면 반론권을 매스커뮤니케
이션 주체가 지녀야 할 윤리적 덕목으로 본 것이다.

  이러한 미국 연방대법원의 견해는 자유주의 사상에 기초한 것이라 할
것이다. 자유주의 사상에 따르면 방송에 대해서도 동일한 결론이 요구된
다. 그러나 연방대법원은 앞서 살펴본 Red Lion Broadcasting Company
v. FCC.사건을 통해 수정헌법 제1조가 방송을 보호하는 것은 방송용 주
파수 사용을 허가받은 자의 권리를 보장하기 위한 것이 아니라 일반대중
을 위해 보호하기 위한 것이며,215) 수정헌법 제1조의 목적은 일반대중이

---

214) 유일상, "반론권제도와 그 개선방안", 「헌법학연구」 제9집 제4호(2003), 292면.
215) 이 사건에 대해서는 해석자에 따라 그 내용상 많은 차이점이 발견된다. 따
     라서 원문을 그대로 살펴볼 필요가 있다. 원문의 내용은 다음과 같다: 395
     U.S. 367,390 (1969); "This is not to say that the First Amendment is
     irrelevant to public broadcasting. On the contrary, it has a major role to
     play as the Congress itself recognized in 326, which forbids FCC
     interference with "the right [395 U.S. 367, 390] of free speech by means
     of radio communication." Because of the scarcity of radio frequencies, the
     Government is permitted to put restraints on licensees in favor of others
     whose views should be expressed on this unique medium. But the people
     as a whole retain their interest in free speech by radio and their collective
     right to have the medium function consistently with the ends and
     purposes of the First Amendment. It is the right of the viewers and
     listeners, not the right of the broadcasters, which is paramount. FCC v.
     Sanders Bros. Radio Station, 309 U.S. 470, 475 (1940); FCC v. Allentown
     Broadcasting Corp., 349 U.S. 358, 361 -362 (1955); 2 Z. Chafee,
     Government and Mass Communications 546 (1947). It is the purpose of
     the First Amendment to preserve an uninhibited market-place of ideas in
     which truth will ultimately prevail, rather than to countenance
     monopolization of that market, whether it be by the Government itself or
     a private licensee. Associated Press v. United States, 326 U.S. 1, 20
     (1945); New York Times Co. v. Sullivan, 376 U.S. 254, 270 (1964);
     Abrams v. United States, 250 U.S. 616, 630 (1919) (Holmes, J.,
     dissenting). "[S]peech concerning public affairs is more than

현명한 투표자와 시민으로 행동하는 데 필요한 정보를 얻을 수 있도록 하는 것임을 선언함으로써 방송에의 접근권(Access Right)과 반론권(Right of Reply)을 인정하였다.[216]

이로써 공정성원칙 등은 자유를 제한하는 것이 아니라 수정헌법 제1조에 기초한 헌법적 원리의 실현 내지는 구체화를 의미한다고 보아야만 하는 것이다.

제4절 우리나라에서의 이론과 판례

Ⅰ. 학설의 전개

현행 우리 헌법은 제21조 제3항에서 "통신·방송의 시설기준과 신문의 기능을 보장하기 위하여 필요한 사항은 법률로 정한다"고 규정하고 있을 뿐 방송이 무엇인지에 대해 아무런 규정을 두고 있지 않다.

때문에 방송의 본질 내지 방송에 관해 헌법이 요청하고 있는 것이 무엇인가는 해석의 문제로 남게 된다.

---

self-expression; it is the essence of self-government." Garrison v. Louisiana, 379 U.S. 64, 74 -75 (1964). See Brennan, The Supreme Court and the Meiklejohn Interpretation of the First Amendment, 79 Harv. L. Rev. 1 (1965). It is the right of the public to receive suitable access to social, political, esthetic, moral, and other ideas and experiences which is crucial here. That right may not constitutionally be abridged either by Congress or by the FCC."

216) D. Kenneth, *Mass Media and the Supreme Court -The Legacy of the Warren Years*, 1976, pp.325.

1. 방송을 '언론'에 의한 표현으로 보는 견해

이러한 견해는 방송과 관련해 제시되는 다양한 문제를 기본적으로 표현의 자유의 문제로 파악한다.[217]'[218] 말하자면 방송의 문제를 언론의 자유라는 맥락에서 파악하는 것이다.[219]

이렇듯 방송을 언론으로 보는 경우, 언론 또는 언론자유에 관한 헌법의 다른 규정들은 원칙적으로 방송에 대해서도 적용됨은 물론이다. 즉, 언론의 자유의 한계·제한에 관한 헌법 제21조 제4항 및 헌법 제37조 제2항의 규정은 방송에 대해서도 적용된다.

다만, 헌법 제21조 제2항의 규정은 방송국개설을 허가제로 규정하고 있는 전파법과의 관계에 있어서 문제점으로 제기되나, 주파수가 지니는 물리적 특성과 희소성 때문에 방송국 개설의 허가제는 불가피하다고 설명한다. 즉, 방송허가제는 방송의 속성상 방송의 자유의 내재적 한계를 이루며, 헌법 제21조 제2항의 허가제 금지조항은 방송에 관한 한 제한적으로 해석되어야 하는 것으로 오직 자의적인 허가제만이 금지된다고 본다.[220]

또, 방송의 자유는 기본적으로 일반 공중이 공공관심사에 관하여 다양한 견해를 접할 수 있도록 보장받는 권리를 의미하지만, 방송국 운영자의 경영상의 자유 및 방송편성자의 편성의 자유도 포함된다고 한다. 그리고 후자의 의미에서 언론의 자유가 일반적으로 지니는 '국가로부터의 자유'가 방송의 자유에도 해당된다고 한다.[221]

---

217) 양건, 「헌법연구」, (법문사, 1995), 245면.
218) 박선영 교수는 방송을 담화·토론·연설 등과 같이 구두에 의한 사상 또는 의견의 표명과 전달을 뜻하는 의미에서 헌법 제21조 제1항에서 보장하고 있는 언론의 한 종류로 파악한다. 박선영, 「언론정보법연구 Ⅱ-방송의 자유와 법적 제한」, (법문사, 2002), 2면.
219) 여기서의 언론의 자유는 고전적 언론의 자유와 달리 해석된다. 즉, 언론의 자유는 불특정 다수인을 상대로 한 표현을 보호하는 것으로 해석된다. 이러한 견해로는 성낙인, 「헌법학」, (법문사, 2001), 386면.
220) 양건, 앞의 책, 247면.

2. 방송을 의사표현의 매개체로 보는 견해

이러한 견해는 우리 헌법 제21조 제1항이 자유권적 기본권을 보장한다는 관점을 전제로 한다. 우리 헌법 제21조 제1항은 언론·출판의 자유를 보장하고 있는데, 언론·출판의 자유는 자신의 의사를 표현·전달하고, 의사형성에 필요한 정보를 수집하며, 객관적 사실을 보도·전파할 수 있는 신문의 자유 및 방송의 자유 등을 그 내용으로 한다고 보는 것이다.[222] 그러므로 방송의 자유가 헌법 제21조 제1항에 따른 언론·출판의 자유의 내용을 이루는 것은 당연한 것으로 여겨진다.[223]

이 견해에 따르면 방송은 의사표현 또는 의사전파에 있어서 하나의 매개체가 되며, 방송의 자유의 주체는 국민 개개인이 된다. 말하자면, 방송의 자유는 국민이 향유하는 자유권적 기본권의 하나로서 받아들여지고,[224] 이에 따라 모든 국민은 헌법 제21조 제4항의 한계 내에서 방송을 통해 자신의 의견이나 사상을 자유롭게 발표할 수 있다고 한다.[225]

방송의 자유를 이렇듯 자유권적 기본권으로 보게 되면, 방송의 자유는 최대한 보장의 대상이 되며, 일정한 한계를 설정하여 그 자유를 남용하는 경우를 예방하기 위해 제한을 가하되, 그 기준은 법치국가원리에서 따라 헌법 제37조 제2항이 적용되게 된다.

---

221) 양건, 앞의 책, 252면.
222) 양건, "방송에서의 표현의 자유와 공적 규제", 「방송연구」(방송위원회, 1989), 35면.
223) 전정환, "방송사업의 허가제도에 대한 위헌성 여부의 고찰", 「공법연구」 제24집 제4호(한국공법학회, 1996), 280면.
224) 이와 같은 견해로는 박선영, 앞의 책, 2면.
225) 이강혁, "방송의 자유와 방송법제", 「고시연구」 (1988. 12), 76면.

Ⅱ. 우리 헌법재판소의 결정

1. 의사표현의 매개체로서 방송과 기본권 제한으로서 방송허가제

(1) 헌법 제21조 제1항의 해석과 방송의 자유의 법적 성격

우린 헌법재판소는 "언론·출판의 자유의 내용 중 의사표현·전파의 자유에 있어서 의사표현 또는 전파의 매개체는 담화·연설·토론·연극·방송·음악·영화·가요 등과 문서·소설·시가·도화·사진·조각·서화 등 모든 형상의 의사표현 또는 의사전파의 매개체를 포함한다"고 함으로써 방송을 의사표현·전파의 매개체로 이해한다.[226]

다만, 방송이 현대사회에서 다양한 정보와 견해의 교환을 가능하게 함으로써 언론의 자유의 실질적 보장에 기여한다는 특성을 갖기 때문에 주관적 권리로서의 성격과 함께 객관적 질서로서의 성격을 함께 갖는다고 한다. 즉, 공적 기능 때문에 방송에 대한 규제의 필요성과 정당성을 논의하나, 여기에는 방송사업자의 자유와 권리뿐만 아니라 수신자(시청자)의 이익과 권리도 고려되는 것이라고 한다.[227]

(2) 방송의 자유에 대한 제한과 제한의 특수성

방송을 신문과 마찬가지로 언론매체로 파악하는 우리 헌법재판소는 그 제한의 상이함에 관해 현재까지 다음과 같은 두 가지 정당화 논거를 제시한다.

우선 현재까지는 그 기술적, 경제적 한계로 인해 소수의 기업이 매체를 독점하고 정보의 유통을 제어하는 정보유통 통로의 유한성이 여전히 존재한다는 점이 정당화 논거로 제시된다. 다음으로는 방송매체는 음성

---

226) 헌재결 1993. 5. 13 91헌바 17, 판례집 5-1, 275-296면.
227) 헌재결 2001. 5. 31. 2000헌바 43, 판례집 13-1, 1167-1187면 참조.

과 영상을 통하여 동시에 직접적으로 전파되기 때문에 강한 호소력이 있고, 경우에 따라 대중조작이 가능하며, 방송매체에 대한 사회적 의존성이 증가하여 방송이 사회적으로 강한 영향력을 발휘하는 추세이므로 이러한 방송의 특수성을 고려하면 방송의 기능을 보장하기 위한 규율 필요성은 신문 등 인쇄매체보다 높다는 것이 또 다른 정당화 논거이다.

(3) 방송허가제에 관한 해석

헌법재판소는 헌법 제21조 제2항에서 금지하고 있는 "허가"를 언론의 내용에 대한 허용될 수 없는 사전적 제한이라는 점에서 "검열"과 본질적으로 같은 것이라고 하였다.[228]

때문에 방송을 의사표현의 매개체로 파악하는 헌법재판소의 판단에 따르면 방송허가제는 원칙적으로 헌법 제21조 제2항에서 금지하고 있는 허가에 해당한다. 하지만, 헌법재판소는 현행 방송허가제의 내용이 "언론매체의 소유 및 운영, 매체시장 내에서의 질서, 타 매체나 서비스와의 관계에 관한 규제 등 대체로 내용중립적인 구조적 규제형태를 가지고 있어" 일견 금지된 허가에 해당하지 않는 것으로 간주한다. 이는 우리 헌법재판소가 방송허가제의 근거를 헌법 제21조 제3항에서 찾기 때문이다. 즉, 헌법 제21조 제3항은 "일정한 방송시설기준을 구비한 자에 대해서만 방송사업을 허가제가 허용될 여지를 주는 한편 방송사업에 대한 시설기준을 "법률"로 정하도록 함으로써 행정부에 의한 방송사업허가제의 자의적 운영이 방지되도록 하고 있다"는 것이다.

다만, 이러한 구조적 형태의 규제라고 하더라도 위에서 금지된 허가에 해당되는지 여부는 규제내용의 실질에 따라 판단되어야 한다고 헌법재판소는 강조한다.

---

228) 헌재결 1996. 10. 4. 93헌가 13, 판례집 8-2, 212-227면; 1996. 10. 31. 94헌가 6, 판례집 8-2, 395-407면.

제5절 기존 논의에 대한 비판적 고찰

I. 기존 논의의 정리 및 문제제기

1. 기존 논의의 정리

헌법상 방송의 본질과 기능에 관한 독일, 미국 그리고 우리나라에서의 기존 논의를 정리 종합해보면 논의의 축은 크게 세 갈래로 나누어진다. 첫째, 방송을 "말"을 통한 의사표현인 언론 그 자체 내지 의사표현 및 전파의 매개체로 이해함으로써, 방송의 자유를 언론의 자유와 같은 모든 국민의 자유권적 기본권으로 이해하는 견해, 둘째, 공공재인 무선전파의 배타적 점유 및 사용을 강조함으로써 방송을 공익성이 강조되는 공공서비스(public service)로 파악하는 견해, 셋째, 무선전파의 국가관리 내지 독점을 전제229)로 방송을 객관적 질서 내지 제도로 이해하고, 방송의 자유는 헌법상 다른 자유권과는 달리 그 주체의 인격실현과 이익추구를 목적으로 하지 않는다는 견해 등이다.

세 가지 논의 축에서 공통된 점은 방송이 민주주의 실현을 위해 불가결한 요소인 여론형성과 사적 의견형성에 있어서의 영향력을 발휘하고 있다는 점이다. 한편, 차이점은 방송이 의사표현의 매개체인가 아니면 의

---

229) 무선전파의 국가관리는 방송의 자유에 관한 논의에서 다루어지지 않고 있는 것이 일반적이라 할 것이다. 그러나 미국의 예의 경우는 살펴본 것과 같이 1927년 라디오 법의 제정을 통해 확인되었으며, 독일의 경우는 연방 헌법재판소가 제1차 방송판결에서 무선교류의 질서를 위해 "송출기의 주파수 할당, 송출기의 소재와 출력강도 등과 국제적인 합의사항의 시행에 통일적인 규율이 필요하다"고 밝힘으로써 주파수의 국가관리를 선언하고 있다. BVerfGE 12, 205(230).

견형성의 다양성을 보장하기 위한 헌법상의 객관적 명령인가 또는 공공서비스를 의미하는가 하는 방송의 본질에 관한 시각의 차이이다. 그리고 이러한 시각의 차이는 일반적으로 기본권규범의 성격에 관한 해석론 즉, 기본권규범이 주관적으로 근거지어 졌다고 볼 것인가 아니면 객관적으로 근거지어 졌다고 볼 것인가의 차이에서 비롯되는 것으로 분석된다.

2. 문제제기

그렇다면 방송의 본질에 관한 다양한 건해가 발생하게 되는 원인은 무엇인가? 생각건대 전파이용권의 법적 성격에 대한 이해의 차이에서 따른 것으로 보인다. 방송을 언론 내지 의사표현의 매개체로 이해하는 견해에 따르면 전파의 사용은 자연적 자유에 속하고, 방송허가제는 이러한 자연적 자유에 대한 일반적 금지의 해제라고 본다. 즉, 전파자원의 이용은 원칙적으로 자유의 영역이나, 전파자원의 희소성 혹은 특수성에 의해 제한의 문제가 발생할 뿐이라고 본다. 이를 달리 표현하자면 방송의 자유는 자유권적 기본권인데, 자원부족이라는 사실상의 이유에 따라 기본권의 행사가 제한되고 있다는 논리이다. 방송허가제의 근거로 헌법 제37조 제2항이 제시되는 것도 이 때문이다.

반면, 나머지 두 견해는 전파사용의 성격을 한정된 국가자원에 대한 일정 기간 배타적 점유와 사용이라고 파악하고, 이러한 인식하에 방송이 지향해야 할 헌법적 가치에 중점을 두고 있다고 보인다.

그러므로 방송의 본질에 대한 논의의 핵심은 전파이용권의 법적 성격을 어떻게 이해할 것인가에 있다고 할 것이며, 때문에 전파자원의 성격 및 전파이용권의 법적 성격에 대한 검토는 방송의 본질을 이해함에 있어 필수불가결한 선결과제라고 할 것이다. 왜냐하면 전파자원의 사용이 자유의 대상이 아니라면 방송을 의사표현의 매개체로 그리고 방송의 자유를 자유권적 기본권으로 보는 견해는 더 이상 성립될 수 없는 명제이기 때문이다.

케이블네트워크의 매스커뮤니케이션적 이용행위에서도 같은 맥락에서 검토되어질 수 있다. 즉, 케이블네트워크를 설치할 수 있는 권리와 케이블네트워크에서 이용하는 주파수가 자유권적 기본권의 대상이라고 한다면 케이블네트워크를 이용한 방송은 의사표현의 매개체로서 이해될 수 있으나, 그렇지 않다고 하면 그 법적 성격은 전혀 다른 결론에 이르기 때문이다.

물론, 전파자원의 성질에 관한 고찰은 공학적·기술적인 영역에 속하기 때문에 법학을 전공하거나 법률가들이 쉽게 접근하지 못하는 한계가 있다는 점은 사실이다. 그럼에도 불구하고 전파자원에 대한 접근은 방송의 본질에 관한 올바른 규명을 위해 반드시 필요하다고 할 것이다.

Ⅱ. 비판적 고찰

1. 문제제기의 원인으로서 전파자원의 특성

방송을 사물 구조적 혹은 사항 내재적 특성에 따라 전파자원의 매스커뮤니케이션적 이용행위라고 보면, 방송은 전자적 신호로 구성된 갖가지 형태의 내용물을 전파에 실어 일반인의 수신을 목적으로 전파하는 행위로 파악된다. 방송을 이처럼 전파라는 미디어를 이용한 매스커뮤니케이션으로 이해하게 되면 인쇄시설과 지면을 미디어로 하는 출판 매스커뮤니케이션과 비로소 구별된다. 말하자면 미디어의 차이는 헌법상 방송의 본질 및 방송에 관한 기본권의 성격에 대한 이해에 있어 중요한 단서를 제공한다.

다만, 방송의 필수요소이자 미디어인 전파자원이 누구든지 원하는 사람은 이용할 수 있는 자원이라고 한다면 출판행위와 방송행위는 매스커뮤니케이션으로서 동일한 규범영역에 해당한다고 할 수 있을 것이다. 그렇지만 전파자원의 이용가능성이 무한하다는 전제가 성립되지 않는다면 이 같은 명제는 더 이상 설득력을 얻을 수 없다는 것은 이미 살펴본 것과 같다.

또, '방송의 특수성'이라고 하는 간결한 설명만으로는 정확한 의미를 이해하기 어려우며, 특히 유선방송, 위성방송 그리고 디지털방송의 출현과 함께 기존의 '특수성' 논거, 특히 '기술적 희소성 이론'[230]에 대한 반론이 제기되고 있는 상황에서는 전파자원의 성격에 대한 적확한 이해가 더욱 필요하다고 할 것이다. 왜냐하면 앞서 제기한 문제에서 살펴본 것과 같이 방송행위가 출판행위와 같다고 한다면 방송영역에 대한 기본권 이론적 논의, 예컨대 방송사업허가제도 등에 관한 이론전개는 논리 필연적으로 출판영역에서의 논의와 다를 바 없기 때문이다.

(1) 전파의 개념

전파란 전자파 가운데 일반적으로 3KHz에서 3,000GHz 사이의 주파수 범위에 해당하는 전자기파를 말한다.[231] 전파가 커뮤니케이션 도구로서

---

230) 방송을 신문 등 출판물과 비교해 볼 때 출판물을 생산에는 기술적 한계가 없으나, 방송은 무선통신기술상 이용 가능한 주파수가 한정되어 있음으로 인해 방송용 주파수의 간섭현상을 방지하면서 희소한 전파를 유효적절하게 이용하기 위해서는 불가피하게 방송허가제를 비롯해 특별한 규제가 현실적으로 필요하다는 이론이다. 이러한 기술적 희소성 이론은 방송의 자유를 주관적 공권으로 파악하고 이에 대한 제한을 정당화 내지 설명하는 입장에서의 주요한 논거라고 생각된다.

231) 전자파란 시간적으로 크기가 변하는 전류에 의해 발생되며, 공간 내에서 전계와 자계의 보이지 않는 파동형태의 힘의 분포를 말한다. 일반적으로는 전계와 자계의 운동을 의미한다. 시간적으로 변하는 전계는 그 주위에 전계변화에 따른 자계를 유기시키고, 유기된 자계의 시간적 변화에 따라 자계 주위에 전계를 발생시켜 전자파의 에너지가 파동형태로 전파된다. 이러한 물리적인 전파현상을 이용하여 음성, 영상, 데이터 등 여러 종류의

이용되기 시작한 것은 1864년 영국의 제임스 맥스웰(J. Maxwell)의 가설에 바탕을 둔다. 빛이 시간에 따라 변하는 전기장과 자기장의 한 형태라는 맥스웰의 가설은 1887년 독일의 하인리히 헤르츠(Heinrich Hertz)의 실험을 통해 존재하는 것으로 확인되었고, 오늘날 우리가 전파(radio wave)라고 하는 개념으로 형성되었다.

전자파원에서 발생되어 분포되는 공간적인 범위는 주로 전자파원의 진동하는 전력, 지형조건, 그리고 진동수에 따라 달라진다. 전자파원의 진동전력과 주위의 지형이 변하지 않는다면 진동수 즉, 주파수232)에 따라 전파된(propagated) 전파는 항해선박 등 서로 떨어진 지점 사이에 의사소통을 위한 도구 내지는 매개체로 사용될 수 있는 성질을 지닌다.

〈그림 2〉 전자기파의 구성260)

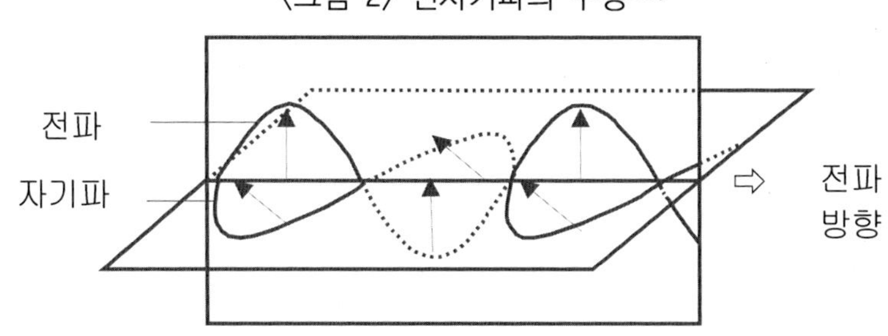

정보 또는 에너지를 보내고 받을 수 있다. 방송위원회, "방송용 주파수의 효율적 활용방안 연구", 「방송용주파수의 효율적 활용방안 연구」(2004), 17면. 전자파는 파(Wave)의 길에 따라 전파, 빛(가시광선), 자외선, X선, 감마(r)선 등으로 분류된다. 1895년 라디오의 아버지로 불리는 이탈리아의 마르코니(Guglielmo Marconi)가 전파를 통신에 성공적으로 활용함으로써 무선통신이 시작되었고, 이러한 무선통신은 장파, 중파, 초단파로 발전하여 오늘날 밀리미터파 시대로 돌입하게 되었다.

232) 주파수란 어떤 신호의 시간적인 변화를 나타내기 위해서 사용되는 개념으로 '단위시간당 신호의 진동수'라고 정의되고 그 단위로 Hz를 사용한다. 예컨대, 1초 동안 100개의 파동이 지나간다면 주파수는 100Hz이다.

(2) 주파수에 따른 전파의 분류

전파는 3KHz를 시작으로 하여 주파수 값이 10배씩 커질 때마다 범위를 나누어 구분되는 것이 일반적이다. 이렇게 구분된 범위를 주파수 대역이라고 하는데, 각 주파수 대역은 진동수를 기준으로 LF(low frequency), MF(medium frequency), VHF(very high frequency) 등으로, 파장의 길이를 기준으로는 장파(long wave), 중파(medium wave), 초단파(very short wave) 등으로 다시 구분된다.

전기통신기술이 개발된 초기 'low frequency, medium frequency, high frequency'로 구분되있던 주파수 대역은 기술발전에 따라 'very high frequency' 등 새로운 주파수 대역으로 확대되었다. 현재 전파의 한계는 3,000GHz로 정해졌다. 그 이상이 되면 전파라기보다 오히려 빛의 영역이라고 보는 까닭이다.

전파를 주파수에 따라 분류하면 다음 〈표 4〉와 같이 정리될 수 있는데, 전파는 해당 주파수 대역별로 전달경로나 그 성질 및 그 응용 분야가 다르므로 전파를 효율적으로 이용하기 위해서는 그 대역별 특성에 대한 이해가 요구된다.233)

---

233) 전파에 관한 국제조약인 국제전기통신협약(International Telecommunication Convention) 부속 무선통신규칙(Radio Regulations) 제2조는 무선통신에 사용되는 주파수대를 그 주파수 및 그 성질에 따라 9개의 주파수대로 분류하고 있다. 실제 이용형태에 관해서는 다음의 〈표 5〉참조.

134

〈표 4〉 주파수 스펙트럼[234]

분　류		주파수	파　장
EHF(extremely high frequency)	밀리파	30-300GHz	1-10mm
SHF(super high frequency)	마이크로파	3-30GHz	10-100mm
UHF(ultra high frequency)	극초단파	300-3,000MHz	100-1,000mm
VHF(very high frequency)	초단파	30-300MHz	1-10m
HF(high frequency)	단파	3-30MHz	10-100m
MF(medium frequency)	중파	300-3,000KHz	100-1,000m
LF(low frequency)	장파	30-300KHz	1-10km
VLF(very low frequency)	초장파	3-30KHz	10-100km

(3) 주파수에 따른 전파의 이용형태

전파는 전파의 표시단위인 주파수에 따라 그 특성이 각각 다르다. 다시 말하자면 개개의 주파수는 각각 그 성질, 효율성, 유효성을 갖는데, 이 때문에 이용형태 또한 달라진다.

전파에 관한 국제조약인 국제전기통신협약(International Telecommunication Convention)부속 무선통신규칙(Radio Regulation) 제2조에서는 무선통신에 사용되는 주파수대를 다음 〈표 5〉와 같이 분류하고 있다. 다만, 현재 전파 이용기술의 발달로 인하여 인류가 사용가능한 주파수가 점차 "높아져"가는 추세에 있다.

---

234) 정경훈, 「방송기술이야기」(한울아카데미, 2002), 86면에서 인용.

<표 5> 주파수별 특성 및 이용형태

분류(주파수)	전달경로 및 특성	이용형태
EHF (30GHz~300GHz)	전파의 산란, 흡수, 감쇠현상 큼	활용도 거의 없음
SHF (3GHz~30GHz)	전파의 산란, 흡수, 감쇠현상 큼	우주통신
UHF (300MHz~3000MHz)	직접파	위성통신, 텔레비전방송
VHF (30MHz~300MHz)	직접파 잡음 적음	텔레비전방송, FM라디오방송, 이동통신 및 위성통신
HF (3MHz~30MHz)	전리층	단파방송, 군사용 통신
MF (300KHz~3000KHz)	전리층 장거리 전송	해상항법, 중파방송, 이동통신
LF (30KHz~300KHz)	지표면 · 해수면	방향탐지, 대잠수함통신, 무선통신
VLF (3KHz~30KHz)	지표면 · 해수면 잡음 많음	장거리 통신, 무선항법

(4) 방송용 주파수의 유한성과 방송 표준규격

전파의 도달거리 내지 전파범위가 비교적 넓은 특성을 갖는 주파수를 이른바 "방송용 주파수"라 한다. 현재 지상파방송에 사용되는 주파수는 VHF / UHF대역으로, 이 대역에서는 방송용도가 다른 용도에 비해 중요하게 지정되어 있어 주파수 사용에 있어 방송용이 우선순위를 차지하고 있다. 한편, 국경을 넘는 국제방송에는 단파가, AM라디오 방송에는 중파가 이용되고 있으며, 인공위성을 이용한 방송에는 마이크로파가 이용되고 있다.

1) 지상파 라디오방송

AM 라디오방송에는 526.5~1,606.5KHz 대역이 이용되는데, 이 대역은 표준규격에 따라 9KHz의 간격으로 나뉘어 모두 120개 채널이 이용가능하다. 예컨대, "AM 900KHz ABC방송"이라고 한다면 현재 ABC방송이 중파대역 가운데 900KHz를 이용해 즉, 자신의 방송신호를 900KHz의 주파수를 만들어 실어 내보내고 있다는 의미이다. 이것은 또한 ABC방송이 895.5KHz에서 904.5KHz까지를 사용하고 있다는 의미이기도 하다.[235] 그렇다면 FM 라디오방송의 주파수는 어떻게 배분되어 있는가? 현재 우리나라의 FM 라디오방송은 초단파 대역인 88~108MHz를 사용하고 있는데, 채널 하나의 간격은 200KHz 즉, 0.2MHz이다. 총대역이 20MHz이므로 100개의 채널이 이용가능하다.

2) 지상파 텔레비전방송

지상파 텔레비전방송의 경우 VHF대역과 UHF대역, 두 개 대역이 이용된다. 음성신호에 비해 엄청난 정보량을 가지고 있는 영상신호를 전송하기 위해 매 채널마다 6MHz의 대역폭이 요구된다.[236] 채널 대역폭이 넓다는 것은 더 많은 정보(신호)를 담을 수 있다는 것을 의미한다.

---

235) 하나의 중파 AM방송이 처음부터 9KHz를 사용한 것은 아니었다. 초창기에는 10KHz로 하여 모두 1,080KHz(=1,606.5-526.5)를 108개의 채널로 분할하여 사용하였으나, 새로운 방송국을 설립하고자 하는 요구가 점점 늘어나면서 주파수 부족현상이 나타났다. 방송 관련 규격을 다루는 국제기구인 ITU(국제전기통신연합, International Telecommunication Union)에서는 1975년 중파 AM방송의 채널 간격을 10KHz에서 9KHz로 좁혀 채널 수를 120개로 확대하기로 결정하였고, 1978년 11월 세계의 모든 방송국이 새로운 주파수 배분계획에 따라 일제히 대역폭을 변경하여 전송하기 시작하였다.
236) 독일의 경우는 텔레비전 방송의 채널 간격 즉, 채널대역폭을 8MHz로 정하였다.

<표 6> 지상파채널 대역과 구성

종 류	채널간격	채널 수	주파수 대역	배분 주파수
AM라디오	9KHz	120	MF	526.5~1,606.5KHz
FM라디오	200KHz	100	VHF	88~108MHz
VHF TV	6MHz	12	VHF	54~88MHz 174~216MHz
UHF TV	6MHz	56	UHF	470~806MHz

3) 인공위성을 이용한 방송

이른바 지상파 방송에 적합한 전파는 직접파(direct wave)이다. 따라서 장애물이 없는 높은 곳에 위치하면 전파의 도달거리, 즉 시청권역이 넓어진다.[237]

인공위성을 이용한 방송이란 전파의 중계시설을 우주에 설치해 지구를 향해 전파를 전달하는 방식을 의미한다.[238] 인공위성을 이용한 방송에도 용도에 맞는 주파수 대역이 정해져 있다. 현재 대부분의 인공위성에서는 SHF(3GHz~30GHz) 대역이 이용되고 있는데, 인공위성을 이용한 방송에는 한 개 채널에 27MHz의 대역폭이 이용된다.

한편, 인공위성을 통한 전파의 송·수신에는 두 개의 전송경로가 요구된다. 지상에서부터 인공위성으로 올라가는 상향(up-link) 주파수가 하나

---

237) 대도시 주변의 높은 산마다 예컨대, 관악산, 남산, 팔공산, 모악산 정상부근에 방송용 중계시설 있는 송신소가 설치되는 것도 바로 이러한 이유에 기인한다.

238) 전파 중계기를 우주에 설치할 발상은 영국의 공상과학 소설가였던 클라크(Authur C. Clarke)였다. 그는 1945년 wireless World라는 잡지를 통해 "지구로부터 일정한 거리에 있는 인공위성은 24시간마다 지구를 중심으로 공전하는데 이것을 지구에서 보면 우주공간에 정지해 있는 것 같아 보이고, 위성에서 보면 지구 표면의 거의 절반 정도를 볼 수 있으므로, 3개의 인공위성을 120도 간격으로 궤도상에 배치하면 전 세계를 연결하는 통신시스템을 구성할 수 있다."고 발표하였다고 한다. 정경훈, 앞의 책, 127면.

이고, 인공위성에서 다시 지상으로 내려오는 하향(down-link) 주파수가
나머지 하나이다. 말하자면, 인공위성을 이용해 한 개 채널을 전송을 위
해서는 두 개의 주파수 대역이 요구되는 것이다.

우리나라는 1977년과 1979년 개최된 세계무선통신주관청회의(World
Administrative Radio Conference; WARC)에서 인공위성을 이용한 전송
채널 가운데 6개의 방송용 채널을 확보하였고, 현재 무궁화 위성을 이용
해 이 가운데 3개 채널을 방송목적에 이용하고 있다.[239][240] 무궁화위성
3호 방송·통신 가용채널현황은 〈표 7〉과 같다.

〈표 7〉 무궁화위성 3호 방송·통신용 가용채널 현황

위성체 종류	중계기	중계기당 채널 수	최대가용 채널 수	채널 합계
BS	6기	8	48	88개
CS	4기(방송용)	10	40	

2. 전파자원의 유한성 및 국유재산으로서 전파

(1) 자원으로서 전파의 의의

전파 자체는 조작하는 사람의 임의로 발생시킬 수 있다. 따라서 얼핏
보기에 부족하지는 않는 것처럼 여겨진다. 그러나 이미 살펴본 것과 같
이 일정 주파수 이상은 현재 전기통신기술로는 이용이 불가능하며, 물리
적 특성상 우주공간까지 자유로이 전파되기 때문에 동일 공간이나 동일

---

239) 우리나라의 경우 위성방송은 방송위원회가 2000년 12월 한국디지털위성방
송(KDB)을 위성방송사자로 선정, 2002년 3월 초 무궁화 3호 위성중계기
를 이용해 86개 채널의 본격적인 방송을 시작했다.
240) 정경훈, 앞의 책, 132면. 이 회의를 통해 우리나라가 포함된 제3지역에는
방송위성용 주파수가 모두 24개 할당되었다. 일본은 모두 8개의 채널, 북
한은 모두 5개의 채널이 할당되었다.

시간에서 동일한 주파수를 사용하게 되면 상호 혼신 (interference)및 간섭현상이 일어나게 된다. 이렇게 되면 전파를 이용한 커뮤니케이션은 본래의 기능을 다 할 수 없게 될 뿐만 아니라 혼신에 의하여 전파 사용자 간에 엄청난 혼란을 야기할 것이고, 그로 인해 국가의 정치, 경제, 국방, 과학 등 각 분야에 막대한 피해가 발생하게 된다. 때문에 특정인에게 일정 주파수를 일정시간 또는 배타적으로 사용하도록 하는 질서의 마련이 요구된다.

또, 전파를 이용하려는 수요는 무한하다고 할 정도로 매우 빠른 속도로 늘어나고 있다. 전파과학의 발달에 따라 홈 네트워크(Home network)나 이동전화(mobile phone)의 등장과 같이 그 활용영역이 점차 다양화되어 가고 있다. 때문에 희소한 자원의 효율적 분배라는 경제적 가치까지 부각되고 있다.[241]

(2) 국제적 관리의 필요성

이태리의 마르코니에 의해 전신의 형태로 출발한 전파를 이용한 무선통신은 도입국가마다 고유한 기술방식을 채택하였다. 그런데 이로 인해 국가 간 교신이 어렵게 되는 원인이 되었다.

이러한 이유에서 국제적인 통일된 규율의 필요성이 제기되었으며, 이에 따라 「국제무선통신협약」(IRC: International Radiotelegraph Convention)이 제정되었고, 또한 전파자원의 이용에 있어 발생 가능한 문제해결을 위

---

[241] 과거 주파수이용 산업이 활성화 되지 않았던 때에 주파수 할당은 선착순, 추첨, 사업계획서 심사 등의 방식으로 이루어졌으며, 전파관리의 초점이 주파수의 간섭을 피하도록 하는 무선국 관리에 있었으나, 기술발달에 따라 전파를 이용한 사업이 더욱 복잡해짐에 따라 국가차원의 희소자원인 주파수자원을 효율적으로 할당하기 위하여 일부 주파수 대역의 배분에 시장원리가 도입되기 시작하였고, 그 적용대상 주파수 대역이 점차 확대되고 있다. 이에 관하여 자세한 내용은 정보통신정책연구원, "전파관련법령과 규제체계 개선연구" (정책연구 02-06, 2002), 47면 참조.

한 국제기구인 국제무선전기연합(IRU: International Radiotelegraph Union)이 창설되었다.242) 이 협약은 현재 「국제전기통신협약」(ITC: International Telecommunication Convention)으로 변경되었으며, 국제기구 역시 현재에는 국제연합 산하기구인 국제전기통신연합(ITU: International Telecommunication Union)으로 변경되어, 전파자원의 국제적인 관리를 행하고 있다.243)

우리나라는 1952년 국제전기통신연합에 가입함으로써 국제전기통신협약의 당사국이 되었다. 국제전기통신협약에 가입한 국가에서 주파수 관리는 각국이 동의하여 체결한 국제협약, 즉 무선규칙(Radio Regulation)의 규정에 따른다.244)

(3) 국유재산으로서 전파자원과 국가의 보호의무

ITU 기본법 제33조는 "연합구성원은 우주무선통신을 위한 주파수대역

---

242) 국제무선전기통신협약의 제정과정 및 내용에 관하여 자세한 내용은 Charles H. Kennedy / M. Veronica Peter, *An Introduction to International Telecommunications Law*, 1996. 참조.

243) 국제전기통신연합은 (ITU)는 무선규칙(RR)에서 전 세계를 3개 지역으로 나누어 9KHz~400GHz의 주파수를 용도별로 분배하고 있다. 한 가지 용도로 배분된 주파수 대역도 있지만 대부분의 경우에는 한 주파수 대역을 여러 용도로 함께 배분되어 있기도 하다. 유럽지역 대부분의 국가는 제1지역에, 북미 및 남미지역 국가는 제2지역에, 우리나라를 포함한 아시아, 오세아니아 국가는 제3지역에 속해 있다.

244) 다만, 각 조약 당사국은 무선규칙에서 여러 가지 목적의 업무에 공용하도록 하는 경우, 국내 상황을 고려하여 사용을 제한하거나 구체적인 대역의 공용목적의 허용조건이라든지, 허용주파수 대역의 구체적인 사용범위라든지의 이용조건 부과 등에 대해서는 재량권을 갖는다. 그리고 무선규칙에 의하여 사용목적이 명확하지 않거나 제한 조항이 없는 주파수대역의 이용과 관리의 경우에는 국가내의 상황에 따라 이용계획 등을 수립할 수 있다 계경문, "전파통신의 특성에 따른 전파통신법제의 성격", 「외법논집」 제6집(한국외국어대학교, 1999), 44면.

의 사용에 있어서는 무선 주파수 및 對停止衛星軌度에서 가능한 천연자원이라는 것, 그리고 그것들이 국가 및 국가의 집합이 그 필요 및 기술수단에 대응하고, 또한 무선통신규모에 따라 그들을 균등하게 사용할 수 있도록 효율적이고도 경제적으로 사용해야만 한다는 것에 유의한다"고 규정하고 있다. 말하자면, 국제전기통신협약(ITC)은 전파를 유한한 천연자원이라고 규정한다.

우리나라는 국제전기통신협약의 당사국이기 때문에 「국제전기통신협약」은 우리 헌법 제6조 제1항에 따라 국내법과 같은 효력을 갖는다.[245] 이는 전파가 유한자원이라는 의미이며, 이로써 국가는 헌법 제120조 제2항에 따라 전파자원을 보호하고, 전파자원의 균형 있는 개발과 이용을 위하여 필요한 계획을 수립하여야 하는 의무를 지게 된다.

자원으로서 전파는 「국유재산법」 제4조 제3항에 따라 법령의 규정에 의하여 국가가 보존하는 재산 즉, "보존재산"이 되는 것이며, 동법 제24조에 따라 전파는 보존목적의 수행에 필요한 범위 안에서 그 사용 또는 수익이 허가되어 질 수 있게 된다. 즉, 누구든지 국유재산인 전파를 정당한 사유 없이 사용 또는 수익하지 못하게 된다. 그리고 사용·수익이 허가된 경우에도 당해 재산을 다른 사람으로 하여금 사용·수익하게 하여서는 안 되며, 사용·수익의 허가기간은 엄격하게 제한된다. 또, 사용목적에 위반되거나 허위의 진술, 부실한 증빙서류의 제시 기타 부정한 방법에 의하여 허가를 받은 경우 등에는 사용·수익허가가 취소되거나 철회된다.

전파자원의 효율적인 이용 및 관리에 관한 사항을 정하여 전파이용 및 전파에 관한 기술의 개발을 촉진함으로써 전파의 진흥을 도모하고 공공복리의 증진에 이바지하기 위해 제정된 「전파법」을 헌법 제120조 제2

---

245) 전파법은 제3조에서 "전파에 관하여 조약에 따로 규정이 있는 때에는 이 법의 규정에도 불구하고 그 규정에 의한다"라고 하여 국제전기통신협약이 우리나라 전파법에 우선할 수 있다는 해석을 가능하게 하고 있다.

항의 의무와 관련하여 해석하여야 하는 것도 자원으로서 전파의 특성에서 비롯되는 까닭이라고 할 것이다.

3. 케이블네트워크 설치권의 법적 성격

(1) 케이블 텔레비전(Cable Television)의 등장

케이블텔레비전이란 음성신호와 영상신호로 구성된 내용물을 실은 전파가 케이블네트워크를 통해 가입자에게 전파되는 구조적 특성을 갖는 매스커뮤니케이션을 말한다.[246]

케이블네트워크를 매개로한 텔레비전방송은 1940년 말 미국에서 처음 등장했다. 당시 새로운 텔레비전방송국의 설립이 허용되지 않는 상황에서 지형적인 영향으로 방송 주파수(전파) 수신이 어려운 이른바 난시청 지역이 발생하게 되었다.[247] 때문에 방송 주파수의 수신이 가능한 높은

---

246) 케이블 텔레비전의 도입배경은 국가마다 서로 다르다. 미국에서의 케이블 방송의 도입배경이 난시청 해소에서 시작되었다고 한다면, 독일의 경우에는 정치적 이유에서 케이블방송의 도입이 추진되었다. 1982년 총선에서 승리한 기민당은 사민당에 우호적인 공영방송에 대응하기 위해 민영방송 도입에 관한 논의를 본격화하였고, 동축케이블(coaxial cable)을 전국에 설치하면서 1984년 케이블TV 시험 프로젝트를 실시하였다. 그리고 케이블 TV에 방송내용물을 공급할 '사실상'의 민영방송사업자를 허가하였다. 독일에서의 케이블방송의 도입배경에 대해서는 예컨대, K. Prüfig, *Die Zukunft der Grundversorung im dualen Rundfunksystem*, Mainz, 1993, S. 19-58 참조.

247) CATV가 등장한 배경으로는 미연방통신위원회(Federal Communication Commission; FCC)의 이른바 '방송국 간 거리간격 요건'을 들 수 있다. FCC는 1948년 전파의 간섭현상 방지를 위해 새로운 방송국의 설립을 금지시켰다. 또한 1952년 FCC는 VHF방송국이 고출력을 통해 TV신호를 광범위한 지역에 송출하는 것을 금지시켰다. 이러한 일련의 조치들로 인해 1940년대에서 1950년대 초 중소도시에 TV방송국이 설치되지 못하는 현상이 발생하였으며, 텔레비전 시청을 위한 노력이 이어졌으며, 이러한

위치에 안테나를 설치한 후 케이블을 연결하여 각 가정에 지상파 텔레비전 방송을 시청하도록 돕는 시스템이 등장하게 되었다. 이처럼 초기 케이블네트워크는 방송 보조시설로서 단순히 지상파 텔레비전 방송신호를 전달해 주는 중계기능 만을 담당했다.

1952년 미국 전역에 설치된 '지역공동수신텔레비전 방송국'은 모두 72개에 달하였고, 1만 4천여 명이 케이블텔레비전을 통해 지상파텔레비전 방송을 시청했다. 1950년대 말에는 550여 방송국에 55만의 가입자를 확보함으로써 규모 면에서 급속한 성장세를 기록했다.

CA-TV는 전기적 신호를 실어 나르는 긴인 네트워크의 고도화와 함께 점차 그 기능에 변화를 보이기 시작했다. 1959년 3개에 불과했던 텔레비전채널 전송용량이 1966년에는 12개 채널로 증가하였고, 이렇게 늘어난 채널은 마이크로웨이브를 통해 수신한 다른 지역의 지상파 방송국의 방송을 내보내는데 이용되었다. 또, 동축케이블이 도입되면서 60여 개의 채널전송이 가능하게 되었고,[248] 케이블네트워크 운영 주체는 단순 중계기능을 넘어 자신들이 스스로 제작한 내용물을 전파하게 되었다.[249]

노력의 산물이 바로 CATV라고 할 수 있다. 초기 케이블방송의 성립 배경 등에 관해 자세한 내용은 예컨대, 서정우·김동진, "유선방송의 법적규제에 관한 연구", 「사회과학논집」 제18집 (1987), 111면 참조.

248) 케이블방송 특히 케이블텔레비전에는 동축케이블(coaxial cable) 즉, axis(축)를 공동으로 사용하는 케이블을 의미한다. 동축케이블은 중심축을 따라 도체인 구리선이나 알루미늄선이 있고 그 둘레를 다시 도체인 구리나 알루미늄으로 감싼다. 그리고 두 도체는 절연체로 채워져 있고, 케이블 외부는 피막을 만든다. 케이블을 이렇게 제작함으로써 잡음이 줄어들고, 도체 사이의 간섭을 막을 수 있기 때문에 대역폭이 넓다. 동축 케이블 이전에는 전화에서 볼 수 있는 twisted-pair케이블이 사용되었는데 전송대역폭이 제한되고 잡음에 약해 전송 거리가 짧다는 약점을 갖고 있다. 예컨대, 전화로 목소리를 들을 때에는 음질이 양호한데, 노래를 들을 때에는 음질이 떨어지는 현상이 발생한다. 이것은 전화선인 twisted-pair케이블에서 전송가능한 음성신호의 대역이 약 3.4KHz로 좁기 때문에 높은 주파수 성분을 전달하기 어렵기 때문이다.

그렇다면 케이블네트워크를 이용한 방송의 출현으로 과연 지상파를 이용한 방송에서 논의되었던 '방송의 특수성'은 사라진 것일까? 이러한 질문에 대해 현재까지 다수의 긍정적인 대답이 보인다.[250] 하지만 이러한 기대는 막연한 낙관론적 시각이라고 할 수밖에 없다. 왜냐하면 우선 케이블 자체의 전송용량 즉, 채널의 유한성 문제가 바로 그것이다. 현재 우리나라의 경우 동축케이블네트워크에서 사용가능한 주파수 대역은 650~750MHz로 배분되어 있다. 따라서 텔레비전 방송신호의 전파에 필요한 채널당 표준규격이 6MHz이므로 수용가능성에 한계는 엄존한다.

물론, 디지털화 및 압축기술의 발달로 표준규격의 변경에 따라 채널의 수가 다소 늘어날 수도 있다. 하지만 무대한대로 허용되는 것이 아니라는 점은 분명하다.

케이블네트워크의 설치가 무한정 가능하지 않다는 점도 낙관론을 받아들이기 힘든 이유이다. 왜냐하면 케이블네트워크 운영 주체가 한정되어 있고, 네트워크운영 주체가 전체채널의 이용기회부여 여부를 결정하게 됨으로 케이블네트워크의 등장이 무제한의 방송기회의 확대를 의미한다고 보기 어려운 까닭이다.

이하에서는 케이블네트워크 설치와 관련해 케이블네트워크 설치권의

---

249) 현행 우리 방송법 제70조에서는 케이블방송국 운영자 곧 SO에게 스스로 제작한 방송내용물이나 방송내용물을 구입·편성하여 채널을 운용할 수 있는 '직접사용채널'의 운영을 허용하고 있다. 다만, 동법시행령에서 정하는 바에 따라 전체 운용채널의 수에 따라 '직접사용채널'의 수를 제한하고 있다. 현행 방송법시행령 제53조에서는 예컨대 100개를 초과하지 않는 SO의 경우 직접사용채널 수를 '3개'를 초과할 수 없도록 규정하고 있다.

250) 위성방송과 지역 혹은 광역 유선 방송과 기술발달에 따른 개인 방송영역의 확장가능성 등으로 인하여 방송의 자유에 많은 제한을 가해 온 '특수성의 논거'는 설득력을 잃어가고 있다는 견해로는 곽상진, "방송의 자유와 방송제도", 「공법연구」 제28집 제4호 제1권 (2000), 285면; R. Wendt.: v. Munch / kunig, *Grundgesetz-Kommentar*, Bd. 1-1, 4.Auflage, München, 1992, Art.5, Rn. 53.

법적 성격을 중심으로 케이블네트워크의 등장으로 인해 방송의 특수성이 사라졌다는 명제의 타당성 여부를 자세히 살펴본다.

(2) 매스커뮤니케이션 미디어로서 케이블 설치권의 법적 성격

케이블텔레비전에서는 "케이블"이 전파의 유도체로서 기능을 수행한다. 따라서 동영상이나 음성 등 전기적 신호로 구설된 자신의 의사를 일반 공중에게 전달하기 위해서는 전파(주파수)와 이를 실어 나르는 '케이블'이라는 또 하나의 미디어가 필요하다.

케이블을 설치하기 위해서는 공물인 도로나 空中을 이용하여야 하는데 이로부터 두 가지 문제가 제기된다. 도로사용 등 공물의 이용에 대한 허가의 문제와 케이블설치에 소요되는 비용이다. 먼저, 누구나 케이블을 설치하여 방송을 할 수 있는가의 문제를 살펴보자. 누구든지 케이블을 설치하기 위하여 공물인 도로를 파헤치거나 공중을 이용할 수 있는가? 공물사용은 자유권적 기본권으로 이해될 수 있는가? 만약 이러한 질문에 대해 긍정할 수 있다면 케이블의 자유로운 설치, 이용, 처분권은 보장되는 것이고, 케이블을 매개로한 방송을 할 수 있는 권리는 자유권적 기본권으로 인정될 수 있을 것이다. 하지만 공물사용에 대한 권리를 자유권으로 인정하기는 어렵다.

다음으로는 경제적 문제를 살펴보자. 전기적 신호의 강도는 케이블을 통과하면서 감쇠하기 때문에 일정 거리마다 이러한 전기적 신호를 증폭시켜 주는 장치인 증폭기가 필요한데, 이것은 케이블을 설치해 방송을 하고자 하는 자에게 커다란 경제적 부담이 된다.

이렇게 보면 케이블의 설치에는 공물사용에 관한 특허가 요구되며 또, 막대한 경제력을 갖춘 개인이나 단체만이 사실상 그 주체로 등장할 수밖에 없다는 한계를 갖는다고 할 것이다. 이로써 케이블을 이용한 매스커뮤니케이션의 주체는 지상파방송의 경우와 마찬가지로 소수에 그칠 수밖에 없다고 할 것이며, 방송은 '주파수 사용권의 법적 성격의 문제'에서 '케이블 설치에 관한 권리의 성격'으로 변형된 채 유지된다는 것을 뜻한다. 왜냐하면 케이블이라는 미디어를 갖지 못한 사람은 케이블을 설치·운영하는 사람들과 사적 계약을 맺거나 국가의 채널배분에 따라 일정 시간 또는 일정 채널을 이용할 수밖에 없기 때문이다.251) 이로써 매스커뮤니케이션 미디어의 이용에 있어서 한계상황은 무선전파를 이용한 지상파

---

251) 독일의 경우가 대표적인 예이다. 독일은 공·민영 방송의 이원적 분류만 있고 지상파, 케이블, 위성 등 방송신호의 전송경로에 따른 구분이 없다. 따라서 독일의 케이블 방송은 공·민영 방송이 모두 이용하는 3가지 전송경로 가운데 하나의 의미를 갖는다. 공·민영 방송에 대한 케이블 채널 할당이 이루어지고 있으며, 할당의 기준은 각 주 미디어법에 반영되어 있다. 카스텐딕(Castendyk)는 각주 미디어법의 채널배분 순위를 결정하는 기준은 크게 두 가지 모델로 나눌 수 있다고 한다. 13개 주가 속하는 모델은 4개의 순위로 차등화하여 각 순위에 속하는 채널유형을 명백히 규정하고 있고, 더 나아가 동일 순위 내에서 경쟁이 벌어질 경우 다시 우선권이 부여되는 채널 특성을 구체적으로 세분화한 주가 있는 반면 단 한 두 개의 규정으로 주 미디어위원회의 재량에 위임한 주도 있다는 것이다. 이 모델의 1순위만 살펴보면 ARD, ZDF, ARD산하 각주의 11개 지역 대상 제3TV, 공영 어린이 채널, 다큐 / 이벤트 채널인 Phoenix, 독일프랑스 문화예술채널인 3Sat와 각 주가 미디어법에 의해 허가한 해당 주 소재 민영 방송이 여기에 속하며 미디어위원회가 직접 운영하는 시민접근 채널인 '오픈 채널'도 여기에 해당한다. 바이에른 주와 베를린-부란덴베르그 주가 속하는 또 다른 모델은 각 주가 허가한 민영방송에 최우선순위를 두고, 공영방송을 1순위로 둔다고 한다. O. Castendyk, Die Rangfolge im Kabel. ZUM. 10, S. 464ff. 현재 공영방송은 케이블방송에서 다수의 채널을 점유하고 있으며, 민영방송의 경우 여론형성을 위한 다양한 의견이 반영된 방송내용물인지 여부 등을 기준으로 '케이블을 통한 방송용 채널' 배분의 우선순위가 결정된다. 독일케이블 방송에 있어서 채널배분과 관련된 자세한 내용은 예컨대 고수자, "독일케이블TV 채널배분 관련 법적 논쟁에 관한 연구", 「커뮤니케이션과학」 제19권, (고려대학교 언론연구소, 2000) 73면; W. Hoffmann-Raim / Vesting, T., *Ende der Massen-Kommunikation?: Zum Strukturwandel der technischen Medien. Media Persktiven*, 8, 1994, S. 382ff. 참조

방송에서보다 복잡한 양상으로 전개될 뿐이다.

우리나라의 경우 케이블을 이용해 일반 공중에게 의사를 전파하기 위해서는 우선 방송법 제8조 제5항에 따라 방송위원회에 등록하여야 한다. 또, 종합편성이나 보도 또는 상품소개와 판매에 관한 전문편성을 하고자 하는 사람은 방송위원회의 승인을 얻어야 한다. 이렇게 등록하거나 승인을 얻은 자는 케이블을 설치·운영할 수 있는 권리를 부여받은 종합유선방송사업자와 특정 채널의 전부 또는 일부 시간에 대한 전용사용계약을 체결하여 그 채널을 사용할 수 있다.[252]

(3) 케이블 텔레비전 채널의 유한성

우리나라 케이블텔레비전 방송에 이용되고 있는 주파수 대역은 아래 〈표 8〉와 같다.

〈표 8〉 케이블텔레비전 주파수 배분[253][254]

구 분	상향대역[98]	하향대역				
채널번호	-	CH2~6	음악방송	CH14~22	CH7~13	CH23~61
대역(MHz)	5.75-41.75	54~88	88~108	120~174	174~216	216~450

위의 표를 통해 알 수 있는 점은 우선 케이블텔레비전 역시 방송용으

---

252) 일반적 언어사용례에 따르면 방송프로그램을 제작해 방송하는 자를 PP (program Provider), 케이블시설을 설치·운영하는 자를 SO(System Operator)라고 한다. 그런데 위성방송의 등장 및 지상파 다채널방송인 지상파 DMB 운영자의 등장으로 여러 개의 채널을 운용하는 자를 모두 일컬어 플랫폼사업자(Platform)라고 한다.
253) 정경훈, 앞의 책, 142면.
254) 상향대역이란 가입자가 방송국을 향해 정보를 보낼 수 있는 전송로 즉, '전자적 길'을 확보하고 있다는 의미이다. 다른 표현으로 Return Channel 이라고도 알려져 있다.

로 배분된 주파수를 사용한다는 점이다. 그렇다면 방송용으로 배분된 주파수를 이용하는데 어떻게 지상파와 달리 많은 채널이 제공될 수 있는가? 케이블텔레비전은 동축 케이블을 통해 방송신호를 담은 주파수를 전파한다. 따라서 지상파방송에서 혼신방지를 위해 비워둘 수밖에 없는 주파수대역이 필요 없게 된다. 동축케이블을 이용하기 때문에 주파수 간의 혼신이나 간섭을 피할 수 있는 까닭이다. 결국 방송용으로 배분된 주파수를 충분히 사용할 수 있고, 케이블텔레비전의 경우 시청자가 기존의 지상파방송보다 많은 채널이 제공될 수 있는 것이다.

다만, 방송용으로 사용가능한 주파수를 "온전히" 사용할 수 있다는 점이 중요하다. 말하자면 방송용으로 사용할 수 있는 주파수가 늘어나거나, 현재 이용되고 있는 국제 방송기술표준규격 내지 전송방식이 주파수 용량을 감소시키는 방향으로 변하지 않는 한, 채널 수의 무한한 확대는 현실적·기술적으로 기대하기 어렵다.

케이블텔레비전 채널의 유한성은 물리적인 한계뿐만 아니라 케이블을 설치·운영하는 주체의 경제적 이익에 따라서도 나타난다. 예컨대, 케이블을 설치·운영하는 주체가 이윤획득을 위해 외국 방송내용물을 구입해 편성·송출하는 채널의 점유 비율을 높이는 경우 케이블텔레비전의 등장으로 '방송의 특수성'이 사라졌다고 보는 방송기회의 확대는 말 그대로 현실과 괴리된 낙관적 기대에 불과하다고 할 것이다.

4. 전파자원 이용권의 법적 성격과 그 종류

전파자원의 공동체 유보적 성격은 전파자원을 이용하는 매스커뮤니케이션인 방송에 있어 중요한 의미를 갖는다. 왜냐하면 기본권 주체와 국가가 이항 대립적 관계라는 자유주의적 사고방식과는 그 논의의 출발점부터 달라지기 때문이다.

전파자원이 공동체영역에 유보되었다고 볼 때 전파자원의 이용은 자연적 자유에 대한 일반적 금지와 이의 해제라는 허가의 명제가 아닌 일정한 이용 신청자의 신청 또는 출원에 따른 일정한 법적 지위의 창설로 이해된다.

우리 현행 전파법은 주파수 할당과 지정을 통해 전파자원에 관한 이용권을 부여하고 있다. 말하자면 주파수 할당과 지정을 받은 사람에게 해당 주파수를 배타적으로 이용할 수 있는 권리를 부여한다.[255] 이는 방송이나 통신에 있어서 마찬가지이다. 결국 전파이용권은 선천적·자연적 권리가 아닌 주파수 할당 내지 지정이라는 국가의 행정행위인 특허에 의해 창설된 권리라고 할 것이다.

물론, 전파자원의 공동체유보에 대해서 국민이 방송을 소유하고 방송하는 자유를 일체 부정하는 것이어서 받아들이기 어렵다는 주장도 있다.[256]

그러나 방송을 위한 전파자원 이용의 문제에서 중요한 것은 자유제한의 한계를 어떻게 설정할 것인가가 아닌 전파자원의 공정분배이며, 입법자는 법치국가원리에 따라 전파자원의 이용 또는 거부와 관련된 전제조건을 규정함에 있어 이점을 반드시 고려하여야 한다. 또, 사리에 맞는 조직과 절차법적 규정이 요구된다. 이는 참여의 실현에 도움이 되기 때문이다.[257]

요컨대, 방송목적으로 전파자원을 이용하는 것을 포함해 모든 전파자원을 이용하는 것은 일정기간 배타적인 사용권한을 부여하는 특허행위로서 이루어지는 것이지 자유에 대한 금지해제행위라고 파악할 수 없다.

---

255) 전파법 제10조는 주파수할당과 관련해 그 대상사업자를 규정하고 있다. 전기통신사업법 제4조 제2항의 규정에 의한 기간통신사업과 방송법 제2조 제2호 나목의 규정에 의한 종합유선방송사업 또는 동법 동조 제13호의 규정에 의한 전송망사업가 그 대상이 된다.
256) 전정환, 앞의 논문, 285면.
257) K. Hesse / 계희열 역, 「헌법의 기초이론」(박영사, 2001), 181면.

제6절 소　결

　　방송은 20세기 가장 유력한 매스커뮤니케이션으로서 자리 잡았다. 전파자원을 이용한 매스커뮤니케이션으로서 방송이 인쇄미디어를 이용한 매스커뮤니케이션과 유사한 기능을 행하고 있음은 물론이다. 그런데 방송은 전파자원의 이용이 전제되어야 하는 만큼 전파자원 이용권에 관한 문제와 구분하여 생각할 수 없다.

　　누구든지 거리에서 팸플릿을 나누어 주거나 현수막을 이용해 자신의 생각을 표현할 수 있는 것과 마찬가지로 전파자원을 자신의 주관적 성향에 따라 사용할 수 있다고 한다면 주파수는 의사표현의 자유를 실현하는 하나의 수단이 된다. 이 경우 출판에 관한 기본권도그마가 방송에도 그대로 적용되는 것은 당연하다고 할 것이다.[258] 그렇지만, 전파자원이 공동체영역에 유보되어 있는 까닭에 후천적·창설적 권한의 부여가 요구된다는 점에서 누구나 그 주관적 성향에 따라 방송을 할 수 있다는 가설 내지 전제는 더 이상 성립되지 않는다고 할 것이다. 오히려, '공적광장'(public forum)과 같은 공공자원 이용기회의 자의적인 차별성 여부 즉, '법 앞에 평등'이 문제되는 것이고, 국가가 전파이용기술의 개발을 통해 보다 많은 전파자원을 개발해야 한다고 한다면 이는 자유의 영역의 문제가 아닌 급부의 영역에서 다루어지고 또한 이해되어져야 할 것이다.

　　요컨대, 전파자원을 이용한 커뮤니케이션 형태 가운데 매스커뮤니케이션으로서의 방송영역에서 주목해야 할 점은 그 효과에 있어서 신문과 영화의 영역에서 요구되는 국가로부터의 자유로울 권리와 가능한 한 최선의 조화를 추구하는 것이 아니라 전파자원을 이용한 매스커뮤니케이션의

---

258) 물론 출판의 자유의 기본권적 성격에 관해서도 견해의 대립이 있다는 점에 대해 주의를 요한다고 할 것이다.

조직을 국가 전체에서 어떻게 형성할 것인가의 문제, 그리고 레르헤 (Peter Lerche) 교수가 적절히 지적하고 있는 것과 같이 방송영역에서의 '성과능력의 의미에서 방송의 질'을 국가가 어떻게 유지하고 책임질 것인가라는 점에 있다고 할 것이다.[259]

---

259) Peter Lerche / 허영 편역, 앞의 책, 143면.

제3장 방송의 헌법적 과제로서
의견형성의 다양성 보장

매스커뮤니케이션이라는 생활영역에 있어서 요구되는 헌법적 보호가치가 의견형성의 다원성 보장이라는 점은 분명하다. 그렇다면 다원성 보장이라는 헌법적 과제를 방송 전체에서 어떻게 구현할 수 있을 것인가? 신문에서 다원성을 보장하기 위한 제도적 장치들이 방송영역에서도 그대로 유효한가? 아니면 방송 특유의 제도적 장치 내지는 질서의 마련이 요구되는가?

전파자원이 국가에 의해 관리가 요구되는 자원이며, 전파자원을 이용함에 있어서 균등한 참여기회의 보장이 요구된다는 점은 이미 살펴본 것과 같다. 이처럼 신문발행행위와 달리 방송을 행하기 위한 자원의 유한성을 고려한다면 방송영역에서 다원성을 보장하기 위해서는 신문에서의 다원성보장을 위한 제도적 장치와는 다른 특수한 수단이 강구되어야 한다는 점은 쉽게 짐작할 수 있다.

아래에서는 전파자원의 매스커뮤니케이션적 이용형태인 방송에 있어서 의견형성의 다양성 보장을 위한 구체적인 내용을 비교법적으로 검토하고자 한다. 검토는 독일과 미국에서의 이론적 전개와 판례들을 그 대상으로 한다. 그리고 이를 바탕으로 우리 방송법상 의견형성의 다양성을 보장하기 위한 구체적인 제도들을 비판적으로 분석하고 검토함으로써, 매스커뮤니케이션으로서 방송의 기능을 보장할 수 있는 방안을 시론적으로 제시하고자 한다.

제1절 독일에서 의견형성의 다양성 보장

Ⅰ. 검토의 전제

방송에 관한 비교법적 검토가 의미를 갖기 위해서는 먼저 그 나라의 방송구조와 방송관련 여러 개념에 대한 정확한 이해가 전제되어야 한다. 왜냐하면 대상의 실체를 제대로 파악하지 않고 전개되는 논의는 마치 개념에 대한 통일된 이해 없는 논의가 무의미한 일방적인 캠페인이나 정치적 구호 그리고 프로파간다(Propaganda)에 그치는 것과 마찬가지이기 때문이다.

따라서 독일에서의 방송영역에서 의견형성의 다양성 보장을 위한 각종 제도를 검토함에 있어서 그 출발점은 역시 독일의 방송구조와 방송관련 제 개념에 대한 이해가 되어야 한다.

1. 방송참여권의 전제로서 방송사업권과 송출권의 분리

독일에서 전기통신설비를 이용해 여론형성과 관련 있는 자신의 메시지를 일반 대중에게 전파하고자 하는 자는 먼저 방송사업자 허가를 받아야 하고, 허가를 취득한 자만이 방송물의 전송경로 즉, 지상파, 위성, 케이블의 채널이용에의 참여를 요청할 수 있다. 이러한 구조적 특징을 케이블을 이용한 매스커뮤니케이션의 예를 통해 자세히 살펴보자.

케이블에서 방송 채널의 할당은 '채널할당 우선순위제도'에 따르고 있다.260) '채널할당 우선순위제도'란 공영방송사·민영방송사에 채널할당의

---

260) 독일에서 케이블네트워크 운영자는 방송국가협약에 따라 텔레비전 프로그램이나 미디어 서비스 송출과 관련해 송출 전 최소 2개월 전에 채널 할당

우선순위를 국가가 부여하는 것이다.

독일 기본법 제5조 제1항 2문에 규정된 '방송을 통한 보도의 자유'에 관한 학설 및 판례는 이러한 구조적 특성을 토대로 전개되고 있다. 그러므로 독일에서 '방송의 자유'의 내용 가운데 하나로서 논의되고 있는 민영방송사의 방송에의 참여권 문제는 방송사설립허가청구권과 별개의 문제이며, 한정된 케이블네트워크에서의 채널이용에 관한 문제로 파악되고 검토되어야 한다. 말하자면, 독일방송에서 참여권의 문제를 검토 혹은 인용함에 있어서 이러한 구조적 특성이 전제되어야 독일에서의 논의를 검토하는 의의 내지 실효성이 있다고 할 것이시, 이러한 전제를 외면한 채 우리 방송법 체계와 단순 비교하는 것은 의미를 찾기 힘들다고 생각한다.

2. 방송 관련 제 개념의 이해

독일에서 의견형성의 다양성 보장에 관한 논의를 검토하기 위한 또 하나의 전제는 방송과 관련된 개념 내지 용어사용례에 대한 정확한 이해이다. 왜냐하면 이러한 이해는 학문적 개념 접근에 있어서 필수적인 까닭이다.

"학문적 개념"은 당해 개념이 그 존재영역에서 실행하여야만 하는 "특수한 과제 내지 기능"에 따라 결정된다. 말하자면, 학문적 개념은 '특정한 기능연관성'(Funktionszusammenhang) 속에서 사용되기 때문에 어떠한 개념의 정확한 정의 및 범위확정은 그 기능연관성속에서만 정확히 파악될 수 있다. 그러므로 독일에서의 '방송의 자유'와 관련된 논의에서

서류와 각주 공영방송에 대한 채널 할당 등의 규정에 대한 계약 조건 등을 州 미디어청에 고지하여야 한다. 이러한 조건을 충족시키지 못하는 채널의 선정과 할당은 주 미디어법에 의하여 결정된다. 즉, 각주의 미디어법에서 정한 우선순위 또는 주 미디어위원회가 정하는 순위에 따라 채널이 할당된다.

사용되고 있는 각 개념을 우리의 논의에 적용하기 위해서는 우선 우리가 이해하고 있는 개념과 서로 같은지 여부에 대한 검토가 요구되는 것이다.[261]

(1) 프로그램(Programm)의 정의

독일에서의 '방송프로그램'(Rundfunkprogramme) 내지 '프로그램'(Programm)이란 우리나라의 경우 '편성'이나 '채널[262]' 개념과 같다.

문제는 독일 방송제도에 관해 소개하고 있는 대부분의 우리 문헌에서는 이러한 독일에서의 언어사용례를 고려하지 않고, 우리나라 내지 미국에서 일반적으로 사용하는 편성표내에서의 개별 프로그램 예컨대, 뉴스, 연속극 등의 의미로 이해되고 사용되고 있다는 점이다.[263]

독일에서 개별 프로그램은 '젠둥'(Sendung)이란 개념에 해당한다. 독일 각 주에서 제정된 미디어법에서도 방송프로그램을 "한 방송 주체가 이미 정해진 주파수나 텔레비전 채널을 통해 방송되도록 조직적, 시간적으로 정리해 놓은 제공물들의 순서"로 규정하고 있다는 점은 이러한 이해를 뒷받침한다. 따라서 독일에서의 프로그램에 관한 논의는 우리나라의 경

---

261) 독일방송 관련 용어의 의미는 임혜경, "독일공영방송 이념과 조직, 프로그램 정책, 전망", 「방송문화연구」(1994) ; 방송위원회, 「독일방송법」(2002)을 참고로 정리한 것이다.

262) 우리 현행 방송법(개정 2004. 3. 22. 법률 제7213호) 제2조 제20의 2호는 채널의 개념을 "동일한 주파수 대역을 통해서 연속적인 흐름 또는 정보체계의 형태로 제공되어지는 텔레비전방송, 라디오방송 또는 데이터방송의 단위를 말한다"고 규정하고 있다.

263) 방송법은 제2조 제17호에서 방송프로그램을 "방송편성의 단위가 되는 방송내용물을 말한다"고 규정하고 있으며, 동조 제15호에서 방송편성을 "방송되는 사항의 종류・내용・분량・시각・배열을 정하는 것을 말한다."고 규정하고 있다. 따라서 독일에서의 프로그램 개념과 우리나라에서의 프로그램의 개념은 서로 같지 아니하며, 오히려 독일에서의 프로그램 개념은 우리나라에 있어서 편성개념에 해당한다고 할 것이다.

우 '편성' 혹은 '채널'이란 개념으로 바꿔 이해되어야 한다.

(2) 프로그램 종류

독일에서 '프로그램의 종류'라 함은 텔레비전, 라디오, 비디오텍스트, 텔레비전텍스트 등의 구분을 뜻한다. 즉, 해당 채널이 영상과 음성으로 구성된 방송내용물을 제공하는지 아니면 음성만으로 구성된 방송내용물을 제공하는지, 또는 정지된 영상과 텍스트로 구성된 방송내용물을 제공하는지에 따라 구분되어지는 개념이다.

그런데, 우리나라의 경우 '프로그램의 종류'라 함은 개별 방송내용물로 정의되어 있기에 프로그램 종류는 방송내용물의 종류 예컨대, 보도에 관한 방송프로그램, 교양에 관한 방송프로그램 및 오락에 관한 방송프로그램 등의 구분을 의미한다.

따라서 독일에서의 '프로그램 종류'라는 개념은 우리 방송법상 프로그램의 종류와 같은 개념이 아니라 우리 「방송법」 제2조 제1호 각목에서 규정하고 있는 매스커뮤니케이션 메시지의 형태, 즉 텔레비전 방송, 라디오 방송, 데이터방송, 이동멀티미디어 방송 등의 방송유형 구분과 유사하다고 할 것이며,264) 또 그렇게 이해되어야 타당하다.

---

264) 방송법 제2조 제1호 각목에 따른 방송의 정의는 다음과 같다:
　　가. 텔레비전방송: 정지 또는 이동하는 사물의 순간적 영상과 이에 따르는 음성·음향 등으로 이루어진 방송프로그램을 송신하는 방송
　　나. 라디오방송: 음성·음향 등으로 이루어진 방송프로그램을 송신하는 방송
　　다. 데이터방송: 방송사업자의 채널을 이용하여 데이터(문자·숫자·도형·도표·이미지 그 밖의 정보체계를 말한다.)를 위주로 하여 이에 따르는 영상·음성·음향 및 이들의 조합으로 이루어진 방송프로그램을 송신하는 방송(인터넷 등 통신망을 통하여 제공하거나 매개하는 경우를 제외한다. 이하 같다.)
　　라. 이동멀티미디어방송: 이동 중 수신을 주목적으로 다채널을 이용하여 텔레비전방송·라디오방송 및 데이터방송을 복합적으로 송신하는 방송

(3) 프로그램 범주

독일에서 '프로그램 범주'라 함은 당해 채널이 종합프로그램(Vollpro-gramm)인지, 전문프로그램(Spartenprogramm)인지, 지역프로그램(Fenst-erprogramm)인지의 구분과 관련된 개념이다.

라디오 방송의 경우 하루 최소한 8시간 이상, 그리고 텔레비전 방송의 경우 하루 최소 5시간 이상 다양한 정보, 교양, 오락과 상담 등의 내용물이 대부분을 차지하는 채널을 종합프로그램이라고 한다.[265] 전문프로그램은 정보, 오락, 교양 등 전반적으로 동일한 종류의 내용물로 구성된 채널을 의미한다. 지역프로그램 곧 窓프로그램[266]은 일정한 지역만을 대상으로 독자적으로 마련된 방송내용물로 구성된 채널을 의미한다.

---

265) 여기서 상담이란 광범위한 의미의 생활정보를 의미한다. 예컨대, 법, 의학, 환경, 여성, 경제, 세금, 보험 등 교양과 정보가 혼합된 방송내용물을 뜻한다.
266) 제3차 수정 방송국가협약(RfStV)에서 텔레비전 방송에서 의견의 다양성 보장을 위해 프로그램 범주에 창 프로그램 곧 지역프로그램의 개념을 도입하였다. 종합채널이나 정보중심의 전문채널을 소유한 사업자(이하 '주된 사업자'라 함.)는 방송국가협약 제26조의 규정에 따라 시청자의 비율이 연평균 10%에 도달하는 경우 州 미디어청에 의해 확정·통보된 후 6개월 이내에 방송국가협약 제31조의 규정에 의한 방송시간을 독립적인 제3자에게 양도하여야 한다. 방송시간 양도에 관한 의무에 근거하여 방송되는 창 프로그램은 방송국가협약 제31조의 규정에 따라 주된 사업자의 자율적인 채널권을 보장하는 가운데 다양성을 위한 추가적인 내용 예컨대, 문화·교육·정보 분야의 내용을 제공하여야 하며, 창 프로그램은 주된 사업자의 방송내용물과 독립적으로 편집·구성되어야 한다. 창프로그램을 제공하는 사업자 허가와 관련해 州 미디어청은 주된 사업자와 논의 후 공모절차를 통해 신청자를 접수하며, 방송국가협약과 기타 주 방송법 규정에 따라 심사를 거쳐 주된 사업자에게 허가 가능한 신청자를 통보한다. 州 미디어청은 주된 사업자와 합의를 통해 주된 사업자의 프로그램(채널)에서 다양성을 제공할 가능성이 가장 큰 신청자를 선택해 허가한다. 신청자가 3개 이하일 경우에는 州 미디어청이 직접 결정한다. 창 프로그램 사업자의 허가는 방송국가협약 제31조 제6항에 따라 3년간 유효하나, 주된 사업자의 허가기간이 만료되면 소멸된다.

이러한 '프로그램 범주' 개념과 유사한 우리 방송법상의 개념은 "종합편성", "전문편성"이다. 다만, 우리 방송법에서는 窓프로그램에 대한 정의는 찾아볼 수 없다.

(4) 방송조직자

방송조직자 혹은 방송운영자는 방송채널을 조직하고 송출할 수 있는 자격이 법적으로 허가된 자를 의미한다. 여기서 방송채널을 조직한다는 것은 방송내용물의 제작, 조달행위를 뜻한다.

다만, 여기서 주목해야 할 점은 방송 송출이 법적으로 허가된 자의 의미인데 독일 방송구조의 특성에서 이미 살펴본 바와 같이 실제 방송 송출은 채널할당 즉, 채널 이용권에의 참여의 문제와 연결된다.

Ⅱ. 의견형성의 다양성 실현을 위한 다원성 원리

기본법 제5조 제1항 2문에 규정된 방송의 자유의 기본권적 성격에 대해 객관주의적 해석방법을 택한 연방헌법재판소는 이미 살펴본 바와 같이 일련의 판결을 통해 '방송의 자유'를 개인적·공적 의사형성에 기여하기 위한 제도적 자유라고 파악하고 있다. 따라서 '방송의 자유'가 실현되기 위해서는 그 전제조건의 마련이 요구된다고 할 것인데, 재판소는 이러한 전제조건으로서 방송조직의 구성과 관련해 초기 공영방송체제에서는 내적 다원주의 원리를, 공·민영의 이원적 방송체계가 형성된 이후에는 이른바 외적 다원주의를 추가하여 내적 다원주의와 외적 다원주의의 혼합형을 제시하고 있다.

1. '내적 다원주의'와 '외적 다원주의'의 의의

(1) 지상파 공영방송 일원체제와 '내적 다원주의'의 의의

공영방송 일원체계에서 의견형성의 다양성 실현을 위한 원리로서 '내적 내지 내부적 다원주의'는 방송은 공적인 과제라는 명제로부터 도출된다.[267]

기본법 제5조에 따르면 송출되는 방송 내용물의 결정은 결코 국가의 관할사항이 아니며, 직접적으로든 간접적으로든 국가의 관여가 배제되어야 한다. 여기서 '방송의 국가로부터의 자유'라는 당위명제가 성립된다.

그런데 방송되는 내용물의 결정은 전속적으로든 일방적으로든 사회의 어느 한 집단에 맡길 수 없다. 왜냐하면, 방송은 주파수의 희소성이라는 기술적 특성을 제외하고서라도 방송물을 제작하기 위해서는 막대한 금액이 요구되고, 이를 시장에 맡긴다면 자본동원력이 큰 사람들이 사적·공적 의사형성을 지배하는 결과가 나타나는 것은 필연적이기 때문이다.

이런 까닭에 입법자가 공영방송 일원체제를 선택하였다고 한다면, 입법자는 그 운영 주체의 조직형태에 관한 규율형성에 있어 내적 다원주의의 구현이 요구된다. 말하자면, 하나의 채널 내에서 제공되는 전체로서의 방송 내용물을 결정함에 있어서 다양한 의견이 반영되게 함으로써 의견형성의 다양성이 보장된다는 논리이다. 그리고 그 조직형태를 어떻게 규율할 것인가에 관한 지침이자 요구가 바로 내적 다원주의의 실현으로 나타나는 것이다.

(2) 케이블네트워크의 등장과 '외적 다원주의'

케이블네트워크라는 새로운 매스커뮤니케이션 미디어의 등장은 민영

---

[267] 방송이 공적 과제라는 명제는 1961년 2월 28일자 연방헌법재판소의 판결에서 확인되었다. BVerfGE 12, 205, S. 243.

방송 내지는 민영방송사업자의 출현을 가능케 하였다. 케이블네트워크에서는 이미 살펴본 바와 같이 방송용 주파수대역을 최대한으로 이용할 수있다는 장점 때문에 방송채널 수가 증가한다. 따라서 입법자가 이렇게늘어난 채널의 이용을 개인 혹은 사적 단체에게 허용하기로 하였다면, 이는 다수의 방송 주체의 등장을 뜻하는 것이고 이에 따라 의견형성의다양성 보장이라는 방송의 헌법적 보호가치를 담보하기 위한 또 다른 원리가 요구되는 것이다. 말하자면, 전체 방송에 있어서 채널구성을 어떻게할 것인가라는 문제가 제기되었고, 이에 대한 대답으로서 연방헌법재판소에 의해 제시된 원리가 바로 '외적 다원주의'이다.

방송 주체가 소수인 경우는 물론 다수의 방송 주체가 존재한다고 하더라도 이들 방송 주체가 경제적 시장논리에 의해 흡수·합병됨으로써소수의 거대 방송 주체만이 남게 되는 경우, 또는 동일한 주체가 다수의채널을 이용하게 되는 경우 의사에 대한 지배적인 세력이 등장하게 된다. 더 나아가 형식적으로 누가 방송 주체로 등장하는가라는 요소만으로는 의견형성의 다양성 보장을 담보할 수 없게 된다.

어떤 기업이 한 개 또는 수 개의 방송 주체를 법적으로 또는 경제적으로 지배하는 경우는 물론, 그 밖의 방법으로 방송 주체의 의사결정에상당한 영향력을 행사하는 경우 그와 동일한 양상의 사태가 발생할 수있기 때문이다. 따라서 방송 주체가 개인 혹은 사적 단체로 나타나는 민영방송인 경우 '방송의 자유'를 입법을 통해 확보하는 것을 모두 포기한채 탈규제화라는 흐름 속에 맡기는 것은 결코 정당화될 수 없다.[268] 특히, 순수한 완전경쟁 "시장"이 예견 가능한 기간 내에 실현될 것이라는기대의 정도가 낮으면 낮을수록 이러한 판단은 더욱 분명해진다.[269] 따라서 만약 입법자가 '방송의 자유'를 형성하지 않고 오직 시장의 힘에 맡기는 해결책을 채택한다면, 이는 기본법 제5조 제1항 2문에 합치되지 않

---

268) BVerfGE 57, 295(323).
269) BVerfGE 73, 118(158).

162

게 될 것이다.

실체적 관계가 이렇다고 할 때, 입법자가 취해야 하는 오직 중요한 예방조치는 민영방송에 있어 가능한 한 의사지배세력의 등장을 방지함으로써 의견형성의 다양성을 달성하기에 적합하도록 입법화하는 것이다.[270] 그러므로 '외적 다원주의'의 실현이라는 방향제시적 가치는 입법자에게 그리고 민영방송사업자의 선정 및 허가를 부여하는 등의 권한을 보유한 기관에게 헌법적으로 구속력 있는 지침을 부여하는 것이다. 그리하여 입법자는 실질적이고, 조직적인, 절차적인 규율을 통해서 이러한 '외적 다원주의'의 실현을 통해 방송에 있어서 의견형성의 다양성이라는 헌법적 가치를 엄격하게 관철시키도록 하여야 하는 과제를 부여받는다.[271]

특히, 입법자는 기업집중의 경향에 대하여 적기에 그리고 가능한 효과적으로 대처해야 할 의무를 진다. 이는 자칫 잘못하여 한 번 잘못된 방향으로 진전되면 원상회복하기가 너무나 힘들어지기 때문인 까닭이다.[272]

---

270) BVerfGE 57, 295(320).
271) 이에 따라 독일민영방송 허가와 케이블네트워크에서의 채널 할당은 각 주의 미디어청에서 담당하고 있다. 16개주 15개의 미디어청은 전국을 시청권역으로 하는 민영방송을 형성하기 위해 서로 전송선로를 할당하도록 하고 있다. 다시 말하자면, 민영방송이 전국적인 방송권역을 획득하기 위해서는 먼저 각 주마다 방송허가와 채널 할당을 획득하여야 한다. 반면, 각 州 미디어청은 방송국가협약 제30조 제2항에 따라 민영방송을 허가함에 있어 해당 방송사가 전국을 가시청권역으로 하는지 그리고 전국을 가시청권역으로 할 경우 제21조에 의한 소유집중조항을 위반하지 않는다는 사실을 확인하여야 한다. 이와 관련해 방송국가협약은 각 주의 미디어청이 민영방송허가를 심사하는 해당 州 미디어청에 이와 관련된 이의를 제기할 수 있도록 하는 제도적 장치를 마련하고 있다.
272) BVerfGE 57,295 S.323.

2. 의견형성의 다양성보장 구현을 위한 제도

(1) '내적 다원주의'의 구현을 위한 제도

국가와 사회로부터 '방송의 자유'를 보장하기 위해 각 주의 입법자는 각 주내에서 각 채널이 제공하는 전체 내용이 현존하는 다양한 의견을 대부분 반영할 수 있도록 하여야 하며, 방송이 한 개 혹은 수 개의 사회집단에 의하여 장악되는 일이 없도록 하여야 한다. 또, 고려되어야 할 여러 사회세력이 채널 전체에서 발언할 수 있도록 제반조치를 취하여야 한다. 다시 말해서 고려해야 할 제 세력이 참여하여 자신의 관념, 견해, 확신, 평가를 유지한 채 서로 균형적인 관계 속에서 발언할 수 있도록 라디오 방송과 텔레비전 방송의 주체를 조직하는 특수한 법적 형태를 창출하여야 하는 의무를 부담하게 된다.[273]

입법자가 방송 주체의 조직형태에 관하여 한 종류 또는 다른 종류의 것으로 결정한다고 하더라도, 이로써 '방송의 자유'라는 공적 과제의 법적인 성격에 변경이 생기는 것은 아니다. 공영방송이든 민영방송이든 기본법 제5조가 명한 바 그대로 법적으로 동일한 공적 과제를 동일한 방법을 써서 구현할 뿐이다.[274] 이 주체는 자신의 조직형태로서, 사회적으로 중요한 집단이 서로 균형적 관계를 유지하며 라디오와 텔레비전 방송에서의 방송 내용물 결정에 참여할 수 있도록 보장하여야 한다.

입법자가 방송 주체의 내부기관을 통해 고려의 대상이 되는 여러 세력의 영향력이 중개되는 구조를 채택하였다면, 사실에 부합하며 현존하

---

273) 독일연방헌법재판소는 1891년 제3차 방송판결에서 민영방송사에 대해 규정한 자를란트방송법이 방송운영에 관하여 사회적으로 중요한 세력들이 방송사의 기관으로서 충분히 영향력을 미칠 수 있는 규정을 갖추지 못한 점 즉, 기본법 제5조 제1항 2문에서 요구하는 본질적 내용인 내적 다원주의를 구체화하지 않았음 등을 이유로 위헌이라고 판시하였다.

274) BVerfGE 31, 314(393).

는 다양성을 원칙적으로 고려하여 중요한 사회세력들을 확정하고 비중을 부여하는 작업이, 그리고 이들 사회세력이 참가하는 이 기관이 방송되는 내용물을 결정함에 있어서 효과적인 영향력을 행사하도록 보장하는 것이 필요하다.

1) 공영방송

공영방송사는 자율적인 운영권이 부여된 공법상의 영조물이다.[275] 공영방송사의 내부 기관구성은 개별 주의 법률로 규정되어 있다. 연방의 모든 주에서 공영방송사의 내부 기관은 사장[276]과 방송위원회, 행정위원회로 구성된다.[277]

---

275) 공영방송사가 공법상의 영조물로 성립되었다는 점은 행정법학상 중요한 의미를 갖는다고 할 것이다. 즉, 영조물은 "일정한 행정목적에 제공된 일정한 인적·물적 설비의 총체"이다. 공법인이 영리적으로 경영되고 적어도 수입과 지출의 균형을 맞출 수 있는 재화의 생산과 관련된 사업을 의미하는 데 반해 영조물은 경영상의 수지균형과 관계없는 정신적 문화에 관한 사업을 의미하는 경우가 많다. 또한 영조물은 공법상 사단과도 구별된다. 즉, 공법상 사단과 공법상 영조물의 차이는 구성원 자격의 유무에서도 발견되는데, 영조물의 경우 그 인적요소는 구성원의 자격을 갖지 않은 단순한 이용자(Benutzer)에 불과한 존재인 데 반해, 공법상 사단의 경우 그 인적요소는 구성원(Mitglieder)의 자격을 갖추고 있다는 점이다.
제2차세계대전 이후 연합군의 점령하에서 독일의 여러 주들은 영국의 공영방송인 BBC를 모델로 한 공영방송조직을 위한 방송법을 제정함에 있어서 "법인"과 "영조물"이라는 공법조직형태 중에서 "사업내용 즉, 일 중심의 제도(sachbezogene Institution)"로서 공적 과제를 수행하는 "영조물"을 채택했다. 현재 독일의 공영방송사로는 바이에른 방송사, 헤센 방송사, 라디오 브레멘, 자를란트 방송사, 자유베를린 방송사, 남서방송사, 서독일 방송사 등 11개의 공영방송사가 있다. 이들은 법인성격을 갖지 않고 방송국가협약에 기초해 활동하는 단체인 독일공영방송협의체를 결성하고 있다.
276) 라디오 브레멘의 경우에는 방송사 사장 대신에 다수의 위원이 참여하는 경영진이 설치되어 있다.
277) 이 합의제 기관이 바로 방송위원회(Rundfunkrat)인데, 방송위원회는 공법상 영조물인 ARD, ZDF, 공영 지방 제3채널 등 공영방송을 관리·운영하

공영방송사에서 '내적 다원주의'의 실현은 '방송위원회'(Rundfunkrat) 내지 '텔레비전 위원회'(Fernsehrat)의 구성 및 운영을 통해 이루어진다.[278] 방송위원회는 사회 내 제 세력의 의견을 대표한다. 방송위원회는 공영방송사에 따라 11명[279]에서 77명[280]의 위원으로 구성되며, 대부분이 다양한 사회단체의 대표들로 구성된다. 방송위원회에 어떠한 사회단체가 위원으로 참여하는지는 각 주의 방송법에 규정되어 있다. 사회단체의 선정에는 주 입법자가 광범위한 입법형성 재량을 갖는다. 이로써 각 주의 공영방송사에 설치되는 내부기관인 방송위원회에 참여하는 사회단체는 개별 주마다 서로 다르다. 말하자면, 모든 사회단체가 방송위원회에의 참

　는 집행기관을 선출하고, 방송내용에 대한 감시·감독권을 행사한다.

278) ZDF국가협약에서는 방송위원회라는 명칭 대신 텔레비전위원회로 규정하고 있다.

279) 해외를 대상으로 라디오와 텔레비전 방송을 행하는 국제방송사인 Deutsche Welle의 경우 11명의 방송위원으로 구성되어 있다.

280) ZDF의 방송위원회 위원은 ZDF국가협약 제21조 제1항에 따라 모두 77명으로 규정되어 있다. 77명의 위원은 협약을 체결한 각 주의 州 미디어청에서 파견한 대표자 각 1인, 연방정부에서 파견한 연방의 대표자 3인, 연방의회의 의석비율에 따라 정당의 지도부에서 파견한 정당의 대표자 12인, 독일개신교에서 파견한 2인, 가톨릭교회에서 파견한 2인, 독일 유대교 중앙위원회에서 파견한 1인, 독일노동조합연합·독일고용자협회 및 독일공무원연합의 대표자 각 1인, 독일경영자연합의 연방협회의 대표자 2인, 독일산업무역협회의 대표자 1인, 독일농업중앙위원회 대표자 1인 및 독일수공업중앙위원회의 대표자 1인, 독일신문출판자연방협회의 대표자 2인, 독일기자협회와 미디어, 인쇄와 종이, Publizistik, 예술산업노조의 대표자 각 1인, 자유복지사업단체연합의 대표자 4인, 독일개신교의 선교협회·독일가톨릭사회복지사업단(카리타스)협회·독일적십자사·독일근로복지중앙위원회 등의 대표자 각 1인, 독일시의회·독일자치단체연합·독일군의회 등의 대표자 각 1인, 독일스포츠연맹의 대표자 1인, 독일환경과자연보호연맹·독일자연보호연맹 등의 대표자 각 1인, 실향민연합의 대표자 1인, 스탈린체제의 희생자협회 대표자 1인, 교육·학술·예술·문화·영화·자유업·가사노동·어린이 보호·청소년노동·소비자보호·동물보호 분야의 대표자 16인으로 구성된다.

여를 요구할 수 있는 권한은 보장되지 않는다.[281]

또, 단체를 대표하는 위원은 단체 스스로가 선정한다. 이렇게 선정된 방송위원회의 위원은 어느 누구의 지시에도 구속받지 아니하며, 방송사나 혹은 다른 방송사, 州 미디어청, 민영방송사 혹은 방송사의 연합체를 위하여 보수를 받고 활동할 수 없다. 이해관계의 충돌이 야기될 경우 위원은 방송위원회에서 해임된다. 이해관계상충의 문제가 제기되는지 여부에 대해서는 방송위원회 스스로의 판단에 의해 확정된다.

방송위원회는 공영방송사의 경영 및 당해 채널에서 방송내용물 구성에 대해 책임을 지는 사장을 선임하고, 방송과 관련된 모든 사항에 관해 자문을 하며, 방송되는 내용물의 객관성, 공정성 등 방송내용물 및 전체 방송내용물이 지켜야 할 지침의 준수여부를 감시함은 물론 예산계획을 수립한다.

2) 민영방송

연방헌법재판소는 민영방송사에 대해 사회적으로 중요한 세력들이 방송사의 경영진에 충분하게 영향력을 행사하며, 방송물 전체에 대해 의견을 제시할 수는 내부기관으로서 방송자문위원회를 두도록 요구하였다.[282]

각 주 미디어법과 방송국가협약[283]에 따라 사업자에 의해 임명되는 방송자문위원회 위원은 사회단체에 소속되기 때문에 단체 전체를 위하여 사회의 본질적인 견해를 대표할 수 있도록 보장된다. 방송자문위원회는 민영방송사의 경영진이 기획한 채널운영과 관련된 모든 문제점에 대하여 보고받을 수 있으며, 경영진에 대한 정보를 요구할 수 있다.

또, 채널 운영이나 혹은 개별 방송내용물의 내용과 관련해 경영진에

---

281) K. Hesse, *Rundfunkrecht*, S. 115f.
282) BVerfGE 57, 295(328).
283) 방송국가협약(Rundfunkstaatsvertrag) 제32조. 또한 州 미디어청은 방송자문위원의 임명과 구성에 관하여는 특별한 규정을 만들 수 있도록 방송국가협약 제33조에서 권한을 위임받고 있다.

이의를 제기할 수 있다. 만약, 경영진이 방송자문위원회에서 제시된 의견을 충분히 고려하지 않을 경우, 자문위원회는 경영진에 대한 통제기구인 이사회에 결정을 요구할 수 있으며, 이사회 등이 구성되어 있지 않다면 주주총회의 소집 등을 요구할 수 있다. 방송자문위원회가 민영방송사의 주주총회 혹은 통제기구에 제출한 경영진에 대한 안건이 기각되기 위해서는 75% 이상의 기각의견이 필요하다. 방송자문위원회가 해당 민영방송사에 대해 제시한 의견에 대한 처리결과는 州 미디어청에 통보된다.

(2) '외적 다원주의'의 구현을 위한 제도

1) 투자지분의 제한

민영방송의 도입초기 '외적 다원주의'의 구현은 방송법인에 대한 개인이나 단체의 자본소유 상한선을 제한하는 이른바 '투자지분제한방식 (Beteiligungsmodell)'[284]을 통해 시도되었다.

방송법인에 대한 주식 소유자의 다양화를 통해 의사지배세력의 등장을 방지하고자 한 것이다. 그리고 이러한 투자지분제한을 감독하기 위한 기구로 '자본집중조사위원회' 즉, KEK(Kommission zur Ermittlung der Konzentrationim Medienbereich)가 설치되었다.[285]

---

284) 동 법안은 공·민영방송 출범 이후 방송국가협정 제21조를 통해서 독일 미디어 그룹의 방송 분야 자본집중 규제방법으로 적용되어 왔다. 그러나 동 조항은 제3차 방송국가협정 개정 이후 완전 폐지되었다.

285) KEK는 제3차 방송국가협정 제35조 1항에 따라서 1997년 5월 15일 공식적으로 발족된 연방차원의 방송자본집중 감독기구이다. KEK의 설치 목적은 독일기본법 제5조에 규정된 '다양한 여론형성'을 방송 분야에서 보장하는 것이다. KEK의 설치 주체는 연방 16개 주정부이지만, KEK는 방송 분야 자본집중에 대한 감독업무를 수행하기 위해서 주정부의 관할을 받지 않는 공법적(öffentlich-rechtlich) 독립기관으로 운영된다. KEK의 소재지는 브란덴부르크주 포츠담시이지만 실질적으로는 전국을 순회하며 방송 분야 자본집중 현황을 조사하고, 시정권고안을 각 州 미디어청에 통보하

그러나 방송 주체의 양적 팽창은 이러한 투자지분에 대한 제한만으로
는 방송영역에서 의사지배세력의 등장을 효과적으로 제어할 수 없다는
문제점이 지적되었다.[286]

우선, '투자지분제한방식'으로는 '수평적 집중(Horizontale Konzentra-
tion)'을 실효성 있게 제어하지 못한다는 지적이다. 왜냐하면 방송의 특성
상 방송사는 기업운영을 위해 고비용을 지출해야 한다. 그렇기 때문에
방송사업자는 자신의 자본을 재창출하여 이윤을 얻기 위해 방송시장의
독점을 지향하게 된다. 이러한 방송의 독점현상은 매우 복잡하게 진행되
는데, 결국 시청률이 높은 단일 방송채널을 가지고 있는 방송사업자가
시청률이 낮은 여러 채널을 가지고 있는 방송사업자보다 필연적으로 더
많은 이윤을 얻게 된다. 이 과정에서 시청률을 많이 확보한 단일 방송사
의 방송은 광고수입과 프로그램 판권수입을 통해 자본을 더 늘려나갈 수
있지만, 시청률이 낮은 여러 채널을 소유한 방송사업자는 광고수입 감소
등으로 인해 결국에는 파산에 이를 수밖에 없다. 이러한 현상 때문에 단
순히 일반적인 지분참여비율 제한만을 가지고는 더 이상 방송자본의 집
중을 제어할 수 없다는 지적이다.[287]

'투자지분제한방식'에 대한 두 번째 문제점으로 거대 방송사들의 '수직적

는 일종의 '순회법정(Wandergericht)'이다. KEK는 6인의 방송법과 경제법
의 전문가로 구성되며 이중 3인은 재판관의 자격을 갖추도록 방송국가협
약 제35조는 규정하고 있다.

286) F. Kübler, *Medienkonzentrationskontrolle im Streit*, in: Media Perspe-
ktiven, Heft 7, 1999, S. 379-380.

287) 언론학자 Kruse는 언론재벌들이 소수의 방송사만을 소유하더라도, 초기에
고비용을 투자하여 일정 정도의 시청률을 확보하면 거액의 광고수입을 올
림으로써 투자비용을 점진적으로 환수하고, 더 많은 이윤을 창출하는 이른
바 '비용점감(점감)현상(Kostendegression)'을 통해 언론자본을 집중시켜 나
간다고 보았다. J. Kruse, *Konzentraion und Regulierung privater
Fernsehanbieter*, in : Kohl, H.(Hrsg.) *Vielfalt im Rundfunk. Interdi-
sziplinaere und internationale Annaeherungen*. Konstanz. 1997, S.
103-104.

집중(Vertikale Konzentration)'을 방지할 수 없다는 점이 지적된다. 거대 방송사들은 자회사 설립을 통해 방송용 콘텐츠 제작, 연예대행사 운영, 콘텐츠 공급, 비디오제작·판매, 멀티미디어사업, 인터넷 콘텐츠 사업에 이르기까지 사업 분야를 다각화시키고 있다. 이를 통해서 방송사들은 프로그램 제작부터 공급, 그리고 판매에 이르기까지 독점해 나간다. 이러한 상황에서 개별 방송사에 대한 지분참여만을 제한해서는 기본법 제5조 제1항에서 명령하고 있는 의견형성의 다원성보장을 담보할 수 없다는 것이다.

'투자지분제한방식'에 대한 세 번째 문제점으로는 대규모 방송사가 방송뿐만 아니라 신문, 잡지, 영화, 인터넷, 케이블네트워크 사업 등에 이르기까지 확장하는 이른바 '대각선적 집중(Diagonale Konzentration)' 현상을 예방할 수 없다는 것이다.

마지막으로는 '국제적 집중(Globalisierte Konzentration)'도 예방할 수 없다는 문제점이 지적된다. 말하자면, 외국 매스커뮤니케이션 기업이 시장확보와 이윤의 극대화를 위해 국내 거대 매스커뮤니케이션 주체와 자본통합을 통해 다국적 매스커뮤니케이션 주체로 변모하는 것을 방지하기 어렵다는 점이다. 외국 방송기업의 국내진출은 시장의 다각화라는 측면에서 긍정적인 면도 있다. 그러나 시청률 확보경쟁에서 앞서 나가는 몇몇 거대 기업들이 통·폐합을 통해 다국적 기업을 구성하면서 방송독점뿐만 아니라 여론독점을 통한 여론조작의 위험성까지 함께 발생하고 있다는 지적이다.[288]

결국, 독일연방 16개주는 '투자지분제한방식'으로는 의사지배세력의 등장을 효과적으로 예방하기 어렵다고 판단하고, 새로운 제어방식을 마련하게 되었다. '시청점유율제한방식(Zuschaueranteilsmodell)'이 바로 그것

---

288) 예컨대, 독일의 경우 이탈리아의 매스커뮤니케이션 기업인 벨루스코니와 독일의 키르히 그룹 간의 방송자본연대는 매우 우려된다. 왜냐하면 벨루스코니가 이탈리아에서 시도했던 것처럼 독일에서도 여론을 지배·조작하고, 의사지배세력으로 등장할 수 있다는 우려 때문이다.

이다.[289)

2) 시청점유율 제한

방송국가협약 제26조 제1항은 민영방송사업자가 복수의 채널을 운영할 수 있도록 허용했다. 그러나 제26조 제2항에서 기본법에 보장된 의견형성의 자유를 보장하기 위하여 복수 채널을 운영하는 민영방송사의 전체 시청점유율이 전체 시청점유율의 30% 이상을 초과하지 못하도록 제한함으로써 의사지배세력의 등장을 예방하고자했다.

이러한 시청점유율 상한선은 민영방송사업자가 소유한 텔레비전방송의 시청률뿐만 아니라, 방송사업자가 운영하는 방송프로덕션에서 제작한 개별 방송내용물이 다른 방송사업자가 운영하는 텔레비전방송에서 방송되는 경우에도 당해 민영방송사업자의 전체 시청점유율 상한선 계산에 포함된다.

특정 민영방송사업자가 시청점유율 상한선인 30%를 넘게 되면, 해당 민영방송사업자는 의견형성에 지배적인 영향력을 갖는 것으로 간주된다. 그리고 이 경우 방송국가협약 제26조 4항에 따라 KEK는 해당 방송사업자가 더 이상 방송사업허가를 받거나 방송 관련 사업에 참여하지 못하도록 관할 주 미디어청에 통보함으로써 의사지배세력의 등장을 예방하게 된다.

주 미디어청은 해당 방송사업자에게 30%상한선을 초과한 만큼 방송 관련 사업에의 출자를 취소하거나 제3자에게 매각하도록 명령한다. 만일 KEK의 조치에도 불구하고 해당 방송사업자가 매각을 거부하게 되면, KEK는 일정 기간을 유예한 뒤 주 미디어청에 민영방송사업자의 허가를 취소하라는 의견을 통보하며, 주 미디어청은 해당 민영방송사업자의 허가를 취소하게 된다.

종합편성 채널이나 혹은 정보중심의 전문편성 채널을 운영하는 민영

---

289) 제3차 방송국가협약 제26조.

방송사업자의 경우 보다 엄격한 기준이 적용된다. 시청점유율이 연 평균 100분의 10에 달할 경우 주 미디어청은 이를 확정하여 해당 민영방송사업자에게 통보한다. 이러한 통보를 받은 사업자는 6개월 이내에 방송시간의 일부를 제3자에게 양도하여야 한다.[290] 만약 해당 민영방송사업자

---

290) 방송국가협약 제26조 제5항. 방송국가협약 제26조 제5항에 따라 KEK는 민영방송사 가운데 시청점유율 10%를 초과한 방송사에 대해 3차례에 걸쳐서 방송시간의 일부를 독립된 제3의 방송사업자에게 양도하도록 하는 명령을 내렸다. 방송사별로 SAT1와 RTL 등 두 개의 텔레비전방송사였다. RTL와 SAT1는 KEK의 방송 분야 자본집중 조사기간인 1996년 7월-1997년 6월 사이에 시청점유율을 위반하여 관할 라인란트-팔츠주 민영방송센터(Landeszentrale für privaten Rundfunk: LPR)와 니더작센주 민영방송청(Niedersächsiche Landesmedienanstalt für privaten Rundfunk.: NLM)으로부터 시정명령을 받았으며, LPR과 NLM은 RTL-TV와 SAT1-TV의 방송시간을 사용할 제3의 방송사업자를 1997년 가을 공개 모집했다. 그 결과 SAT1의 방송시간대는 SAT1의 자회사이지만, 독립된 편집국을 운영하고 있던 마인츠 소재의 News & Pictures TV와 DCTP-TV가 선정되었다. News & Pictures TV사는 일요일(08:00-09:00)과 월요일(22:45-23:30)에 방송시간을 할당받았으며, DCTP-TV도 일요일(23:00-23:30)과 월요일(23:00-00:15)에 방송시간을 할당받았다. RTL-TV의 방송시간대는 DCTP-TV와 Central-TV사가 제3자 방송사업자로 선정되었다. DCTP-TV와 Central-TV가 할당받은 주당 방송시간은 총 3시간 30분이었다(「KEK연간보고서 1997-1998」, 34-35면; 「KEK연간보고서 1997-1998」, 56-58면). 한편 KEK가 1998년 5월부터 1999년 4월까지 조사한 결과 RTL-TV가 또다시 시청점유율을 위반한 것으로 나타났다. RTl-TV방송의 시사정보프로그램의 총 편성시간은 14.92%였으며, 관할인 니더작센주 민영방송청(NLM)의 시정명령에 따라서 방송시간중 일요일(22:15-23:30), 월요일(0:00-1:00), 화요일(0:30-1:30), 수요일(22:15-23:30) 등 총 주당 2시간을 제3의 방송사업자에게 유료 할당하게 되었다. 이를 위해 NLM은 1999년 7월 2일 새로운 방송사업자 공개선정 공고를 냈으며, 신청서를 제출한 방송사업자 가운데서 이미 제3방송사업자로 참여한 경험이 있는 DCTP-TV와 Central-TV에게 방송시간대 사용권리가 돌아갔다. RTl-TV는 NLM이 제3의 방송사업자를 확정하자 DCTP-TV와 Central-TV와 방송기간 사용계약을 체결했다(「KEK연간보고서 1997-1998」, 82-85면).

가 이에 따르지 않을 경우, KEK의 확정 이후 주 미디어청은 허가를 취소할 수 있다.

1996년 제3차 방송국가협약 개정과 함께 1997년 1월 1일부터 독일연방 16개 주에서 유효하게 적용되게 된 '시청점유율 제한방식'은 지난 2000년 4월 1일부터 개정·발효된 제4차 방송국가협약에서도 계속 유지되고 있다.

퀴블러(Kübler)는 '시청점유율 제한방식'이 다양한 여론형성이라는 기본법 제5조 제1항의 목적을 구현하고, 방송시장에서 후발주자로 참여한 민영방송사업자에게 동등한 기회를 부여하며, 방송사업자들이 양질의 프로그램을 제작하여 시청자에게 다양하고 풍부한 정보를 제공할 수 있는 기반을 조성하도록 보장하며, 시청자들이 다양한 문화를 접할 수 있는 기회를 제공하는 것은 물론 종합채널뿐만 아니라 스포츠방송, 음악방송, 어린이방송, 증권방송 등 다양한 전문채널이 운영될 수 있는 기회를 제공하는 데 기여한다고 설명한다.[291]

3) 출자상황 변동 신고 의무

방송국가협약 제29조는 민영방송사에 대해 장래 계획된 출자상황의 변동 혹은 자본유입과 관련해 변경이 발생하기 전에 주 미디어청에 서면으로 신고하도록 의무화하고 있다. 이로써 민영방송사에 직접 혹은 간접적으로 출자한 자는 신고의 의무를 부담하게 된다.

변동된 자본상황에서도 민영방송에 대한 허가가 가능한 경우에만 변동사항이 주 미디어청에 의해 승인된다. 따라서 의사 지배세력이 등장할 우려가 있는 계획된 변동이 실행되어졌을 경우에 민영방송사에 대한 허가가 취소될 수 있다.

이러한 출자상황 변동으로 인한 의사지배세력의 등장과 그에 따른 의견형성의 다원성 보장에 대한 위험성은 KEK에 의해 심사되어진다. 출자

---

291) F. Kübler, supra note 286, S. 381-382.

자본 변동신고와 관련된 대표적인 예로는 DSF의 투자지분 변동신고사건을 들 수 있다.[292]

다만, 취소에 관한 자세한 규정은 각 주의 법률에 따르도록 규정되어 있다.

3. 방송내용물 제작기준

'내적 다원주의'는 사회적으로 다양한 의견을 가진 제 집단이 방송운영 수체의 내부기관으로 구성되고 또한 이들의 의견이 방송운영에 반영되도록 함으로써 의견형성의 다원성을 실현하고자 하는 조직 형성적 접근방안이다. 그러나 실제에 있어서는 의견이 첨예하게 대립되는 사회적 쟁점사안에 대해 다루지 않는 현상을 양산할 수 있다는 우려의 목소리가 제기된다.

말하자면, 공영방송의 경우 방송위원회의 구성에 있어 사회 제 세력이 참여하게 되는데, 합의제기관 구성원들 각자가 자신들이 지지하고 있는 정당을 중심으로 자연스럽게 친분관계를 형성하게 되면 방송내용물에 대한 결정 자체가 구성원들의 정치성향에 따라 처리될 것이고, 이렇게 되면 결국 다수의 위원을 확보하고 있는 정당에 의해 방송내용의 다양성, 특히 정치적 영역에 있어서의 공정성 요청은 실현되지 못하게 될 것이라는 지적이다.[293]

민영방송사의 경우에는 방송활동의 재원을 거의 전적으로 기업의 광고수입에 의존하고 있기 때문에 내용상 폭넓은 다양한 채널을 구성될 것이라는 기대를 갖기 힘들다. 광고수입은 오직 민영방송이 상당한 정도의 높은 시청률을 유지할 때만 보장되기 때문이다. 그러므로 민영방송은 가능

---

292) KEK 결정 제53호. DSF사건에 관해서는 심영섭, "독일의 방송자본집중에 관한 규제법규", 「세계의 언론법제」(한국언론재단, 2000), 108면 이하 참조.
293) 이진구, "독일방송사", 「세계방송의 역사」(한국언론재단, 1992), 406-407면.

한 대중 호소적이며, 시청자나 청취자를 유인하고자 한다. 그리고 가능한 최소의 비용으로 성공적으로 방송 내용물을 만들어야 한다는 경제적인 필연성에 직면하고 있다. 이러한 이유에서 민영방송은 하버마스(Habermas)가 대중문화는 폭넓은 국민대중을 대상으로 올바른 문화가 조성되도록 선도하기보다는, 오히려 교육수준이 낮은 소비자의 단초적인 욕구만을 충족시킴으로 이윤을 늘리기에만 급급해한다고 지적했듯이,[294] 현존하는 다양한 견해를 방송에 반영할 때 지켜야 하는 "균형성"이라는 기준도 기대하기 어렵다.[295]

위와 같은 '내적 다원주의'에 대한 문제점을 보완하여 의견형성의 다양성을 보장하기 위한 조치를 법률로 규율할 필요성이 제기되는데 , '방송내용물 제작기준'의 마련이 바로 그것이다. 왜냐하면 의견형성의 다양성 보장과 방송내용물의 다원성은 상호작용관계에 있는 까닭이다.

다만, 방송내용물 제작기준의 부과는 호프만 림(Hoffmann-Riem)이 지적하고 있는 것과 같이 "국가가 이로써 수준이나 취향의 감시자 또는 심지어 방송내용의 허용성 여부를 심사하기 위한 여과기구화"된 것은 아니라고 할 것이다.[296] 그러므로 국가는 방송내용물 제작의 자유를 존중하면서 수준기속적으로, 그리고 올바른 정보 지향적인 방송체계를 위해서 간접적으로 영향을 미치는 한계 내에서 그 정당성을 인정받을 수 있을 뿐이다.

방송국가협약은 이러한 방송내용물 제작기준 내지는 기본원칙에 관하여 제41조에서 방송내용물은 인간의 존엄성과 타인의 도덕적, 종교적 그리고 세계관적 신념을 존중하여야 한다고 규정하고, 아울러 종합편성채널은 독일어권과 유럽지역에서 다원성 보장을 위하여 정보, 문화 그리고

---

294) J. Habermas, *Strukturwandel der Oeffentlichkeit*, Neuwied. Habermas, 1962, S. 182.
295) BVerfGE 57, 295, 323f.
296) W. Hoffmann-Riem, *Kommerzielles Fernsehen*, 1981, S. 300.

교육을 적절히 구성하여 방송하도록 의무를 부과하고 있다.

다만, 전문편성채널과 독일 전역에 걸쳐 방송되지 않는 방송이 제공하는 방송내용물에 대해서는 이러한 의무가 적용되지 않는다.

제2절 미국에서 의견형성의 다양성 보장에 관한 판례

Ⅰ. 서 설

미국 연방의회는 1927년 라디오법 제정을 통해 전파자원인 주파수는 공공의 재산이며, 따라서 이러한 공공의 재산인 주파수를 독점적 배타적으로 이용하는 방송국은 "공공의 이익과 편의 또는 필요를 위해 방송용 주파수를 사용하여야 한다"는 이른바 방송의 공공서비스로서의 기능 및 성격을 확립하였다. 이에 따라 연방통신위원회는 이른바 '공익목적(public-interest goals) 원리'에 따라 방송용 주파수 사용을 위한 방송국 허가와 재허가 심사규칙을 제정하게 되었는데, 이러한 규칙은 수정헌법 제1조에 위반되는지 여부와 관련하여 그 합헌성여부가 다투어졌다.

또한, 케이블과 인공위성 등 새로운 전송경로를 이용함으로써 유한 자원인 지상파(radio frequency)에 비해 다수의 채널을 텔레비전수상기에 전송하는 케이블 텔레비전과 위성 텔레비전의 등장 이후, 케이블네트워크 및 인공위성을 운영하는 자(system operator)와 비디오 프로그램을 공급하는 프로그램 제공자(program provider)가 등장하게 되었다. 그리고 이들 관련 기업 간의 수평적·수직적 결합 등을 통한 의견형성에 있어서 지배적 세력의 등장은 필연적으로 의견의 다양성 보장에 대한 위협적인 현상을 초래할 것으로 우려되었고, 이를 예방하기 위해 새로운 매스커뮤니케이션 영역에 있어서의 의견형성의 다양성 보장을 위한 예방적 수단 마련이 중요한 문제로 부상하였다. 그러나 이러한 새로운 영역에 있어서의 입법적 규율은 수정헌법 제1조에 의해 보호되는 매스커뮤니케이션 주체의 언론의 자유를 침해한다는 반론에 직면하게 되었다.

아래에서는 방송과 관련해 제기되었던 주요 사건에 관한 법원의 판단을 통해 형성·발전된 의견형성의 다양성보장을 위한 원리와 그 구체적인 정당화 논거에 대해 살펴보기로 한다.

II. 프로그램기준

연방통신위원회는 방송용 주파수의 이용을 의미하는 방송국 허가 내지 재허가 처분과 관련해 방송내용물에 일정한 기준을 부과하거나 편성변경에 대해 일정한 제한을 가하는 규칙을 제정·적용하였다.

연방통신위원회의 이러한 규칙제정과 적용에 대해 방송국 운영자들은 수정헌법 제1조에 의해 보호되는 언론의 자유를 침해한다고 주장하였고, 이러한 다툼은 결국 법원의 판단에 맡겨지게 되었다.

현재까지 문제가 되고 다투어진 연방통신위원회의 '프로그램 기준'은 크게 프로그램 평가의무와 프로그램 편성변경에 있어서 공익에의 합치성 여부이다.

물론, 여기서 프로그램의 개념은 독일에서의 그것과 다른 개별 방송내용물이라는 점에 주의가 요구된다.

1. 방송국 허가 판단의 본질적 요소로서 프로그램 평가의무

연방통신위원회는 방송국에 대하여 방송되는 프로그램 내용에 관하여 일정한 수준을 유지할 것을 요구한 '주의와 명령'(notice and order), 즉 '프로그램 기준'을 제시하였다. 그리고 방송국 재허가 처분여부를 판단함에 있어 거부 처분의 사유로 '프로그램 기준' 위반여부를 심사하였다.

이에 대해 재허가 거부 처분을 받은 방송국은 '프로그램 기준'이 수정헌법 제1조에 위반되었다고 주장하였고, 연방 법원은 방송국 허가 판단의 본질적 요소로서 프로그램 평가의무가 합헌인지에 내해 판난을 하게 되었다.

자세한 내용을 대표적인 사례(leading case)로 꼽히는 예일 방송국 대 연방통신위원회 사건을 통해 살펴보기로 하자.[297]

(1) 사건개요

예일(Yale) 방송국이 마약복용을 미화하는 노래와 연주를 방송하자, 연방통신위원회(FCC)는 이에 대해 주의를 요구하고, 이와 함께 연방통신위원회는 방송국에 대해 방송되는 프로그램의 수준을 유지할 수 있는 기준에 관한 정보를 제시하였다.

방송국은 책임감 있는 방송인을 고용함으로써 방송프로그램에 의한 사고를 사전에 예방할 수 있으며, 방송 프로그램에 대한 모니터링제도를 운영하고, 청취자의 불만을 접수함으로써 공공서비스를 제공하는 방송국으로서의 책임과 의무를 충실히 이행할 수 있다는 것이 그 내용이다.

물론, 당시 연방통신위원회는 이러한 정보의 제공이 단순한 의견제시일 뿐이며, 이러한 의견제시 내용에 따라 재허가 심사를 하는 것은 아니라고 밝혔다. 그렇지만, 연방통신위원회는 예일 방송국이 재허가를 신청

---

297) Yale Broadcasting Co v. FCC 478 F. 2d 594 (1973).

하자, 프로그램 기준을 이행하지 못하였다는 이유를 들어 재허가 신청에 대해 거부 처분하였다.

예일 방송국은 연방통신위원회의 '주의와 명령'이 수정헌법 제1조가 보장하는 자신의 언론의 자유를 침해하는 위헌적 행위이며, 특히 연방통신위원회가 주의(notice)를 통해 제시한 프로그램에 대한 책임은 지나치게 모호하고 막연한 것으로 그것을 이유로 재허가 신청을 거부 처분한 것은 재량권의 남용이라고 주장하였다.298)

(2) 연방항소법원의 판단 및 의의

연방항소법원은 "모든 방송국은 스스로 공익, 편의 또는 필요에 따라 자신의 프로그램을 평가할 적극적인 책임을 진다."고 전제하면서 연방통신위원회의 결정에 동조하는 견해를 밝혔다.299)

결국, 연방항소법원은 모든 방송국은 방송프로그램이 공익, 편의 또는 필요라는 공익성기준에 부합하도록 하여야 하며, 연방통신위원회가 이에 대한 지침을 제공하는 것은 방송허가제도의 본질적 내용이라고 할 수 있는 공익성기준의 실현을 위한 적법한 조치라고 판단함으로써, 이 판결은 방송에 있어서 수정헌법 제1조에 기초한 헌법적 원리를 선언한 최초의 판결이라고 볼 수 있다.

2. 방송프로그램 편성의 변경과 공익성 합치

방송국 허가와 관련해 개별 프로그램의 내용이 문제로 제기된 대표적인 사건이 위에서 살펴본 예일방송국 대 연방통신위원회 사건이었다고 한다면, 방송국이 프로그램의 편성을 변경하는 것에 관해 공익성 심사가 필요

---

298) P. Don, *Mass Media Law*, 2nd ed., Dubuque, Iowa: Wm, 1981, p.450.
299) J. Hemmer, supra note 201, pp.277-278.

한지 여부가 문제된 대표적인 사건은 WEFM을 살리기 위한 시민모임 대 연방통신위원회 사건[300]이라고 할 수 있다. 자세한 내용은 다음과 같다.

(1) 사건개요

고전음악만을 방송하여 오던 시카고 소재 라디오 방송국인 WEFM은 재정난 때문에 1972년 백만 달러에 GCC사로 매각이 추진되었다. 매수의 사를 밝힌 GCC사는 프로그램 편성계획서를 통해 고전음악위주에서 탈피해 현대음악을 70%가량 방송하겠다고 밝혔다. 이러한 상황이 알려지면서 WEFM을 살리기 위한 시민들의 모임(Citizens Committee to save WEFM)이 결성되었고, 이들은 "고전음악프로그램의 손실은 공익에 해롭다"고 주장하며, WEFM이 매각되는 것을 반대하는 청원을 연방통신위원회에 제기하였다.

연방통신위원회는 시민단체의 청원[301]에 대해 청문회를 개최하지 않

---

300) Citizens Committee to SAVE WEFM v. FCC. 506 F. 2d 246(1974).

301) M. Franklin에 따르면 미국의 경우 1960년대 후반부터 활발한 활동을 보인 시민단체가 1970년대를 거치면서 방송 재허가에 있어서 가장 중요한 변수로 등장하였다고 한다. M. Franklin, *Mass Media Law-Cases and Materials*, 1987, p.861: 이러한 시민단체의 방송에 대한 활동은 특히, 1966년 기독교연합사건(Office of Communication of the United Church of Christ v. FCC, 359 F.2d 994)에서 연방항소법원이 방송허가와 재허가 절차에 시민단체의 원고적격을 인정한 이후부터 시민단체의 재허가 거부청원이 기존 방송국에게는 가장 무서운 일이 되었다. 시민단체는 방송국이 공공에 대한 봉사(Public Service)에 충실하지 못하였다는 청원을 연방통신위원회에 제출하였고, 청원이 접수되면 연방통신위원회는 반드시 청문회를 개최해 그에 따른 결정을 내려야 했다. 더욱이 청문 결과 방송 재허가가 거부되는 경우 기존 방송국은 수백만 달러의 방송국 설립자금을 잃어버리게 되었다. 시민단체의 활발한 활동에 대해 재허가 절차를 앞 둔 방송국들은 사전에 시민단체와 타협 또는 협상을 시도하기 시작하였고, 시민단체도 재허가거부 청원 제출에 드는 5천 달러라는 비용 부담 때문에 이에 응하게 되었다. 이로써 시민단체는 이의신청 또는 재허가 거부 청원대신 방송국

고 "프로그램 편성문제는 기본적으로 방송국의 소관이며 전적으로 광고시장과 청취율 등에 맡겨진 문제이기 때문에 프로그램과 관련해서는 단지 재허가 과정에서만 심사할 수 있을 뿐이다"라는 입장을 밝혔다. 결국 청원은 받아들여지지 않았고, WEFM의 소유권 변경신청은 수리되었다. 이러한 연방통신위원회의 결정에 반대하는 시민단체는 연방항소법원에 항소하였다.

(2) 연방항소법원의 판단 및 의의

연방항소법원은 연방통신위원회의 결정에 대해 "사회적 요구를 규명하기 위해서는 청문을 개최하여야 한다"며 먼저 절차위반을 지적하였다.

또, "연방통신위원회가 진정 공익을 추구한다면, 프로그램 변경을 단순히 시장의 경쟁에 맡길 수 없는 일"이라며, "연방통신위원회는 프로그램이 공익에 합치된다는 것을 입증할 책임이 있다"고 강조하였다.

이러한 견지에서 연방항소법원은 프로그램 편성변경에 아무런 문제가 없다는 연방통신위원회의 결정과 달리 프로그램 편성의 변경이 공익에 해롭다며 WEFM 매각을 반대한 시민단체의 청구를 인용하였다.

연방항소법원의 이 같은 판결은 방송국이 존립하는 이유는 해당 지역주민들의 공동체 이익에 봉사하기 위한 것이지, 방송국 운영 주체의 이익을 위해 존재하는 것이 아니라는 방송국의 설치의 기능과 한계를 밝혔다는 점에서 그 의의를 확인할 수 있다.

운영과 고용정책상의 변화, 프로그램 내용의 질적 향상, 편성상의 구성변화를 방송국과의 협상을 통해 도모하게 되었다. J. Barron, *Freedom of the Press for Whom?-The Right of Access to Mass Media*, 1973, pp.273.

Ⅲ. 소유제한 원칙

미국의 방송국들은 거의 대부분 일반기업의 형태로 운영되고 있기 때문에 일반 기업관련 법규가 방송기업에도 예외 없이 그대로 적용되고 있다. 이에 따라 최저 임금법, 노동조합법, 사회보장법 등을 비롯한 각종 세금제도와 복지제도가 다른 기업과 마찬가지로 방송기업에도 적용된다.

다만, 방송기업의 경우 의사형성에 바탕을 이루는 정보를 제공하는 매스커뮤니케이션 주체라는 특성상 독점금지법(Antitrust Law)의 적용대상이 될 뿐만 아니라 연방통신법에 따라 연방통신위원회가 제정한 일련의 소유제한 관련 규칙에 의해 규율되고 있다.[302]

1. 소유제한 원칙의 의의

연방통신위원회는 방송용 주파수 이용허가와 관련해 방송 주체의 다양성은 프로그램의 다양성을 증진시키고 다양한 관점을 제공할 수 있으며, 또 불공정한 경제력의 집중방지는 공공의 이익에 기여할 수 있다는 관점에 바탕을 두고 행동해왔다.[303] 말하자면 연방통신위원회는 다양한 사상의 형성과 보급을 보장하기 위하여 연방통신법 제303조 제(r)항에 근거한 규칙제정권을 행사함으로써 방송 주체 혹은 방송국 운영 주체의

---

302) 신문기업의 경우, 연방대법원은 1945년 AP v. U.S., 326 U.S. 1(1945)사건에서 "1890년 제정된 「the Serman Act」와 1914년 제정된 「the Clayton Act」는 수정헌법 제1조와의 관계에서 적용이 배제되지 않는다"라고 선언하였다. 이로써 신문기업에 대해서도 독점금지법이 적용되고 있다.

303) 436 U.S. 775 (1978): in setting its licensing policies, the Commission has long acted on the theory that diversification of mass media ownership serves the public interest by promoting diversity of program and service viewpoints, as well as by preventing undue concentration of economic power.

소수 집중현상을 예방하고자 하였다.[304]

연방통신위원회의 이러한 관점은 이중독점(Duopoly)금지원칙[305], 한 도시에 하나의 방송국(One-to-a-Market-rule) 원칙[306] 그리고 신문과 방송의 이중소유 금지원칙[307] 등 일련의 소유제한 규정을 통해 구체화되

---

304) 방송 주체의 소수집중 현상을 예방하기 위해 연방통신위원회는 1950년대 이른바 7-7-7 기준을 적용함으로써 AM, FM, 텔레비전 방송국을 각각 7개 이상 경영하지 못하도록 금지하였다. 그러나 이러한 기준은 1985년 12-12-12 기준으로 변화되었고, 1996년 연방통신법의 개정을 통해 독일에서와 마찬가지로 시청점유율 35%라는 제한기준을 설정하였다(47 C. F. R. 73.3555).

305) 연방통신위원회는 1938년 Arizona주에서 방송국을 운영하고 있던 O'Neil이 Michigan주 Flint에 방송국을 개설하고자 방송허가 신청을 하자, 경원자가 없음에도 신청인인 O'Neil이 이미 다른 지역에서 방송국을 운영하고 있다는 이유로 방송허가신청에 대해 불허가 처분을 하였다. 이 사건을 기초로 하여 연방통신위원회는 이미 한 지역에서 방송국을 운영하고 있는 자에 대해서는 방송이 도달되는 지역이 교차하지 않도록 더 이상의 방송허가를 발급하지 않았다. 다만, 동일지역 내에서의 AM, FM Radio 주파수와 텔레비전 방송 주파수는 동일인에게 허가되었다. 연방통신위원회가 이를 이중독점으로 보지 않은 까닭이다. M. Franklin, supra note 301, pp.848.

306) 연방통신위원회는 1970년 "일 도시, 일 방송국"이라는 "One-to-a-Market-Rule"을 규정했다. Multiple Ownership of Standard, FM and Television Broadcast Stations, 22 F. C. C. 2d 306 (1970), as modified, 28 F. C. C. 2d 662 (1971) 이에 따라 방송이 도달되는 지역에 상관없이 한 도시에 AM, FM, 라디오방송국, 텔레비전 방송국 각각 하나씩으로 방송용 주파수 허가가 제한되었다. 연방통신위원회는 이러한 원칙을 규정한 배경에 대해 "초기 방송에 대해 추구하였던 매스커뮤니케이션 미디어의 다양성보장 (diversification of control of the media of mass communications)의 지역주의(Localism)에로의 확대"라고 밝혔다. 이러한 규정은 1년 뒤 라디오 방송과 텔레비전 방송의 경쟁력의 차이로 인해 AM, FM 라디오 방송국과 텔레비전 방송국 즉, 라디오 주파수와 텔레비전 주파수의 분리로 변경되었다. 이에 따라 AM, FM 라디오 방송국 허가는 함께 이루어졌는데 이러한 허가제는 복합허가 즉 "AM, FM Combination License"라고 일컬어지게 되었다.

307) 연방통신위원회는 1940년부터 신문사(Newspaper Company)의 소유자가

었다.

그러나 연방통신위원회의 규칙제정은 곧바로 말하고, 쓰고, 또는 출판할 권리와 비교해 방송할 수 있는 수정헌법 제1조상의 권리를 위축케 함으로써 수정헌법 제1조를 침해하는 위헌적인 규칙이라는 도전에 직면하게 되었고, 그 정당성여부가 다투어졌다.

2. 방송에서의 자유경쟁원리와 그 한계로서 공공서비스 구현

연방통신위원회는 연방통신법 제303조 제(r)항에 근거한 규칙제정권을 행사함으로써 방송 주체의 집중현상을 예방하고자 하였다는 점은 이미 살펴본 바와 같다.

다만, 이러한 연방통신위원회의 규칙이 방송에서의 자유경쟁을 완전히 부인하는 것을 의미하는 것은 아니다.

그렇다면, 소유제한 원칙과 방송에서의 자유경쟁 간의 관계는 어떻게 설정되는 것인가? 대표적인 FCC. v. SANDERS BROTHERS RADIO STATION 사건[308]을 중심으로 그 관계를 살펴보자.

(1) 사건 개요

Iowa주 Dubuque소재 Telegraph Herald 신문사는 1936년 1월 20일

방송용 주파수 이용허가를 받아 신문사와 방송국(Broadcasting Station)을 함께 운영하는 것을 금지시켜왔다. 그렇지만 1970년 당시 방송허가를 받은 후 신문사를 설립하거나, 신문사를 사들이는 방법으로 한 지역에서 신문사 소유주가 방송허가를 받아 운영하는 방송국이 미국 전역에 걸쳐 모두 94개에 이르렀다. 연방통신위원회는 이러한 현상에 대해 "신문과 텔레비전 방송의 '여론 형성적' 기능은 매우 유사하기 때문에 신문과 방송을 겸영하는 것은 2개의 텔레비전 방송국을 소유하고 있는 것과 마찬가지"라고 판단하였다. 50 F. C. C. 2d 1046(1975).

308) FCC. v. Sanders Brothers Radio Station 309 U.S. 470(1940).

Dubuque지역에 방송국을 설립하기 위하여 연방통신위원회에 방송국 개설허가 신청을 하였다.

한편, 방송허가를 얻어 수년간 Dubuque 동부지역에서 방송을 해온 WKBB방송국은 같은 해 5월14일 방송국의 송출시설(transmitter)과 제작시설(studios)을 동일한 지역으로 이전하고자 연방통신위원회에 신청하였다. WKBB방송국은 같은 해 8월 18일 Telegraph Herald 허가절차에 관한 청원을 통해 Dubuque지역에는 추가되는 방송국을 지원할 만큼 충분한 광고수입이 없으며, 신설되는 방송국에 프로그램을 제공할 만큼 충분한 연기자들이 없다고 주장하였다. 또, WKBB방송국에 의해 지역사회에 적절한 서비스가 제공되고 있는 만큼 Dubuque지역에 추가적인 라디오 방송국 신설이 필요 없으며, 따라서 Telegraph Herald의 방송허가신청을 허가하는 것은 공익, 편의 그리고 필요에 기여하지 않을 것이라고 주장하였다.

연방통신위원회는 이와 같은 청원에 대해 "Dubuque과 주변 지역에는 두 개 방송국의 서비스가 필요하며, 두 개 방송국 사이에 전파 간섭현상이 발생하지 않는다는 점에서 문제가 없다고 판단하였다. 말하자면, 새로운 방송국을 허가하는 것은 법적, 기술적, 경제적 측면에서도 문제가 없고, 한 도시에 경쟁적인 방송국이 존재한다는 것은 바람직한 일"이라고 판단함으로써, Telegraph Herald의 방송국허가신청에 대한 WKBB방송국의 청원을 받아들이지 않았다.

(2) 연방항소법원의 판단

연방통신위원회의 결정에 대한 재심요청이 거부되자 WKBB는 항소하였다. 연방항소법원은 원고의 항소를 인용하면서, 연방통신위원회는 동일지역 내에 추가적인 방송국의 설립으로 인해 원고 방송국에 미칠 경제적 손실에 대한 원고의 주장을 고려했어야 했음에도 이를 하지 않았고, 그 결과로써 연방통신위원회는 그러한 사실에 대한 조사를 누락시키는 실수를 범했기 때문에 연방통신위원회가 Telegraph Herald의 신청에 대하여 행한 허가처분은 자의적인 것으로 취소되어야 한다는 견해를 밝혔다.

(3) 연방대법원의 판단

연방대법원은 이 사건에서 쟁점이 된 새로운 방송국을 허가할 때 기존 방송국에 대한 경제적 파급효과를 고려하여야 하는가라고 하는 방송에서의 자유경쟁 인정여부 문제를 1934년 개정된 연방통신법(the Communications Act of 1934, as amended.)에서 발생한 본질적이면서도 절차적으로 중요한 문제라고 판단하였다.

연방대법원은 우선 사용가능한 무선주파수는 한정되어 있다는 점을 중시하였다. 때문에 입법자가 송출장비의 설치에 대한 규율과 사용가능한 주파수의 할당과 관련해 주간통상에 관한 입법권을 행사하지 않았다면, 어느 누구에 의한 방송시설의 효과적인 이용의 훼손이라는 결과를 가져올 것이므로, 방송에 관해서 입법자의 궁극적인 목적이 무선 주파수의 할당과 이용을 규율함에 있다고 판단하였다.

다만, 「연방통신법」은 방송국을 전화와 같은 운송업(common carrier과 같은 것으로 취급하고 있지 않기 때문에 방송은 자유경쟁의 영역의 하나로 인정된다고 보았다. 말하자면, 입법자는 경쟁에 따른 소모적인 행동을 억제하기 위한 법규가 적용되는 철도에서와 달리 방송에 있어서는 자유경쟁의 원리를 포기하지 않았기 때문에 이용요금 등 다른 수단들에 대한 규율은 불필요하다고 판단하였다.[309]

또, 연방통신법의 목적은 허가취득자를 경쟁으로부터 보호하기 위한 것에 있는 것이 아니라 공중을 보호하기 위한 것이기 때문에 만약 연방통신위원회가 새로운 방송허가 신청에 대한 거부 처분의 사유로 현존하

---

309) 309 U.S. 470, 475.

는 방송국의 경제적 손실을 명백히 한다면, 이것은 결과적으로 연방통신위원회가 「연방통신법」에서 금지하고 있는 방송영역에서 독점을 인정하는 것이기 때문에 현존하는 방송국에 대한 경제적 손실의 문제는 연방통신위원회가 방송허가신청에 대하여 허가처분을 하거나 거부 처분함에 있어서 고려하여야 할 개별적이고 독립적인 요소가 아니라고 보았다.

요컨대, 연방대법원은 경쟁 방송국에 대해 경제적 손실을 결과하는가의 여부 그 자체는 방송국허가 신청을 처리함에 있어 조사하여야만 하는 공중의 편의, 이익 또는 필요성에 대한 고려와는 본질적으로 거리가 있다고 보았고, 결국 이 사건을 파기 환송함으로써 방송에서 자유경쟁의 한계로서 공공서비스의 구현이라는 기준을 제시하였다.

3. 신문·방송 겸영금지의 원칙

(1) 신문·방송 겸영금지원칙의 내용

연방통신위원회는 1975년 1월 31일 동일한 지역에서 발간되는 일간신문을 관리하거나 소유·운영하는 자에게는 텔레비전이나 라디오 방송국을 허가하여 주지 않는다는 내용의 규칙(Regulation)을 제정·시행하였다.

다만, 이 규칙에서는 기존 일간신문과 방송국의 결합사실은 인정하였다. 그렇지만 한 지역에서 유일한 일간신문을 발행하면서 그 지역에서 유일하게 라디오 방송국 또는 유일한 텔레비전 방송과 결합된 16개 사례에 대해서는 1980년 1월 1일까지 소유지분을 매각하거나 투자를 회수하도록 규정하였다.

연방통신위원회가 이러한 내용을 골자로 하는 규칙을 제정하기 위한 절차를 1970년 시작하자, 신문과 방송의 이해관계자, 공익단체, 학술 및 연구 단체를 비롯해 200여 군데서 이 규칙 안에 대한 의견을 활발히 제시하였다. 이와 함께 경쟁부분에서 신문-방송의 교차소유와 방송활동과의 연관효과에 관한 연구 등 많은 관련 보고서가 제출되었다. 연방통신위원회는 일간신문과 텔레비전방송 교차소유의 문제에 대해 더 많은 의견개진을 요청하였고,[310] 50여 개의 의견이 개진되자 1974년 7월 연방통신위원회는 3일간의 토론을 개최해 의견개진을 원하는 사람들의 의견을 청취하였다.

연방통신위원회는 공고기간에 접수된 의견과 연구 자료를 검토한 뒤, 첫째 연방통신법의 규정에 따라 동 규칙을 제정할 권한이 있다는 점,[311] 둘째, 동 규칙은 연방헌법 제1조와 제5조에 따라 적법·유효하다는 점. 셋째, 공익개념은 다양하고 상반된 줄처늘로부터 가능한 폭넓은 정보의 제공을 포함한다는 점. 그리고 마지막으로 교차소유금지는 '사상의 자유시장 보호'라는 수정헌법 제1조의 보호를 위해, 그리고 '소유지분 매각 내지 투자회수 규정'은 수정헌법 제1조와 「반독점법」에 근거하고 있다는 점을 들어 동 규칙의 제정 및 시행의 적법성을 주장하였다.

'방송을 위한 전국시민협의회(National Citizens Committee for Broadcasting; NCCB), 전국방송사업자협회(the National Association of Broadcasters; NAB), 미국신문발행인연합회(the American Newspaper Publishers Association; ANPA)'를 비롯해 이 규칙의 시행으로 인해 소유지분에 대한 매각의무 등을 부담하게 된 방송사업자들은 연방항소법원에 동 규칙에 대한 소송을 제기하였다.[312]

(2) 연방항소법원의 판단

연방항소법원은 동일 지역에서의 신문과 방송의 결합을 금지하기 위

---

310) Memorandum Opinion and Order (Docket No.18110), 47 F. C. C. 2d 97(1974).

311) the Communications Act, Order, at 1048, citing 47 U. S. C. 2(a), 4 (i), 4(j), 301, 303, 309(a).

312) FCC v. National Citizens Comm. For Broadcasting 436 U.S. 775 (1978).

188

해 새로운 방송국 허가를 금지하는 것은 연방통신법상 요구되고 있는 공
익기준에 근거해 볼 때 연방통신위원회가 허가결정에 있어서 매스커뮤니
케이션 미디어 소유주체의 다양성을 고려할 수 있고, 연방통신법 제303
조 제(r)항과 제154조 제(i)항에 따른 연방통신위원회의 일반적 규칙제정
권한은 허용되었다는 점[313], 또 장래의 금지는 지역사회에서 매스커뮤니
케이션 미디어를 통해 의견을 밝힐 수 있는 숫자를 증가시키기 위해 계
획되었다고 할 것이지 자유로운 의사표현의 통제 또는 제한을 목적으로
하지 않았다는 점 등을 이유로 들어 신문사 소유주의 수정헌법 제1조상
권리를 침해하였다고 볼 수 없다는 견해를 밝혔다.

(3) 연방대법원의 판단

연방대법원은 한정된 소유지분매각요구 부분에 대해서는 행정절차법
(The Administrative Procedure Act) 제10조 제(e)항에 비추어 볼 때, 자
의적이라고 판단하였다.

그러나 연방대법원은 판결문을 통해 다음과 같은 다양한 논거를 근거
로 하여 연방통신위원회의 「교차소유금지 규칙」이 합헌이라고 판단하였
다: 첫째, 전체로서 매스커뮤니케이션의 다양성을 증진시키기 위해 제정
된 규칙들과 마찬가지로 동 규칙은 공익목적을 구체화함에 그 목적이 있
다고 보았다. 즉, 규칙들이 공익목적을 달성하기에 부당한 수단들이 아닌
한, 이러한 규칙들은 United States v. StorerBroadcasting Co. 사건[314]과
National Broadcasting Co. v. United States사건[315]에서 확인된 것과 같
이 연방통신위원회에게 부여된 일반적인 규칙제정권의 정당한 행사에 속
한다.

둘째, 비록 규칙제정을 위한 입안자료에서 장래의 금지가 다양성보장

---

313) 181 U.S. APP. D.C., at 14-15, 555 F. 2d, at 951-952.
314) 436 U.S. 775, 776.
315) 319 U.S. 190.

과 그 효과가 명백히 정의되어 있지 않고, 교차소유에 따른 우려와 관련해서도 특별한 남용의 증거가 제시되어 있지 않다고 하더라도, 연방통신위원회가 장래의 교차소유를 금지하는 결정을 함에 있어 공익목적의 관점에서 명백하게 부당하지 않았다는 점. 더욱이 방송산업에서의 변화된 환경이라는 측면에서 볼 때, 연방통신위원회가 동일 지역 내에서의 교차소유를 허용한 이전의 허가제를 변경하고자 하는 것은 연방통신위원회의 권한행사에 있어 정당한 권한행사이다.

셋째, 동 규칙에 의해 신문사 소유자의 수정헌법 제1조상의 권리가 침해되었다는 주장은 이미 Red Lion Broadcasting Co. v. FCC사건[316]에서 확인된 것과 같이 모든 개개인이 말하고, 쓰고, 출판할 권리와 비교해 볼 때 방송에 관해서는 완전한 수정헌법 제1조의 권리는 없다는 근본적인 전제를 고려하지 않았다는 점. 더욱이 방송용 주파수가 한정되어 있다는 점에서 주파수의 할당과 규율은 필수불가결하며, 수정헌법 제1조에서 매스커뮤니케이션 미디어의 다양성을 통한 공익을 증진하는 주파수 할당을 금지할 어떠한 이유도 찾을 수 없다는 점. 또, 동 규칙들은 정보의 흐름을 제한하지 않고 있으며, 오히려 다양한 매스커뮤니케이션환경 아래에서 공익을 증진시키는 합리적인 수단이라고 점 등에서 동 규칙은 교차소유를 희망하는 사람의 방송허가 신청이 거부되는 사람의 수정헌법 제1조의 권리를 침해하지 않았다.

넷째, 한정된 대상에 대한 소유지분 매각 내지 투자회수 요구는 다양성을 통한 공익을 증진한다는 목적을 달성하기 위한 합리적인 수단이다.

다섯째, 공익성기준에 따른 적정한 수단을 선택하는 기능은 입법자에 의해 연방통신위원회에 위임되었고, 현존하는 신문과 방송의 결합이 공익에 기여하지 않는다는 가정에 대한 어떠한 원리도 없으므로, 이러한 가정은 연방통신위원회가 어떠한 상황에서도 "공중을 위한 최상의 실질적인 서비스"라는 목적을 달성하기 위해 행하여 온 그리고 합헌적으로

---

316) 395 U.S. 367, 388.

인정된 처분 등과 합치되지 않는다. 또, 장래의 공익을 어떻게 보장할 것인가를 예측하는 것은 연방통신위원회의 전문적 지식에 기초하는 것이 필수적이라고 할 것인데 연방통신위원회는 신규허가와 비교해 볼 때 재허가 심사에서 소유의 다양성은 더 중요한 요소임을 분명히 하였다는 점 등의 이유에서 연방통신위원회가 지역 독점의 경우에 있어서 다양성의 필요라는 결론을 도출할 것은 합리적 판단이다.

요컨대, 연방대법원은 이 사건을 통해 연방통신위원회의 일반적 규칙제정권을 합헌이라고 판단하였으며, 방송은 공익목적을 위해 수정헌법 제1조에서 보장되고 있는 다른 권리 곧 말하고, 쓰고 또는 출판할 권리와 달리, '완전히' 개개인에게 보장되어 있는 것은 아니라고 밝힘으로써 다시 한 번 방송과 수정헌법 제1조와의 관계가 매스커뮤니케이션에서의 다양한 의견의 형성의 보장에 있다는 것을 선언하였다고 할 것이다.

IV. 네트워크 방송규칙

1. 네트워크 방송규칙의 의의와 내용

(1) 의의

연방통신위원회는 1938년 3월 '공중의 이익, 편의 또는 필요성'이라는 공익성기준에서 동시에 동일한 프로그램을 방송하는 'Chain broadcasting'을 규율할 필요성이 있는지 여부에 대해 결정하기 위하여 조사에 착수했다.

연방통신위원회가 실시한 조사내용은 다음의 7가지이다: (1) 네트워크사317)와 제휴하거나 네트워크사에 허가된 방송국의 수와 네트워크에 의

---

317) 미국의 방송구조는 크게 제작사, 네트워크라고 불리는 프로그램 배급사업자, 지역 방송사로 구성된다. 방송사가 프로그램을 대부분 제작하고 소수

해 통제되거나 사용되는 방송시간의 양, (2) 독점적 제휴를 내용으로 하고 동일지역에 다른 방송국들과 제휴를 제한하는 네트워크계약의 범위, (3) 네트워크 광고와 관련해 방송국의 권리와 의무, (4) 제휴된 방송국이 특정지역에서의 요구에 적합하고, 제공되는 프로그램의 성격 및 다양성, (5) 제휴 방송국에 대한 프로그램, 광고계약 등에 대하여 통제를 행하는 정도, (6) 동일한 지역에 방송하는 방송국에 의한 네트워크 프로그램의 중복 정도, (7) 교차소유 또는 네트워크 계약 또는 다른 방법 등을 통한 지역적 또는 전국적인 방송국들에 대한 통제의 집중 정도 등이다.

연방통신위원회는 전체 저녁시간 방송의 97% 이상이 네트워크사가 세공하는 방송프로그램이라고 지적하였다. 특히, NBC와 CBS 두 개사가 전체 저녁시간 전력 소비량의 85% 이상을 지배하고 있으며, 3개 전국 네트워크사가 미국 전체 방송사업의 절반 가까이 지배하고 있다고 밝혔다.

연방통신위원회는 조사결과 보고서를 통해 'Chain broadcasting'의 성장과 발전은 비용이 많이 드는 오락과 문화 프로그램 그리고 전국적으로 중요한 소식을 보다 넓은 지역에서 수신할 수 있게 함으로써, 일반 대중이 'Chain broadcasting'으로부터 이익을 받는 측면이 존재한다는 점은 인

의 프로그램을 외부로부터 구입하는 우리나라와 달리, 미국에서는 대부분의 프로그램을 제작사가 제작하고 전국적인 네트워크 사들이 이를 지역방송국에 배급한다. 지역 방송국들은 네트워크 사로부터 공급받은 프로그램을 전파하게 되는데, 전송경로에 따라 지상파텔레비전 사업자, 케이블사업자, 위성방송사업자 등으로 분류된다. 미국의 방송구조에 관해서는 예컨대, Yoo, Vertical integration and Media Regulation in the New Economy, Yale Journal on Regulation Vol.19, 2002. 181PP. 단, 네트워크 사는 스스로 방송국허가를 받아 방송국을 운영할 수 있는데 이 경우 이른바 수직적 결합으로 인한 지배력 전이의 문제가 심각하게 우려된다. 말하자면 네트워크 사인 NBC가 스스로 방송국을 운영하는 경우 다른 지역 방송국에 프로그램을 공급하지 않음으로써 상대 방송국의 경쟁을 저해하고, 이로써 당해 지역에서 네트워크 사와 결합된 방송국만이 살아남게 되는 결과가 우려되는 것이다. 결국 이는 의견형성의 다양성보장과는 배치될 것이라는 우려이기도 하다.

정하지만, 연방통신법에 의해 부여된 연방통신위원회의 의무는 방송국이 해당 공동체의 이익에 기여할 수 있도록 그 기능을 보장하는 것에 있음을 명확히 하였다.

이러한 측면에서 연방통신위원회는 입법자가 부여한 권한의 범위 내에서 네트워크사의 남용은 시정되어야한다고 판단하고, 1938년 공청회와 청문회 등을 거쳐 1940년 관련 규정들을 제정하였다.318)

「네트워크 방송 규정」의 도입은 지배력의 전이와 시장봉쇄가 야기하는 위험성에 대한 우려에 따른 것으로, 당시 하버드 산업조직론 학파(Harvard School of Industrial Organization)인 경제학자 조 베인(Joe Bain)과 법학자 칼 케이슨(Cal Kaysen)319) 그리고 도널드 터너(Donald Turner)를 중심으로 한 반독점에 관한 이론을 반영한 것이었다.320)

---

318) Chain broadcasting is defined in 3(p) of the Communications Act of 1934, 47 U. S. C. A. 153(p), as the 'simultaneous broadcasting of an identical program by two or more connected stations'. In actual practice, programs are transmitted by wire, usually leased telephone lines, from their point of origination to each station in the network for simultaneous broadcast over the air.

319) Carl Kaysen & Donald F. Tuner, *Antitrust Policy: An Economic and Leagal Analysis*(1959); Carl Kaysen, United States v. United States Shoe Machinery Co.: An Economic Analysis of an Anti-Trust Case(1956).

320) 하버드 학파는 수직적 결합에 대해 다음과 같은 세 가지 이유를 들어 위험성을 경고했다. 첫째, 시장지배력이 5%도 안 되는 기업들도 상향 및 하향시장에 대한 시장지배력을 행사하기 위해 수직적 결합을 활용한다는 전제에서, 수직적 결합에 대한 '轉移理論'을 인정한 것이다. 둘째, 수직적 결합이 기업들로 하여금 필수 자원들의 공급을 결합함으로써 진입을 봉쇄하거나 또는 신규 진입자들이 두 개의 서로 다른 생산단계에 진입하도록 강제한다는 것이다. 셋째, 수직적 결합이 경제적 혜택이 많지 않으며, 진입 장벽을 구축하기 위해 진행되는 것이라고 판단하였다. 하버드 학파에 대한 소개로는 예컨대, H. Hovenkamp, *Federal Antitrust Policy* 1.7, at 42-46, 2.2a, at 60(2d ed. 1999); Perter C. Carstensen, Antitrust Law and Paradigm of Industrial Organization, 16 U.S. Davis L. Rev. 487,

1950년대부터 1970년대 초반까지, 하버드 학파는 수직적 결합과 관련해 지배적인 이론을 제공하였으며, 연방대법원은 방송영역에 있어서 이러한 이론을 적극적으로 수용하는 태도를 보였다.[321]

연방통신위원회의 네트워크 방송과 관련된 제 규칙의 제정은 지역의 방송국이 네트워크를 선택할 수 있는 자유를 줄이는 어떠한 사적 계약도 네트워크사들로 하여금 그들의 지배적인 위치를 남용할 환경적 조건이 될 것이라는 우려에서 비롯된 것으로, 이러한 우려는 '반독점 이론'에서 지배적인 기업이 인접 생산 단계에서의 경쟁을 줄이기 위해 즉, 그렇지 않으면 경쟁적이 될지도 모르는 시장의 생산단계에서 그들의 시상시배력을 전이할지 모른다는 우려에 다름 아니다.

결론적으로 연방통신위원회는 네트워크 방송과 관련된 일련의 규칙제정을 통해 네트워크사와 특별한 관계가 있는 신청자 또는 방송국에 대해서는 방송국 허가를 허용하지 않음으로써 새로운 네트워크사의 성장을 촉진하고, 시장봉쇄에 대한 우려를 예방함으로써 다양한 그리고 해당 방송구역(Coverage) 내에 거주하는 주민들에게 필요한 정보의 제공이라는 공익기준(Public Standard)을 구체화함으로써 방송영역에서의 의견형성의 다원성을 촉진하고자 하였다.

이하에서는 의견형성의 다원성을 보장하기 위해 연방통신위원회가 제정한 네트워크사와 관련한 제 규칙 즉, 선택시간(Option time)제한 규칙, 프로그램 거부권(right to reject programs), 네트워크사의 방송국 소유(Network ownership of stations)금지 원칙, 이중 네트워크(Dual network operation) 금지원칙 등에 대해 그 제정취지와 배경을 중심으로 살펴보고자 한다.

493-501(1983).

321) 여기에 관해서는 예컨대, Ford Motor Co V. United States, 405 U.S. 562, 578(1971); Brown Shoe Co. V. United States, 370 U.S. 294, 328(1961); United States V. Eldupont de nemours & Co., 353 U.S. 586(1956).

(2) 규칙의 내용

1) 선택시간제한 규칙

방송국 허가취득자에게는 지역사회의 광고수요와 프로그램을 제공할 수 있는 충분한 행동의 자유가 부여되어야 한다. 지역 프로그램 제공은 지역사회에서 삶을 영위하는 데 있어서 필수불가결한 요소이다. 그러므로 방송국은 그 지역사회에서 발생하는 사회, 문화, 경제적인 현상을 방송을 통해 지역사회의 필요에 기꺼이 기여할 준비가 되어 있어야 한다.

그런데 연방통신위원회는 네트워크사와 제휴 방송사 간의 제휴계약 내용을 검토한 결과 계약서상 일반적으로 이른바 '네트워크 선택시간 조항'(network optional time clauses)을 포함하고 있다는 사실을 파악하게 되었다. 그리고 네트워크 사는 이러한 조항에 따라 제휴 방송사(affiliates)에 대해 자신의 방송프로그램(a commercial program)을 자신이 선택하는 시간에 방송해 줄 것을 요구하고 있었는데, 예컨대 CBS와 제휴 방송사 간의 제휴계약서에 '선택시간조항'은 제휴 방송사의 모든 방송시간(broadcast day)에 적용된다고 체결되어 있었다.[322] 말하자면 CBS가 언제든지 제휴방송사의 방송시간에 간섭해 자신의 프로그램을 방송할 수 있다는 의미이다.

연방통신위원회는 계약상의 이러한 '선택시간조항'으로 인해 제휴 방송사들이 지역 프로그램 제공에 있어서 자유롭지 못하게 됨으로써 방송의 공익성을 저해한다고 판단하였다. 즉, 계약서상의 '선택시간조항'은 제휴 방송사들이 스스로 일반 대중에게 좋은 프로그램을 제공할 수 있는 기회를 침해하고, 아울러 지역 프로그램을 개발하려는 제휴 방송사의 노력을 저해하고 있다고 판단하였다.

따라서 연방통신위원회는 제휴 방송사인 지역 방송국이 지역프로그램

---

322) National Broadcasting Co., Inc., et al. V. United States, 319 U.S. 190
　　 204.(1943)

을 개발할 수 있는 능력을 부당하게 저해하지 않는 범위 내에서만 방송 산업을 안정화시킬 수 있는 수단으로써 선택시간을 유지할 것을 시도하였다.323)

「시간선택규정」은 네트워크 사는 제휴 방송사에 대하여 '시간선택' 통지를 최소한 56일 전에 행하여야 한다는 등 세 가지 측면에서 계약상 '선택시간 조항'의 제한을 규정하였다.324)

2) 프로그램 거부권 규칙

네트워크사의 방송프로그램을 거부할 권리는 제휴 방송국들이 지역공동체 내의 공중을 위한 프로그램을 제작할 수 있는 가능성과 직결된다. 또, 공익에 기여하기 위해 방송국 허가가 부여된 것은 개별 방송국이지 네트워크사가 아니다. 따라서 개별 방송국은 그의 방송시설을 이용해 무슨 프로그램을 방송할 것인가 즉, 무슨 프로그램이 공익에 기여할 것인가를 스스로 결정하여야 하는 권리와 의무가 있다. 그렇지 않다면 방송국 허가를 취득한 자가 연방통신법이 명하는 공익에 기여하라는 요구에 부응하지 않는 것이다.

그런데 연방통신위원회는 대부분의 네트워크사와 제휴 방송국 사이의 제휴계약상 제휴 방송국들이 네트워크사의 프로그램을 거부할 수 있는 권리가 제한되고 있다는 사실을 파악하게 되었다. 예컨대, NBC는 제휴 방송국들에 대해 단순히 '공중의 이익, 편의, 필요'에 부응하지 않는 네트워크사의 방송프로그램만을 거부할 수 있도록 하는 계약을 체결하도록 함으로써, 제휴 방송국에 대해 네트워크사의 방송프로그램을 거부하는 행위가 공익에 합치된다는 주장을 제휴 방송국 스스로 증명할 수 있어야 한다는 과도한 부담을 지우고 있었다.

---

323) National Broadcasting Co., Inc., et al. V. United States, 319 U.S. 190
   204.(1943)
324) Code of Federal Regulation 3.104-Option time.(47C. F. R. §73.658)

따라서 연방통신위원회는 네트워크사의 방송 프로그램을 거절할 수 있는 권리에 관한 규칙의 제정을 통해 네트워크 사와 제휴계약을 맺는 방송허가 취득자가 계약을 통해 공익에 반하거나 지역적 또는 국가적 중요한 사안을 다루는 프로그램이 아닌 한 네트워크 사의 방송 프로그램을 거절할 수 있는 권리를 유보하여야 한다는 의무를 부과하였다.[325]

3) 네트워크사의 방송국 소유금지 규칙

연방통신위원회는 'Chain broadcasting' 실태조사를 통해 당시 네트워크사인 NBC가 모두 10개의 방송국 허가를 취득하고 있으며,[326] 또 다른 네트워크 사인 CBS는 8개 방송국 허가를 갖고 있다는 사실을 파악하였다.[327]

연방통신위원회는 이러한 네트워크사의 방송국 허가집중이 새로운 네트워크사의 출현을 항구적으로 불가능하게 하고 있으며 또, 개별 방송국과 제휴를 위한 네트워크사의 경쟁은 사실상 존재하지 않는다고 보았다. 즉, 이러한 현상은 새로운 네트워크사의 출현과 성장을 명백히 저해하고 있으며, 더 나아가 네트워크사가 개별 방송국을 모두 소유하는 것은 제휴 방송국의 이익을 위한 'Chain broadcasting'의 조직이라는 목적과 배치되며, 현재 네트워크사는 제휴 방송국들의 희생으로 자신이 소유하고 있는 방송국의 이익을 증대하고 있다고 판단하였다.

따라서 연방통신위원회는 공익을 위해서는 네트워크사의 운영과 방송국 소유의 분리가 필요하다고 판단하였고, 동일한 지역에서 한 네트워크 조직에 속한 두 개의 방송국을 청취하는 것은 근본적으로 공적 이익에

---

325) Code of Federal Regulation 3.105-Right to reject programs.
326) 당시 NBC는 New York, Chicago, Washington, and San Francisco 지역에서 각 2개의 방송허가를, Denver, Cleveland지역에서 각 1개의 방송허가를 갖고 있었다.
327) New York, Chicago, Washington, Boston, Minneapolis, St. Louis, Charlotte, and Los Angeles지역에 각 1개의 방송국 허가를 갖고 있었다.

반한다는 결론에 이르게 되었다.

요컨대, 연방통신위원회는 「네트워크의 방송국 소유 규칙」을 통해 네트워크 조직 또는 직·간접적으로 네트워크 조직에 영향력을 행사하는 어느 누구에 대한 방송국 허가도 정당화될 수 없다고 규정하였다.[328]

4) 복수네트워크 규칙

'네트워크사'가 특정집단이나 세력에 집중되어진다면 '피허가자'가 제공받을 수 있는 정보의 내용은 그 만큼 다양하지 못하게 되는 결과를 초래한다. 이는 달리 보면 '정보소비자' 내지 '정보수용자'인 공동체 구성원이 획일화된 관점에 따른 정보만을 공급받게 됨으로 인해 결국 의견형성의 다양성이 보장되지 못하게 된다는 것이다. 이로부터 '네트워크사'간의 합병 내지 결합은 제한되어져야 한다는 당위적 요구가 제기된다. 또한, 설령 새로운 '네트워크사'가 등장한다고 하더라도 기존 '네트워크사'가 '피허가자'에게 새로운 제휴계약을 맺지 못하게 할 경우, 역시 의견형성의 다양성은 훼손되거나 침해될 우려가 크다.

이러한 문제를 해결하기 위해 미국 연방통신위원회가 제시한 것이 바로 「복수 네트워크 규칙」(Dual Network Rules)이다.[329] 연방통신위원회는 1996년 '피허가자'가 복수의 '네트워크사'와 제휴계약을 맺을 수 있도록 하였다. 즉, 복수 '네트워크사'의 구성이 거대 네트워크사인 ABC, CBS, FOX 또는 NBC로 구성되거나 이들 네 개 '네트워크사'와 UPN 또는 WB로 구성되지 않을 경우, '피허가자'가 복수 '네트워크사'와 제휴계약을 맺을 수 있도록 했다. 또, '네트워크사'간의 결합과 관련해서는 '네트워크사'간의 합병을 금지하였다.

다만, 2001년 연방통신위원회는 상위 거대 4개 '네트워크사'간의 합병을 제외한 합병은 허용하였다.[330]

---

328) Code of Federal Regulation 3.106-Network ownership of stations.
329) Code of Federal Regulation 3.107-Dual network operation.

2. 네트워크 방송규칙에 대한 연방대법원의 판단

의견형성의 다원성보장을 위한 구체화된 제도로서 「네트워크 방송규
칙」이 제정되자, 네트워크사들은 연방통신위원회가 제정한 동 규칙이 연
방통신법에서 부여한 권한을 일탈하였으며, 또한 수정헌법 제1조에 의해
보장되는 자신들의 언론의 자유를 침해하였다고 주장하였고, 이러한 주
장에 대하여 법원은 심사하게 되었다.

네트워크 방송에 있어서의 의견형성의 다원성보장과 관련한 연방대법
원이 심사한 대표적인 판례로는 NBC v. UNITED STATES 사건[331]을
들 수 있다.

(1) 사건개요

NBC 등 네트워크사들은 각각 연방통신위원회가 「네트워크 방송규칙」
을 제정·시행하자 1941년 10월 지방법원에 소송을 제기하였다. 지방법
원은 소의 이익이 없다며 소송을 각하하였다. 이에 NBC 등 원고들은 불
복하고 즉각 항소했다.

항소인들은 "설령, 연방통신위원회가 연방통신법에 따른 규칙제정권의
행사를 통해 관련된 문제를 다룰 수 있는 권한을 부여받았다고 할지라
도, 「연방통신법」에서 연방통신위원회에 부여한 규칙제정권 특히, 라디오
산업에 「독점금지법」의 적용을 규정한 제313조의 범위 내지 한계를 연방
통신위원회가 잘못 판단함으로써 결과적으로 위헌적인 행정 입법권한을
행사하고 있다는 점. 둘째, 동 규칙은 항소인들의 자유로운 언론의 권리
를 박탈함으로써 수정헌법 제1조를 침해했다는 점 등을 이유로 연방통신
위원회가 네트워크 방송에 관해 제정한 규칙이 헌법에 합치되지 않는다

---

330) 정영진, "미국의 방송시장에 대한 규제 방향과 특성",「세계의 언론 법제」
　　제17호(한국언론재단, 2005), 76면.
331) National Broadcasting Co. v. U.S. 319 US 190(1943).

는 다는 점 등을 주장하였다.

연방항소법원에 계류 중에 있던 이 사건은 본질적으로 동일한 문제를 제기하고 있고, 또한 함께 다투어지고 있는 다른 사건과 함께 연방대법원으로 이송되었다.

(2) 연방대법원의 판단

연방대법원은 이 사건에서 첫째, 입법자가 연방통신위원회로 하여금 「네트워크 방송규칙」(Chain Broadcasting Regulations)에 의해 규정된 권한을 행사할 수 있도록 권한을 부여하고 있는지 여부, 둘째, 만약 그러한 권한이 연방통신위원회에 부여되었다면 그러한 권한의 행사가 헌법에 합치되는지 여부에 대하여 판단하여야 했다.

연방대법원은 판결문을 통해 연방통신법(the Communications Act of 1934)의 제정목적은 모든 미국 국민에게 라디오방송의 최대한의 이익을 보장하기 위한 것이었다고 언급하면서, 그러한 목적을 달성하기 위해 입법자는 연방통신법[332]에서 연방통신위원회에 라디오방송의 거대한 잠재력을 실현하고 증진하기 위한 폭넓은 권한을 부여하였다고 보았다. 또, 이러한 차원에서 연방통신법은 법률에 위반되지 않는 한 공익목적을 달성하기 위해 필요한 조건을 규칙을 통해 정립할 권한을 명문으로 부여하고 있다고 판단하였다. 즉, 연방통신법상의 이러한 규정들은 라디오 방송용 주파수의 이용에 있어서 공중의 이익을 최대화하는 즉, 단지 기술적인 요소와 관련되어만 인정될 수 있다는 견해도 있을 수 있지만, 연방통신위원회의 규칙 제정권이 전적으로 기술적인 요소에 한정되는 것은 아니라고 보았다.

예컨대, 어떤 지역공동체에서 물리적인 한계로 인해 오직 2개의 방송

---

332) 연방통신법 Section 303(g)은 "연방통신위원회는 공익을 위해 무선주파수가 가장 효과적으로 사용되도록 촉진하여야 한다."고 규정하고 있다.

국만이 주파수할당을 받을 수 있다고 하자. 그런데 인근 도시에서 보다 강력한 전파를 송출하는 경우 그 지역 방송국의 방송은 전파간섭으로 인해 전혀 들을 수 없게 될 것이다. 즉, 한 방송국은 전파의 출력강도를 높임으로써 다른 방송국을 지배할 수 있는 것이다. 그런데 지역공동체가 이용할 수 있는 라디오 서비스를 빼앗아 가는 현상은 보다 "노골적인" 다른 방법으로도 가능하다.[333] 예컨대, 자본력과 기술력을 갖춘 한 사람이 두 방송국에 대한 방송허가를 받아 두 방송국을 통해 하나의 서비스를 제공한다고 하면, 이는 그 서비스가 제공되는 지역에 있어서 주파수의 낭비라 할 것이다.

연방대법원은 이 같은 경우를 예방하기 위해 연방통신위원회가 규칙제정권을 행사하는 것을 연방통신법이 배제하지 않는다고 판단하였다. 또, 입법자가 법률용어를 기술적인 의미로 한정해서 표현하였다는 명백한 증거를 어디에서도 찾아볼 수 없다고 봄으로써「네트워크 방송규칙」은 본질적으로 입법자가 연방통신법의 제정을 통해 연방통신위원회로 하여금 보호하도록 명령한 공익 목적의 구체화를 의미하고, 연방통신위원회는 그 보고서에서 이러한 점을 명백히 하고 있다고 판단하였다.

쟁점들에 대한 이러한 판단을 바탕으로 연방대법원은 연방통신위원회의「네트워크 방송규칙」이 위임된 입법권한의 한계를 일탈하지도, 수정헌법 제1조를 침해하지도 않았다는 결론을 제시하였다.

V. 동등시간 규칙

「동등시간규칙」은 일반적으로 방송국시설이용에의 액세스권이라는 주제로 다루어지고 있는 것이 일반적이다. 하지만 이를 방송 시청자의 측

---

333) 319 U.S. 190, 218.

면에서 보면 다양한 의견형성을 위해 다양한 의견이 표출될 수 있는 기회를 의미한다는 의미에서 의견형성의 다양성 보장을 위한 제도로 파악될 수 있다고 생각된다. 왜냐하면 「동등시간규칙」이 연방통신법 제312조 (a)(7)는 공익기준(the public interest standard)에 따라 연방통신위원회가 발전시킨 원리의 성문 법제화에 해당하기 때문이다.

1. 의의 및 내용

이른바 「동등시간규칙」은 방송과 방송국이라는 개념이 형성된 1927년 라디오 법(Radio Act) 제18조에서 그 근원을 찾을 수 있다.[334] 동 조항은 무선국(radio station)과 구분되는 방송국(broadcasting station)으로 하여금 방송시설의 이용을 요구하는 공직후보자에 대해 이를 동등하게 제공하도록 규정하고 있다.

이러한 라디오법 제18조의 규정은 1934년 연방통신법 제정과 함께 동법 제315조에 다소 내용이 변경되어 수용되었다. 연방통신법 제315조 제(a)항은 "방송허가를 취득해 라디오 방송국을 운영하는 모든 자는 법적으로 공직후보자의 지위를 갖춘 사람이 그 방송시설을 이용하도록 할 경우, 다른 모든 공직후보자에 대해서도 동등한 기회(equal opportunity)를 제공하여야 하며, 방송되는 내용을 삭제하거나, 검열하여서는 아니 된다"라고 규정하고 있다.

---

334) Radio Act of 1927, §18: If license shall permit any person who is a legally qualified candidate for any public office to use a broadcasting station, he shall afford equal opportunities to all other such candidates for that office in the use of such broadcasting station; that such license shall have no power of censorships over the material broadcast under the provisions of this paragraph. No obligation is hereby imposed upon any licensee to allow the use of it's station by such candidate.

여기서 "같은" 기회란 동등한 시간, 동등한 시설, 그리고 먼저 방송시설을 이용한 공직후보자가 지불한 비용과 동일한 비용을 지불케 하는 것을 의미한다.[335]

다만, 이러한 동등한 기회의 제공요청은 어떤 한 공직선거입후보자가 방송에 출연한 이후 일주일 이내에 다른 후보자 또는 그 후보자의 가족이나 동료, 선거운동원이 동일한 방송국에 대하여 요구할 수 있다. 그러나 이러한 「동등시간규정」은 방송국들이 공직후보자 가운데 어느 누구에게도 방송시간을 허용하지 않는 한 적용되지 않게 된다.

2. 「동등시간규칙」에 관한 연방대법원의 판단

1971년 연방선거운동법(the Federal Election Campaign Act of 1971)에 의해 추가된 연방통신법 제312조(a)(7)는 "연방통신위원회는 연방공직에 입후보한 후보자의 방송설비 이용 접근 또는 상당한 시간의 구매를 의도적으로 거부하거나 지속적으로 방해할 경우 해당 방송국에 대해 방송국허가를 취소할 수 있다"고 규정하고 있다.

방송국들은 이러한 연방통신법의 규정이 자신들의 수정헌법 제1조에 의해 보장되는 언론의 자유를 침해한다고 주장하였고, 연방대법원은 이러한 주장에 대하여 심사하였다. 연방대법원이 「동등시간규칙」에 관해 이론을 전개한 대표적인 판례로는 CBS, INC. v. FCC 사건[336]을 들 수 있다.

---

335) J. Hemmer, supra note 201, pp.301.
336) 453 U.S. 367 (1981).

(1) 사건개요

1979년 10월 카터-먼데일 대통령후보 위원회(the Carter-Mondale Presidential Committee, 이하 '후보위원회'라 함.)는 3개 주요 텔레비전 네트워크 사인 CBS, NBC, ABC에 각각 1979년 12월 오후 8시와 10시 반 사이에 30분짜리 프로그램을 위한 시간을 제공해 줄 것을 요구하였다. 후보 위원회는 이 시간을 이용해 카터대통령의 선거운동을 위해 그의 뛰어난 국정운영 자료들을 방송하고자 했다. 이러한 요구에 대해 CBS는 대통령시명후보자의 수기 너무 많고 또한, 동등대우에 대한 요구가 있을 경우 이를 조정하기 위해서는 정규프로그램의 잠재적 혼란이 우려된다고 강조하면서 후보위원회의 요청을 거절하고 대신 12월 8일 밤 10시 55분과 낮 시간대에 5분을 판매할 수 있다고 제안하였다. ABC는 처음에는 1980년 대통령후보 선거운동을 위한 시간판매가 확정되지 않았다고 답변하였으나, 다시 1980년 1월에 후보위원회의 요청을 수용할 수 있다고 대답하였다. NBC는 1979년 12월에는 대통령후보 선거운동을 위한 방송시간을 판매하기에 너무 이르다며 아직 준비가 안 되었다고 대답하였다.

이러한 네트워크사의 답변에 대해 후보위원회는 네트워크사가 연방통신법 제312조(a)(7)가 규정하고 있는 "정당한 방송이용"을 제공하여야 하는 의무를 위반하였다고 주장하면서, 연방통신위원회에 이들 네트워크사를 고발하였다. 연방통신위원회는 후보위원회가 요구한 시간을 판매하지 않은 네트워크사의 이유는 연방통신위원회의 "정당한 방송이용"기준에서 볼 때 납득하기 어려운 불충분한 것으로 위법행위라 할 것이며, 어떻게 그들의 의무를 이행할 것인지 특정한 날짜의 지정을 지시하였다.

(2) 연방항소법원의 판단

연방항소법원은 원고들의 주장에 대해 법률은 선거를 통한 연방공직에 입후보한 개개인에게 방송설비를 이용할 수 있는 적극적인 권리를 인정하고 있고, 연방통신위원회는 독립적으로 해당 선거운동이 시작하였는지 여부에 대해 판단할 권한을 갖고 있다는 점에서 연방통신위원회의 결정이 적법하다고 확인했다. 또, 「연방통신법」 제312조(a)(7)가 자신들의 수정헌법 제1조에 의한 권리를 침해하고 있다는 원고의 주장 역시 기각했다.

(3) 연방대법원의 판단

연방대법원은 원고의 상고를 기각하고, 연방통신위원회의 결정을 확정했다. 판결이유는 다음과 같다:

연방 선출직 공무원에 입후보한 개개인이 적극적으로, 그리고 즉시 정당한 범위 내에서 방송(시설)을 이용할 수 있도록 규정하고 있는 연방통신법 제312조(a)(7)는 공익기준(the public interest standard)에 따라 연방통신위원회가 이미 발전시킨 원리의 성문 법제화에 해당한다.

제312조(a)(7)에 따른 방송 미디어를 이용할 수 있는 권리는 방송국의 자유로운 편성권을 부당하게 위축시킴으로써 방송국의 수정헌법 제1조상의 권리를 침해하는 것이 아니라 오히려 연방공직 입후보자와 방송국, 그리고 공중의 수정헌법 제1조상의 권리에 균형을 맞추고 있다.

비록 방송국이 수정헌법 제1조에 따라 "공익의무와 합치되는 광범위한 보도의 자유"를 행사할 수 있다고 하더라도, Red Lion Broadcasting Co. v. FCC 사건[337]에서 판시하고 있는 것과 같이 그러한 자유는 방송국의 권리가 아닌 시청자의 권리이다. 그러므로 방송시설을 이용할 수 있는 한정된 권리를 규정하고 있는 연방통신법 제312조(a)(7)는 입후보자에게는 자신을 알리는 기회를 제공함으로써, 그리고 일반대중에게는 민주주의에서 여론형성과 의사결정에 필수불가결한 정보를 얻을 수 있게 함으

---

337) 395 U.S. 367, 390.

로써 개인의 표현의 자유에 기여한다고 판단했다.

VI. 새로운 전송기술의 발전과 의견형성의 다양성 보장

1. 케이블시스템의 등장과 매스커뮤니케이션 환경의 변화

현재 미국 내 전체 커뮤니케이션체계에서 케이블텔레비전의 역할은 케이블텔레비전이 등장한 1940년대 말과 비교해 볼 때 비약적인 발전을 보이고 있다. 케이블산업은 오늘날 일반 대중에게 지적 자원을 제공하고, 의사소통에 막대한 영향을 미치는 핵심적 매스커뮤니케이션미디어로 자리매김하고 있다.

초기 케이블 시스템은 선명한 텔레비전방송 신호를 먼 지역이나 난시청 지역들에 공급하기 위해 시작되었다는 사실은 이미 살펴본 바와 같다. 케이블 시스템 도입의 목적은 United States v. Southwestern Cable Co.사건[338]에서 알 수 있는 것과 같이 지상파 텔레비전 방송을 대체하기 위한 것이 아니라, 오히려 그것을 활성화시키기 위한 것이었다. 오늘날 케이블시스템은 인근 지상파 텔레비전 방송국들의 수신을 향상시키는 것 이상의 역할을 수행하고 있다. 마이크로웨이브 중계 또는 인공위성을 통해 프로그램 신호들을 수신하고, 수십여 개의 채널을 전송할 수 있는 능력을 보유하게 됨으로써 케이블시스템은 독립적인 텔레비전 프로그램 공급원으로서 지상파방송국(over-the-air broadcaster)과 직접적인 경쟁에 나서고 있다.

지상파 방송과 케이블 텔레비전은 시청자에게 도달하는 서로 다른 기술에 의해 구별된다. 지상파를 이용하는 방송국(broadcasting station)은

---

338) 392 U.S. 157, 161 -164 (1968).

방송프로그램을 중앙 송출안테나를 통해 전자파에 실어 방사한다. 이러한 신호들은 송출범위 내에 텔레비전 수신 안테나를 통해 수신되어진다. 반면, 케이블 시스템은 송출시설과 개별 가입자들의 텔레비전 수신기를 물리적으로 점 대 점 연결(point-to-point connection)을 토대로 한다.

케이블 시스템은 케이블이나 광섬유망(optical fibers)을 공중 또는 지하선로(ducts)를 통해 가입자의 가정이나 사무실에 도달하게 함으로써 전화회사와 흡사하게 연결한다. 이러한 구조물의 건설은 공중의 불편을 수반하고, 종종 다른 공적 재산을 침해한다. 따라서 결과적으로 케이블 미디어는 'Community Communications Co. v. Boulder 사건'[339]에서 확인된 것과 같이 지방정부의 허가를 필요로 한다.

케이블 기술은 무선전파를 이용하는 방송에 비해 두 가지 장점을 갖는다. 첫째, 케이블 기술은 지상파방송에서 발생하는 전파간섭을 제거함으로써 전파 수신자 즉, 시청자에게 선명한 방송신호를 전달할 수 있다. 둘째, 무선전파를 통해 이용 가능한 채널보다 많은 채널을 송출할 수 있기 때문에, 가입자들은 보다 다양한 프로그램을 이용할 수 있다. 1994년에 이미 미국에서 운영 중인 케이블 시스템의 절반 이상이 최대 53개 채널을 전송할 수 있는 시설을 갖추었으며, 케이블 가입자 가운데 약 40퍼센트 정도가 53개 채널이상을 공급받았다.[340] 광섬유를 이용한 보다 새로운 시스템은 백여 개의 채널을 전송할 수 있다. 그리고 디지털 압축기술은 전송용량 즉, 채널 수를 더욱 증가시키고 있다.

케이블 텔레비전 산업이라 함은 케이블네트워크를 소유하고 가입자에게 신호를 전송하는 케이블시스템 운영자와 텔레비전 프로그램을 생산해 케이블 운영자에게 판매하거나 전송할 권리를 부여하는 케이블 프로그래머를 모두 포함한다. 케이블시스템 운영자가 케이블 프로그래머에 대한 소유권을 취득하기도 하고, 그 반대의 경우도 있다. 비록 케이블시스템 운

---

339) 660 F. 2d 1370, 1377-1378 (CA10 1981).
340) 1994 Television and Cable Factbook I-69.

영자가 자신의 프로그램을 제작한다고 할지라도, 대부분의 경우 그들의 프로그램은 그 지역 또는 다른 지역 지상파방송국(broadcasting station)뿐만 아니라 CNN, MTV, ESPN, TNT, C-Span, The Family Channel, Nickelodeon, the Discovery Channel과 같은 전국적인 케이블 프로그램 네트워크사로부터 공급받는다.

일단 케이블시스템 운영자가 프로그램 공급자를 선택하게 되면, 케이블 시스템운영자는 다른 사람들 즉, 프로그램 공급자의 표현을 계속적으로 그리고 내용에 변경을 가함이 없이 가입자들에게 전송함으로써 유통시키는 기능을 하게 된다.[341]

지상파 방송국이 광고주들에게 방송시간을 판매함으로써 수입을 얻고 시청자에게 무료로 방송신호를 송출하는 것과 대조적으로 케이블시스템 운영자는 케이블 프로그램을 수신하는 권리에 대한 사용료를 매월 가입자에게 부과하고, 광고에 대한 수입 의존도를 낮춘다. 대부분의 경우 케이블 가입자는 자신들이 제공받을 케이블 서비스를 다양한 공급계획 또는 케이블 서비스묶음(tiers)군 가운데서 선택한다. 전형적인 형태는 그 지역 지상파 방송국들을 포함해 케이블 운영자에 의해 선택된 몇몇 개의 프로그램 네트워크를 추가로 공급받는 것이다. 가입자들은 추가비용을 지불하고 자신의 취향에 맞는 특정 관심 분야 예컨대 최근 출시된 영화들이나 운동경기, 어린이 프로그램 등과 같은 프로그램을 제공받을 수 있다.

많은 케이블 시스템은 또한 가입자의 개별 주문과 지불방식에 따라 프로그램을 이용할 수 있는 이른바 pay-per-view service를 제공하고 있다.[342]

---

341) D. Brenner, *Cable Television and the Freedom of Expression*, 1988 Duke L. J. 329, 339.

342) C. Goodale, *All About Cable: Legal and Business Aspects of Cable and Pay Television* 5.052.(1989).

2. 1992년 케이블 법(the 1992 Cable Act)의 의의

입법자는 케이블 텔레비전 산업의 기능과 구조에 대한 의견청취를 실시하였다.[343] 그 결과 케이블 전송의 물리적 특성으로 인해 케이블 산업에 있어서 경제력의 집중이 증가되고 있으며, 이러한 현상으로 인해 '지상파방송 텔레비전국(over-the-air broadcast television stations)'의 시청률 확보와 운영에 위협이 되고 있다는 결론에 도달했다. 즉, 실태조사 결과 텔레비전 수상기를 보유하고 있는 전체 가구 가운데 60%가 케이블시설 이용에 가입하고 있으며, 케이블텔레비전이 지상파 텔레비전방송을 제치고 가장 중요한 즉, 제일의 영상프로그램 공급자가 되었다는 점에 주목했다. 그리고 이러한 현상에 대한 원인으로는 대부분의 케이블텔레비전 시스템 가입자가 케이블로부터 지상파 텔레비전방송을 수신하기 위해 케이블단자에서 안테나로 전환할 수 있는 인입단자변환기(input selector switches)를 갖고 있지 않거나, 지상파 텔레비전방송을 수신할 수 있는 안테나를 유지할 수 없다는 사실이 지적되었다.

또, 케이블네트워크 설치에 드는 막대한 비용으로 인해 대형 케이블시스템 운영자가 케이블서비스에 대해 독점을 행사하고 있고, 이에 따라 시청자 즉, 소비자와 지상파 텔레비전방송국을 포함한 영상 프로그램 공급업자에 비해 불공정한 시장지배력을 행사하고 있다는 문제점 역시 지적되었다. 즉, 케이블네트워크의 운영자로서 지상파방송 텔레비전신호 재전송 계약을 파기하거나, 새로운 방송신호를 전송하기 싫다고 함으로써 지상파 텔레비전방송은 "재난위기"에 처한 채널이 되어가고 있다고 보았다.

케이블시스템 운영자가 지상파방송국의 신호를 전송하지 않을 경우 발생하는 재정수입의 감소라는 실제적인 어려움이 발생한다. 왜냐하면 방송신호의 전송을 거부하게 되면 방송국의 프로그램을 이용할 수 있는 가정의 수가 줄어들고, 그럼으로써 방송국에 돌아가던 광고수입은 케이

---

343) S. Rep. No.102-92, pp.3-4 (1991); H. R. Rep. No.102-628, pp.74 (1992).

블네트워크 운영자의 차지가 되기 때문이다.

아울러 케이블 산업에서의 수직적 결합의 증가는 케이블네트워크를 통한 방송국 신호의 안정된 전송을 더욱 어렵게 한다고 보았다. 왜냐하면 이러한 수직적 결합은 새로운 프로그램 공급자(program provider)의 진입에 대한 장벽이 되고 이에 따라 소비자가 접할 수 있는 "목소리"가 수적으로 감소되기 때문이다.

입법자는 이와 같은 실태조사의 결과에 기초해 의견형성의 다양성이라는 가치의 실현과 이를 위한 기술적·경제적 조건의 관점에서 케이블 시스템의 변화에 따른 영상프로그램 시장경쟁에서의 불균형을 바로잡기 위해 지역 지상파 텔레비전 방송의 의무전송 및 케이블산업에서의 수직결합(vertical integration)의 제한 등을 내용으로 하는 법률을 제정하게 되었다.

3. 의무전송제도

「1992년 케이블 법」이 시행되자마자, 원고를 비롯한 수많은 케이블네트워크 운영자와 케이블 프로그램공급자들은 의무전송 규정의 위헌성을 주장하며 연방정부와 연방통신위원회를 상대로 연방지방법원에 소송을 제기하였다. 이에 관한 대표적인 판례로는 TURNER BROADCASTING SYSTEM, INC. v. FCC[344] 사건을 들 수 있다.

(1) 사건개요

법원은 「1992년 케이블 법」이 반독점 공정거래질서를 보장하기 위한 입법으로서 시장경쟁의 역기능을 바로잡기 위한 입법자의 권한 행사의 결과이고, 의무전송 요구는 전체 영상산업에서 경쟁적인 균형을 만들기 위해

---

344) 512 U.S. 622(1994).

필수적인 경제적 규율이라고 판단하였다.

법원은 또한 의무전송 요구(must-carry requirements)가 (의사표현)내용에 대한 규율(content- based regulation)로서 엄격심사(strict scrutiny)의 대상이 되어야 한다는 원고의 주장에 대하여 "케이블네트워크 운영자, 방송국 그리고 프로그램제작자가 전달하고자 하는 어떠한 메시지의 내용과 관련이 없다면, 상업방송과 공영방송에 관한 규정들은 형식뿐만 아니라 계획도 규율할 수 있다"며 United States v. O'Brien사건[345]에서 확립된 중간심사기준(the intermediate standard of scrutiny)이 적용될 것이고, 이러한 심사기준에 비추어 볼 때, 지역방송의 보전은 국가의 중요한 이익이고, 의무전송규정은 국가의 이러한 목적을 달성하는 범위 내에서 규정되어 있다고 할 것이므로 유지될 수 있다고 판단하였다.

결론적으로 지방법원 재판부는 의무전송조항이 수정헌법 제1조와 합치된다고 판단하였다.[346]

(2) 연방대법원의 판단

연방대법원은 "「의무전송규정」의 합헌성 심사기준으로 내용 중립적 규정에 적용되는 중간심사기준이 적용된다"라고 판단하였다.

연방대법원은 「의무전송규정」에 대해 중간심사기준 적용의 타당성을 증명하기 위해 다음과 같은 세 가지 논거를 제시하였다. 첫째, 규정들이 표면상 중립적이라는 점이다. 왜냐하면 동규정은 방송내용이 아니라 시청자에게 자신들의 메시지를 전송하는 방법에만 기초하여 화자(speakers)들을 구분한다. 때문에 의무전송이 강조하는 목적은 내용(content)과 전혀 무관하다는 것이다. 두 번째로는 입법자의 최우선적인 목적은 특정한 내

---

345) 391 U.S. 367(1968).
346) 819 F. Supp.32 (DC 1993): 한편 윌리엄스(Williams) 판사는 의무전송규정은 이른바 "내용에 근거한 규칙"이므로, 엄격심사기준이 적용되어야 한다며 다수의견과 달리 반대 견해를 밝혔다.

용의 프로그램의 선호에 있는 것이 아니라 지상파방송에 대한 시청을 보장하기 위한 것이라는 이유를 제시한다. 세 번째로는 지상파 텔레비전방송국이 국가의 의사소통구조에 중요한 기여를 하고 있다는 입법자의 인식은 방송프로그램이 케이블네트워크를 통해 전송되는 프로그램보다 더 가치 있다고 여기는 것을 의미하지는 않으며, 오히려 방송에 의해 제공되는 서비스가 본질적인 가치를 가지고, 케이블에 의한 위협에 대하여 보호할 가치가 있다는 것이다.

결국, 연방대법원은 의무전송규정이 케이블시스템 운영자의 편성권을 침해하지 않으며, 동 규정은 적용에 있어 내용 중립적이고, 케이블네트워크 운영자들에게 그들이 전송해야 할 방송 프로그램에 따라 자신들의 편성에 변경을 가할 것을 강요하지 않는다고 보았다.

또, 입법자가 케이블시스템 운영자에 비해 방송국에 우선권을 부여한 행동은 프로그램 내용이 아닌 오로지 지상파 텔레비전방송이 처한 경제적 위험에 대한 판단에 따른 것으로 이러한 차별적 취급은 케이블이라는 미디어의 특성에 따라 정당화된다고 보았다. 즉, 케이블시스템 운영자의 '병목 현상적' 독점과 이러한 힘에 따른 지상파 텔레비전방송의 생존가능성에 대한 위험 그리고 수정헌법 제1조가 보호하고자 하는 이익을 침해하는 구조가 아니라는 점 때문에 정당하다고 보았다.347)

O'Brien사건 이후, 내용 중립적 규정들은 표현의 자유에 대한 억압이 아닌 중요한 국가적 이익을 촉진하고 수정헌법 제1조에 의해 보호되는 자유에 대해 중요한 제한이 아닌 한 정당화된다는 견해를 보여온 연방대법원이 지역 지상파 방송국을 보존하기 위해 입법자가 제시한 두 가지 국가적 이익 즉, 다양한 출처로부터 폭넓은 정보를 제공하는 것을 증진시키며, 텔레비전 프로그램 시장에서 공정경쟁을 촉진한다는 목적은 중

---

347) Arkansas Writers' Project, Inc. v. Ragland, 481 U.S. 221, and Minneapolis Star & Tribune Co. v. Minnesota Comm'r of Revenue, 460 U.S. 575, distinguished. pp.28-38.

대한 이익이라고 할 것이므로, 중간심사기준을 적용할 때, 합헌이라고 본 것이다.

Ⅶ. 정 리

무선전파의 이용 가운데 방송에 대해 연방대법원은 지역공동체 내에서 다양한 의견형성에의 기여라고 하는 목적과 이러한 공익목적을 침해한 방송 주체에 대한 연방통신위원회의 재허가 취소 내지 허가취소는 수정헌법 제1조에 합치된다는 입장을 견지해오고 있다. 즉, 방송은 방송용 주파수를 사용할 수 있는 권리를 토대로 하나, 방송용 주파수에 대한 권리는 개개인의 사용·수익·처분이 자유로운 소유권이 아닌 공익목적에 기여라는 '목적 기속적' 권리라는 해석에 따른 것이라고 할 것이다.

한정된 주파수를 사용하는 방송의 경우는 수정헌법 제1조상 보호되는 말하고, 쓰고 또는 출판하는 자유와 달리 개개인의 사적인 목적을 위해 주관적 성향에 따라 행사가능성이 유보된 자연적 권리가 아니라는 것이다. 이는 연방대법원이 방송허가 및 취소, 보다 정확히 말하면 방송용 주파수를 사용할 수 있는 권리에 대한 허가와 취소에 관한 법률의 위헌성 여부를 심사하면서 심사기준으로 헌법상 기본권에 영향을 주는 입법의 위헌성 심사에 적용하는 엄격심사기준이 아닌 입법상의 조치가 중요한 정부목적에 기여하고, 실질적으로는 정부목적의 성취와 관련될 때에는 합헌성을 인정하는 중간심사기준을 채택하고 있다는 점에서도 확인될 수 있다.[348]

또, 연방대법원은 케이블시스템 운영자에게 채널 할당권이 보장됨을 인정하면서도, 의견의 다양성 보장이라는 수정헌법 제1조상의 원리를 보장

---

348) 미국 연방대법원의 사법심사 기준에 관해서는 예컨대, 김형남, "미국 연방대법원의 사법심사 기준", 「미국헌법연구」(2001), 225면 이하 등 참조.

하기 위해 지역공동체 내의 방송 텔레비전의 전송을 의무화하고자 한 「케이블 법」(cable act)의 합헌성을 인정하는 한편, 케이블시스템 운영자와 텔레비전 프로그램공급자 간의 수직적 결합 역시 수정헌법 제1조상의 의견의 다양성 보장을 위한 예방조치가 요구된다는 견해를 밝혀오고 있다.

　요컨대, 전송시설 곧 방송용 무선주파수 송출시설과 방송 프로그램 공급이 일체화된 지상파방송의 경우에는 방송용 주파수를 사용할 수 있는 권리를 수정헌법 제1조상의 의견다양성의 원리 형성에 기여하기 위한 목적 기속적 권리로 해석하고 있으며, 케이블시스템의 경우 운영자의 케이블시스템에 대한 권리 역시 의견의 다양성 형성에 합치되는 한 인정된다는 입장을 취하고 있다고 판단된다.

제3절 우리나라에서의 의견형성의 다양성 보장

Ⅰ. 시청자위원회 제도

　현행 방송법은 제87조에서 종합편성 또는 보도전문편성을 행하는 방송사업자에게 시청자위원회를 설치하도록 함으로써 시청자위원회 제도를 규정하고 있다. 이 제도는 독일 공영방송에서의 방송위원회(Rundfunkrat) 그리고 민영방송에서의 방송자문위원회제도와 유사하다고 보인다. 즉, 시청자위원회를 방송 주체의 내부기관으로 설치할 것을 규정하고, 방송사업자의 방송프로그램 편성에 관한 의견을 제시 및 이에 대한 시정을 요구, 방송사업자의 자체심의규정 및 방송프로그램내용에 관해 의견을 제시 및 시정요구, 기타 시청자의 권익 보호와 침해 구제에 관한 업무를 수행하도록 함으로써 방송조직의 구성에 있어서 내적 다원주의의 실현을 통한 의

견의 다양성을 보장하고 있다고 할 수 있다.[349]

시청자위원회는 「방송법」 제88조 및 같은 법 시행령 제 64조, 그리고 「방송법시행에 관한 방송위원회 규칙」 제24조의 규정에 따라 사회적으로 중요한 집단[350]이 서로 균형적 관계를 유지하며 라디오와 텔레비전 방송에서의 프로그램제작에 관한 의사결정에 간접적·사후적으로 참여할 수 있도록 보장하고 있다.

입법자가 이러한 방송 주체의 조직에 있어 "다원적 내부구조" 즉, 고려의 대상이 되는 여러 세력의 영향력이 방송사에 설치되는 내부의 기관을 통해 중개되는 구조를 채택하였다면, 특히 사실에 부합하며 현존하는 다양성을 원칙적으로 고려하여 중요한 사회세력들을 확정하고 비중을 부여하는 작업, 그리고 이들 사회세력이 참가한 기관의 효과적인 영향력을 행사하도록 보장하는 것이 필요한데, 같은 법 제90조 제2항은 이를 위해 시청자위원회의 의견제시나 시정요구를 받은 방송운영 주체 즉, 방송사업자는 이를 수용토록 규정하고 있으며, 특별한 사유 없이 이를 수용하지 않는 경우 시청자위원회가 방송위원회에 시청자불만처리를 요청할 수 있도록 규정하고 있다. 이 경우 방송위원회는 심의의결을 통해 같은 법 제100조의 규정에 따른 시청자에 대한 사과, 해당 방송프로그램의 정정·중지, 방송편성책임자 또는 해당 방송프로그램의 관계자에 대한 징계를 방송사업자에게 명할 수 있다.

방송법은 방송위원회가 이러한 (제재조치) 처분을 행함에 있어서 당

---

349) 이와 같은 견해로는 박선영, 앞의 책, 26면.
350) 「방송법 시행에 관한 방송위원회 규칙」 제24조에서는 시청자위원을 추천할 수 있는 단체를 규정하고 있다. 현행 규칙에는 1. 초, 중등교육법 및 고등교육법에 의한 각급 교육기관의 운영위원회 등 학부모 단체 2. 소비자보호단체 3. 여성단체 4. 청소년관련 기관 또는 단체 5. 변호사단체 6. 방송·신문 등 언론관련 시민·학술단체 7. 장애인 등 사회소외계층의 권익을 대변하는 단체 8. 노동 관련 기관 또는 노동단체 9. 연간 1회 이상 정기회의를 개최하는 경제단체 또는 문화단체 등을 규정하고 있다.

사자 또는 그 대리인에게 의견을 진술할 기회를 제공하도록 규정함으로써 행정처분에 있어 절차적 정당성을 확보하도록 요구하고 있다(제100조 제3항).

II. 케이블네트워크에서의 다양성보장의 구현을 위한 제도

1. 케이블시스템에서의 채널 할당과 다양성보장의 필요성

케이블텔레비전 시청자의 수는 독일과 미국 그리고 우리나라[351]에서도 이제 방송을 이용한 시청자 수를 앞서고 있다. 이는 케이블시스템을 이용한 텔레비전 방송이 매스커뮤니케이션으로서 확고하게 자리매김하였다는 사실을 여실히 증명하는 것이라 할 것이다.

케이블시스템 운영자인 종합유선방송사업자는 가용 주파수 대역을 텔레비전 프로그램 프로그래머 즉, 텔레비전 프로그램 공급업자에게 제공한다. 따라서 케이블시스템 운영자의 채널할당은 전파 미디어를 이용한 매스커뮤니케이션에 있어서 의견형성의 다양성 보장이라는 헌법 제21조 제3항의 원리와 불가분의 관계를 맺게 된다.

따라서 케이블시스템 운영자가 일정한 가치관에 따른 텔레비전 프로그램만을 전송한다면 이는 곧 의견형성의 다원성보장을 침해하는 결과를 가져올 것이 너무나도 분명하다. 이로부터 케이블시스템 운영자의 채널 할당 문제는 오직 경제원리가 적용되어서는 안 되며, 의견형성의 다양성 보장이라는 매스커뮤니케이션에 대한 헌법적 과제에 합치되어야 한다는

---

351) 2004년 6월 현재, 우리나라에서 케이블 시설을 통해 텔레비전 채널을 시청하는 가구 수는 전체 대상 가구 1,699만 가운데 1,290만 가구로 75.9%를 차지하고 있는 것으로 조사됐다. 방송위원회, 「2004년 방송산업실태조사 보고서」(2004), 25면.

명제가 도출된다.

2. 의무전송제도

우리나라의 경우 케이블을 통한 텔레비전 신호의 전송은 2원적 구조를 취하고 있다. 지상파방송의 텔레비전 프로그램 신호를 단순히 유선망을 통해 중계(relay)하는 중계유선방송과 다채널을 운영하는 종합유선방송을 구분하고 있는 현행 방송법의 규정 때문이다.

케이블시스템 운영자가 행하는 채널 할당의 문제는 다채널을 구성·전송하는 종합유선방송의 경우에 해당한다. 종합유선방송사업자는 「방송법」 제9조에 따라 방송위원회로부터 승인을 받거나, 방송위원회에 등록한 방송채널사용사업자와의 사적 계약을 통해 텔레비전 프로그램 전송채널을 할당 내지 배정한다.

다만, 종합유선방송사업자는 의견형성의 다원성의 구현을 위해 방송법 제70조 및 동법시행령 제53조의 규정에 따라 종합편성 및 승인대상 방송채널사용사업자에 대해 반드시 전송채널을 할당하여야 하며, 또한 방송위원회가 고시하는 분야의 방송채널사용사업자에 대해서도 채널을 할당하도록 되어 있다. 바로 이러한 채널 등의 전송이 의무전송이다.

3. 헌법재판소의 판단 및 검토

(1) 헌법재판소의 판단

우리 헌법재판소는 의무전송을 규정한 「구 종합유선방송법」 제27조 제1항[352], 동법시행령 제26조 제1항 등에 대한 헌법소원 사건[353]에서

---

352) 구 종합유선방송법(1991. 12. 31. 법률 제4494호로 제정된 것) 제27조 제1항(무선방송의 동시재송신)

"종합유선방송국에게 공영방송인 한국방송공사(KBS)와 교육방송(EBS)의 동시재송신을 의무화한 것은 종합유선방송에 있어서 공공채널의 유지와 같은 공익성 확보와 동시에 난시청지역 시청자의 시청료 이중부담의 문제를 해결하기 위한 조치로서 종합유선방송을 도입하면서 기존의 중계유선방송과의 공존을 택한 입법자의 입법재량의 범위에 속하는 사항이라 할 수 있으며, 그 입법목적의 정당성이 인정되고, 더욱이 동시재송신이 의무화되어 있는 공중파방송도 공영방송인 한국방송공사와 교육방송 등 2개로 한정되어 제한의 방법과 정도의 적정성이 인정되며, 이로 인하여 중계유선방송사업자의 중계권에 영향이 있다고 하더라도 이는 종합유신방송의 도입에 따른 사실상의 불이익에 불과할 뿐 이로써 청구인들의 재산권이나 직업선택의 자유 등이 침해되었다고 할 수 없다"고 판시함으로써 의무전송제도의 합헌을 선언하였다.

(2) 비판적 검토

이 사건에서 우리 헌법재판소가 취한 논증구조를 살펴보면, 헌법재판소는 먼저 케이블시스템 운영자를 일반 통신사업자 등 운송업자(common carrier)와 동일시하고, 동시재송신 규정의 성격을 다른 일반 운송업자의 권리에 대한 제한을 규정하는 기본권 제한입법으로 파악함으로써, 기본권 제한입법의 위헌성 판단기준인 '과잉금지의 원칙'을 적용하여 동 규정이 케이블시스템 운영자의 재산권이나 직업선택의 자유 등에 대한 침해여부에 초점을 맞추고 있다.

---

① 종합유성방송국은 대통령령이 정하는 무선방송국의 방송(라디오방송을 제외한다)을 동시재송신하여야 한다. 다만, 동시재송신하고자 하는 무선방송국의 방송구역 안에 당해 종합유선방송국의 방송구역이 포함되지 아니하는 경우에는 그러하지 아니하다.
② 생략
353) 헌재결 1996. 3. 28. 92헌마 200, 판례집 8, 227면.

그러나 케이블시스템 운영자가 전화와 같은 단순한 매개적 역할을 수행하는 것이 아니라 현대사회에서 대중의 의견형성에 대해 영향력을 갖는 매스커뮤니케이션주체로서 기능하고 있다는 점, 그렇기 때문에 동 법률 규정이 매스커뮤니케이션 질서형성을 위한 형성적 입법이라는 점에서 헌법재판소의 기본권 제한의 허용성 판단이론(Eingriffsdogmatik)을 적용한 논증은 혼란스럽다.

생각건대, 이 사건에 대한 합헌성 내지 위헌성에 대한 법적 논증은 우선 동 법률이 매스커뮤니케이션 질서와 관련된 입법인 까닭에 매스커뮤니케이션에 대한 국가의 헌법적 과제 즉, 매스커뮤니케이션을 통한 의견형성의 다원성보장을 충족하였는지 여부, 다시 말하자면 매스커뮤니케이션의 헌법적 보호가치에서 도출되는 의견형성의 다원성보장을 위한 구체적 질서를 입법자가 형성하였는가라는 기본권 형성입법에 대한 위헌성판단기준이 적용되고, 또한 논증되었어야 할 것이다. 다음으로는 케이블시스템 운영 주체에게 의견형성의 다원성 보장이라는 방송의 자유의 보호목적과 다른 부당한 부담을 부과함으로써 입법형성의 한계를 벗어났는지 여부에 대한 논증이 이루어졌어야 했다고 보인다.

Ⅲ. 방송소유의 다양성

1. 소유와 겸영의 제한 및 기존 논의의 전개

방송소유의 다양성이라는 문제는 방송사업자의 소유제한에 관한 논의로 전개되어 온 것이 일반적이다.[354]

---

354) 박선영 교수는 현행 방송법 제8조가 방송사업자의 소유제한을 규정하고 있다고 파악한다. 그리고는 역사적으로 볼 때 방송에 대한 소유제한은 방송의 특수성으로부터 유래하는 공정성을 확보하기 위한 방안으로 시행되

이러한 접근은 '방송의 자유'를 주관적 공권으로 이해하는 지배적인 견해에 따른 것으로, 이른바 새로운 전송수단의 등장을 둘러싼 소유제한의 논쟁에서 전개 되었다. 그리고 이러한 견해 가운데는 기술발전에 의해 주파수의 희소성이라는 제약이 제거되는 정도에 비례해서 소유제한의 근거는 약화될 수밖에 없고, 대신에 '방송의 산업성'의 논리가 부각되어야 한다는 논의가 대표적이다.

예컨대, 인공위성을 이용한 방송인 위성방송이 도입되고 그 질서·체계를 입법화하는 과정에서 대기업·신문사·통신사업자에게 위성방송사업에의 참여를 인정할 것인지 여부를 놓고 벌어졌던 갈등과 대립이 선개되었고,355) 견해의 다양성은 '방송의 공익성'논리의 논거로, 주파수이용에 있어서 희소성의 극복은 '산업성'논리의 논거로 제시되어 왔다는 사실에서도 이 같은 입장을 확인할 수 있다.

2. 비판적 검토

방송을 전파라는 미디어 내지는 케이블네트워크를 이용한 매스커뮤니케이션으로 보는 이 연구의 관점에서 보면 방송은 행위 그 자체이기 때문에 특정 객체에 대한 배타적 사용·수익·처분을 내용으로 하는 소유의 대상이 될 수 없다. 또, 전파자원이용의 법적 성격에서 이미 살펴본 것과 같이 전파자원은 공동체의 영역에 유보되어 있는 자연적 공물이기 때문에 소유권의 대상이 될 수 없다.

었다고 한다. 박선영, 앞의 책, 198면. 그러나 방송법 제8조는 방송운영 주체인 방송사업자를 구성함에 있어서 특정인의 주식 또는 지분 소유의 한계를 규정하고 있다는 점에서 방송사업자의 소유제한이라는 표현이 아닌 방송사업에 대한 소유제한으로 이해하는 것이 타당하다고 생각된다.

355) 여기에 대해서는 권영설, "위성방송의 법제와 헌법문제 - 공공성과 산업성의 조화를 위한 법제와 법리", 「방송연구」 제43호 (방송위원회, 1996. 겨울호) 참조.

따라서 방송소유의 다양성의 명제는 공동체 내에서 방송 주체의 다양성의 명제로 전환되어져야 한다. 예컨대 전파를 이용한 매스커뮤니케이션인 방송을 행하게 될 법인을 구성함에 있어서 당해 법인의 지분 내지 주식소유자의 다양성은 견해의 다양성을 증대시킬 것이라는 논리이다.[356]

현행 방송법 제8조 제2항에서 "누구든지 대통령령이 정하는 특수한 관계에 있는 자(이하 "특수관계자"라 한다)가 소유하는 주식 또는 지분을 포함하여 지상파방송사업자 및 종합편성 또는 보도에 관한 전문편성을 행하는 방송채널사용사업자의 주식 또는 지분 총수의 100분의 30을 초과하여 소유할 수 없다"고 규정하고 있는 것도 이렇게 방송 주체의 구성에 있어서의 다양성이라는 관점에서 설명되어 질 수 있다.

또, 방송을 행위로 파악하는 관점에서 보면 방송영역에서 이루어지고 있는 기존의 공익성과 산업성의 대립적 논의구조는 첫째, 방송의 공익성과 산업성이 과연 갈등 대립관계에 있는가, 그리고 보다 더 근본적으로는 방송의 산업성이 과연 헌법상 보호되는 가치인 공익기여 즉, 공익성과 가치병렬적인가라는 점, 둘째 신문과 방송 등 매스커뮤니케이션을 위한 미디어에 대한 소유나 지분참여가 없는 대기업 등에 대해 의견형성의 다원성보장을 위한 소유의 다양성이라는 논리를 적용해 소유를 제한할 수 있는가라는 점, 그리고 마지막으로 매스커뮤니케이션 미디어에 대한 소유자의 다양성 내지 이용자 구성의 다양성을 위한 당해 법인의 지분 또는 주식 소유의 제한은 일반 재산권행사의 영역에서의 공정경쟁의 측면에서와 달리 의견형성의 다원성 보장이라는 '방송의 자유'의 목적을 실현하기 위한 구체적 질서의 형성이라는 관점에서 평가되고 이해되어야 한다는 점에서 쉽게 이해하기 어렵다고 할 것이다.

---

356) 소유의 다양성은 독점금지정책의 관점에서는 공공의 경제적 이익을 촉진시키는 것이지만, 언론의 자유와의 관련해서는 견해의 다양성이 그 중심적인 정책적 관심인 것이다.

하지만 방송 주체인 법인에 대한 주식이나 지분소유 구성원의 다원화를 통한 의견형성의 다원성보장이 디지털 시대에도 구현될 수 있는가는 의문이다. 말하자면, 디지털 시대에 단지 방송 주체의 구성에 있어서 겸영제한이나 소유 지분 또는 주식 제한을 통해 의견형성의 다원성보장이 구현될 수 있을까? 독일에서 의견형성의 다원성 보장을 위한 외적다원주의의 구체화에서 살펴본 것과 같이 매스커뮤니케이션 주체의 구성에 있어서 겸영·소유제한은 디지털시대에 실질적인 의사지배세력의 등장을 예방하기 위한 필요충분조건이라고 할 수 없다.

따라서 의견형성의 다원성 내지 여론형성의 다양성 보장을 구현하기 위한 방안으로는 시청점유율을 기준으로 한 복수소유 또는 지분소유의 제한방식이 고려될 수 있을 것이다.

Ⅳ. 프로그램 편성의 다양성

1. 프로그램 편성비율 제도와 기존논의의 전개

(1) 편성비율 제도의 의의 및 내용

프로그램의 다양성은 프로그램 내용의 다원성이 전제되어야 한다. 그것은 바로 다원성 또는 다원주의(pluralism)를 의미한다. 이러한 다원주의는 다양한 사상, 의견, 정보가 전달될 때 국민의 다양한 의견형성이 가능하기 때문에 매스커뮤니케이션에 대한 헌법적 요청이라고 할 것이다.

우리나라의 경우 현행 방송법 제69조는 방송사업자는 방송프로그램을 편성함에 있어 공정성·공공성·다양성·균형성·사실성에 적합하도록 하여야 하며(제1항), 종합편성을 행하는 방송사업자는 정치·경제·사회·문화 등 각 분야의 사항이 균형 있게 표현될 수 있도록 하여야 한다.(제2항) 또, 종합편성을 행하는 방송사업자는 방송프로그램의 편성에 있어서 대통령령이 정하는 기준에 따라 보도·교양 및 오락에 관한 방송프로그램을 포함하여야 하고, 그 방송프로그램 상호간에 조화를 이루도록 편성하여야 하는데, 이 경우 대통령령이 정하는 주시청시간대에는 특정 방송 분야의 방송프로그램이 편중되어서는 아니 된다(제3항)고 규정함으로써 종합편성 방송사업자에 대해 전체 방송프로그램의 구성비율을 정한 '편성비율'준수를 규정하고 있다.

아울러 방송프로그램에 있어서 분야의 다양성 구현의무를 해당 방송사업자에 대하여 부과하고 있다. 이에 따라 같은 법 시행령은 방송법에서 위임된 구체적인 편성비율에 관해 제50조 제1항에서 종합편성을 행하는 방송사업자 가운데 텔레비전방송 프로그램 및 라디오방송 프로그램의 경우 오락에 관한 방송프로그램을 당해 채널의 매월 전체 텔레비전방송 프로그램 및 라디오 방송프로그램 각 방송시간의 100분의 50 이하로 편성하도록 규정하고 있다. 또, 같은 법 시행령은 제50조 제3항에서 주시청시간대를 평일 오후 7시부터 오후 11시까지로, 토요일·일요일 및 공휴일에는 오후 6시부터 오후 11시까지로 규정함으로써 이 시간대에 특정 분야 즉, 보도·교양 및 오락에 관한 방송프로그램이 골고루 포함되어야 한다고 규정하고 있다.

(2) 기존논의의 전개

방송을 언론매체로 보는 견해에서는 프로그램의 다양성을 위한 프로그램 편성비율 제도를 방송 주체인 방송사업자의 편성권에 대한 제한으로 이해한다.[357] 때문에 교양 및 오락 방송프로그램에 대한 개념정의가 모호하기에 명확성이 결여되어 있으며 결과적으로 편성권이라는 방송 주체의 본질적 권리를 침해한다고 본다. 말하자면, 방송의 자유에 있어 '본

---

357) 박선영, 앞의 책, 244면.

질적 내용'을 방송사의 운용권·편성권, 그리고 프로그램의 내용형성에 대한 사적 자치라고 봄으로써 편성의 자유와 프로그램내용의 결정권을 제한하는 방송법 제69조와 동법 시행령 제50조의 프로그램 편성비율제도는 '본질적인 권한'에 대한 침해라고 한다.[358] 그렇기 때문에 프로그램의 다양성을 통한 의견형성의 다원성보장은 편성비율제도가 아닌 프로그램을 기획하고 제작하는 사람들의 다양성, 프로그램 내용의 다양성이 전제되어야 한다고 지적한다.

2. 비판적 검토

프로그램편성의 다양성 요청이 기본권의 본질적 내용에 대한 침해라는 주장은 우선 이미 살펴본 것과 같이 프로그램편성 비율을 규정함에 있어 교양과 오락 프로그램의 차이가 명확하지 않다는 논거에 기초하고 있다. '국민의 교양향상 및 교육을 목적으로 하는 방송프로그램'인 교양프로그램과 '국민정서의 함양과 여가생활의 다양화를 목적으로 하는 방송프로그램'인 오락프로그램의 구분이 모호하다는 것이다.

또, 현재 텔레비전 프로그램이 채널 간의 특성을 살리지 못하고 서로 차별성이 없는 내용으로 유사하게 편성되고 있는 것은 편성비율제도와 같이 획일적이고도 행정편의적인 프로그램 구분론에 따른 것이며, 이러한 제도는 결국 방송프로그램의 다양성 및 나아가 시청자들의 볼 권리마저 침해한다고 경고한다.[359]

그러나 이러한 견해는 편성비율제도에 대한 입법적 성격과 모든 방송주체가 아닌 지상파를 이용한 방송 주체 즉, 지상파방송사업자를 대상으로 하고 있으며, 특히 지상파방송사업자 가운데에서도 특히 종합편성방송사업자를 대상으로 한다는 점에서 다음과 같은 의문이 제기된다. 첫째,

---

358) 박선영, 앞의 책, 244면.
359) 박선영, 앞의 책, 244면.

매스커뮤니케이션으로서 방송은 개인의 인격발현을 위한 기본권 실현의 매체가 아닌 대중 민주주의 사회에서 의견형성에 기여하는 사회적 하부체계이며, 그 내용형성이 입법자의 입법형성에 따라 구체화되는 객관적 가치질서라고 보면 방송법 제69조의 규정에 따른 편성비율제도는 하나의 채널 내에서 다양한 분야의 정보를 담은 프로그램을 제공함으로써 다양한 의견형성에 기여하라는 방송에 대한 헌법적 요청으로 이해되고, 이로써 본질적 내용에 대한 침해가 아닌 입법자에 의해 형성된 방송질서의 내용 가운데 하나가 된다는 점이다. 둘째, 프로그램편성비율 제도의 적용대상은 모든 방송채널을 대상으로 하지 않는다는 점이다. 프로그램편성비율 제도는 각각의 종합편성채널 내에서 다양한 프로그램의 구성을 의미한다. 따라서 채널 간의 특성을 살리지 못하고, 이에 따라 방송프로그램의 다양성을 침해한다는 지적은 편성비율제도에 대한 오해에서 비롯됐다고 할 것이다. 말하자면, 편성비율제도는 전체로서의 방송에서 외적다원주의 구현을 위한 제도로서 규정되어 있는 방송법 제69조 제4항 및 동법 시행령 제50조 제4항에 규정된 전문편성을 행하는 방송 주체에 대한 별도의 편성비율제도 및 다채널을 구성·운영하는 케이블시스템 운영자 등에 관한 방송법 제70조 제1항의 규정과는 다른 종합편성채널이라는 하나의 개별 채널에서 다양한 프로그램 제공을 통한 의견형성의 다원성보장을 위한 제도라는 점이다.

이러한 문제의식은 방송내용물 제작기준 부과에서 살펴본 바와 같이 독일의 경우 다원성 보장을 위한 제도로서 방송국가협약 제41조에서 방송내용물과 관련해 종합편성채널에 대해 독일어권과 유럽지역에서 다원성 보장을 위하여 정보, 문화 그리고 교육을 적절히 구성하여 방송하도록 의무를 부과하고 있는데, 이러한 독일의 사례는 편성비율제도가 갖는 의미를 제대로 이해하는 데 중요한 시사점을 제공한다고 생각된다.

V. 국가로부터의 자유

방송은 동시성, 넓은 지역으로 정보 전달 가능성, 또한 음성과 영상을 통해 전달되므로 신문에 비해 강한 호소력, 설득력을 갖는다. 하지만 이러한 방송은 뉴스 조작(News Staging)[360], 의사사건(Pseudo events)[361]을 통해 여론조작이 가능하기 때문에, 어느 특정세력의 간섭이나 지배 아래에 놓이게 되어 공정하지 못한 방송을 행하게 된다면 의견형성의 다양성보장이라고 하는 헌법적 가치는 침해되고 말 것이다.

따라서 방송을 통해 정보를 습득하고 자신의 의사를 형성하는 일반 대중에게 올바른 정보가 제공 내지 공급되기 위해서는 무엇보다도 우선 국가의 지배와 영향력에서 자유로워야 한다는 조건의 마련이 요구된다.[362]

---

360) 방송은 전달되는 내용뿐만 아니라 화면 효과를 통해 진실의 왜곡도, 내용의 의미를 더 사실적으로 전달할 수도 있다. 따라서 뉴스를 만드는 과정에는 어떤 효과를 부여하는가에 따라 의미가 다양하게 나타날 수 있다. 일반적으로 뉴스 제작 시 약간의 조작이 있게 된다. 예컨대, 카메라 각도를 어떻게 잡는가 또는 텔레비전 화면에는 여러 대의 카메라를 사용한 것처럼 보이나 실제로는 한대의 카메라를 사용하는 경우도 마찬가지이다. 이러한 행위를 뉴스조작이라고 하는데 이에 관한 실례로는 지난 2004년도 총선 당시 열린우리당과 한나라당의 유세현장을 두고 신문과 방송의 사진과 화면 구성에 관한 비판적인 문제제기를 들 수 있다.

361) 뉴스의 주제를 선정하는 데에 주로 시청자의 관심을 끄는 소식을 중점적으로 다룬다. 그리고 뉴스 정보원이 의도적으로 정보를 알리고자 할 때 방송사를 자극하는 방법을 사용하여 뉴스 선정을 한다. D. Boorsin은 이러한 형상을 의사사건(Pseudo event)이라고 하여 여러 사건들을 일부러 분석하고 회유나 사진제공, 비밀 정보의 유출 등의 방법으로 관심을 일으켜 사건화한다고 보았다. D. Boorstin, The Image: What Happen to the America Dream, 1962. 실제로 정부나 기타 기업, 단체들은 이러한 의사사건 방법을 교묘하게 이용하고 있다. 예컨대, 더러운 곳은 가린 깨끗한 도시의 모습이나 시장에서 사람들이 모인 장소만을 담은 장소만을 보여 줌으로써 경제정책이 성공적이라는 이미지를 제공한다.

362) Urteil des Bundesverfassungsgerihts zum 24.2. 1994, 1 BvL 30 / 88.

1. 프로그램의 자유

방송은 민주주의 실현과 관련되는 자유로운 공적 의사형성에 기여한다. 이러한 까닭에 방송내용물에 대한 국가로부터의 자유는 방송의 자유의 기본적 요소를 이루고 있다.

여기서 프로그램이란 방송하는 내용물의 명칭·성격·분량·배치와 같은 것을 계획하는 행위로부터 그 계획을 구체화하는 제작행위, 그리고 운행과 경우에 따라서는 송출까지 포함하는 처리행위를 말한다. 따라서 국가의 프로그램에 대한 직접적인 간섭 내지는 영향력 행사 방지는 필수불가결한 방송의 자유의 보장요소이며, 입법자는 이러한 방지를 보장해야 한다. 즉, 집행권과 같은 국가의 행정조치로부터 '프로그램의 자유'는 보장되어야 한다.363)364)

현행 방송법은 제4조에서 방송편성의 자유와 독립을 보장하고 있으며, 누구든지 방송편성에 관하여 방송법 또는 다른 법률에 의하지 아니하고는 어떠한 규제나 간섭도 할 수 없다고 규정함으로써 '프로그램의 자유'를 보장하고 있다. 또한, 내부적 편성권의 보장을 위하여 같은 법 제4조 제3항에서 "방송사업자는 방송편성책임자를 선임하고, 그 성명을 방송시

---

363) 프로그램의 자유는 국가의 방송내용물에 대한 간섭배제를 의미하기 때문에 일반적으로 '방송의 국가로부터의 자유'라고 표현된다. 하지만 이러한 용어사용례는 방송의 자유를 방어권적 기본권으로 오인하게끔 하는 인도할 우려가 있다고 생각된다. 이 연구에서는 객관적 질서로서의 방송의 자유로 이해하는 견지에서 '프로그램의 자유'라고 표현을 사용하고자 한다.

364) 독일의 경우 특히 정부와 입법자로부터의 자유를 강조한다. 물론 입법자는 방송의 자유를 형성하기 위한 적극적 질서를 마련해야 할 의무를 진다. 그림에도 입법자 스스로 방송의 자유를 위협하는 원천이 될 수 있는데, 그 이유는 방송의 도구화 경향은 정부에만 있는 것이 아니라 의회에 진출한 각 정당들에게도 있는 까닭이다. 그러므로 입법자도 방송의 기능을 보장하기 위한 법률에 의한 프로그램의 기준의 제시를 넘어 방송의 내용과 형식에 대한 영향력을 행사하는 것은 인정되지 않는다.

간 내에 매일 1회 이상 공표하여야 하며, 방송편성책임자의 자율적인 방송편성을 보장하여야 한다"고 규정하고 있다.

다만, 여기서 주목하여야 할 점은 '프로그램의 자유'가 표현의 자유와 같은 개개인의 주관적 공권이 아니라는 점이다. 그러므로 방송사나 그 종사자 자신의 자유와 권리를 자유롭게 행사하는 것을 의미하지 않으며, 자유로운 의견형성에 기여하여야 하는 목적 기속적 범위 내에서 국가의 임의적인 간섭배제를 의미한다고 할 것이다. 다시 말하자면, 입법자는 방송물의 내용이 아닌 시간 등에 관하여 한계를 구체화할 수 있다.

2. 국영방송의 금지

방송의 국가로부터의 자유에서 특히 문제가 되는 것은 국영방송을 인정할 것인지 여부에 관한 문제이다. 의견형성에 대한 국가의 간섭 배제는 넓은 의미에서 국가권력에 의한 모든 매스커뮤니케이션 주체의 예속화를 금지한다는 것을 의미하는데,[365] 국영방송은 국가가 직접 방송 주체가 된다는 의미이기 때문에 여론형성과정에서 국가의 배제라는 원칙에 배치된다고 할 것이다. 그러므로 우리 헌법상 국영방송은 허용되지 않는다고 할 것이다.

그런데, 국영방송의 금지에 대해 방송이 국가 독점사업이라는 전제하에 행정법상의 과제로 이해하는 견해가 있다. 이러한 견해에 따르면 방송의 기능상 독립을 보전하기 위하여 국립대학의 경우와 같이 물적·인적 독립성만 보장된다면 설령 국가행정 조직의 일부가 방송사업을 담당한다고 하더라도 문제가 없다고 한다.

그러나 이러한 견해에 대해서는 물적·인적 독립성을 보장하는 조직원리를 따를 경우에도 방송내용물의 편성은 인사나 예산 등 운영여하에 따

---

365) 박용상, 앞의 논문, 30면.

라서는 국가의 간섭에서 벗어날 수 없기 때문에 자유민주주의적 여론형성 개념에 배치된다는 비판이 제기된다.[366][367]

생각건대, 국영방송의 금지는 방송내용물에 대해 직접적이든 간접적이든 국가의 지시나 조종에 예속되는 방송주체에 의한 방송을 포함한다고 할 것이다.

다만, 여론형성과 관련이 없는 교육방송이나 국가를 대외적으로 홍보하기 위한 국제방송 등 국가기관에 부여된 기능을 수행하는 방송은 국영방송에 해당되지 않는다고 볼 수 있다고 보는 것이 일반적인 견해이다.

우리나라의 경우 현재 현행 방송법 제13조[368]의 규정에 따라 국가·지방자치단체로 하여금 방송사업을 할 수 있도록 허용하고 있다. 이에 따라 예컨대, 국회와 국정홍보처가 케이블시스템을 통해 각각 국회방송과 K-TV를 전송하고 있으며, 서울특별시는 지상파라디오 방송인 교통방송(TBS)을 운영하고 있다.

물론, 이러한 방송사는 국가에 의한 지시나 조종에 예속되는 주체라고 할 것이나 여론형성과 관련이 없는 내용물의 방송이라는 한계를 준수한다면 국가의 여론형성에의 배제라는 헌법상의 원리를 침해하지 않는다고 할 것이다. 그러나 예컨대, 교통방송(TBS)이 여론형성과 무관한 교통상황 등의 정보를 제공한다는 본래의 취지를 벗어나 사회적인 쟁점으로 등장한 청계천복원공사의 문제를 소재로 한 프로그램을 방송하는 것은 국영방송금지의 원칙 즉, 여론형성에 관여하여서는 안 된다는 한계를 일탈하였다고 판단된다.

---

366) 이러한 비판으로는 예컨대 박용상, 앞의 논문, 30면; 방송의 국가로부터의 자유는 국가 특히, 행정이 방송에 대하여 조직적·실질적 측면에서 지배력이나 영향력을 행사하는 것이 금지되어야 한다고 할 것이다.
367) 독일의 경우 독일연방헌법재판소는 제1차 방송판결에서 공적인 과제인 방송을 국가의 업무로 규정한 법률에 대해 기본법에 위반된다는 입장을 밝힌 바 있다. BVerfGE 12, 205f.
368) 방송법 제13조 제1항은 방송사업에의 결격사유를 규정하면서 "국가·지방자치단체 또는 법인이 아닌 자는 방송사업 또는 전송망사업을 할 수 없다"고 규정함으로써 국가·지방자치단체가 방송을 행할 수 있도록 허용하고 있다.

제4장 결 론

개념형성의 역사에 있어서 초기 무선전파의 이용방식 가운데 한 형태로서 정립되기 시작한 방송개념은 전용 케이블네트워크를 이용한 케이블텔레비전의 등장에 따라 전자적 매스미디어로 그 외연을 확대하게 되었고, 이제 통신네트워크를 이용한 새로운 커뮤니케이션 방식의 등장이라는 새로운 환경적 조건이 변수로 등장하고 있다. 또, 채널당 주파수 대역이 축소되어 채널이 증가하고, 전파의 전송기술의 발달로 과거 이용이 어려웠던 고주파수대역의 이용이 가능해짐으로써 방송채널이 증가하고 있다. 이러한 기술발달은 헌법상 방송개념의 해석과 관련해 두 가지의 쟁점을 야기하고 있다.

아날로그 시대 방송과 통신의 개념 구분기준으로서 절대적 위치를 차지하고 있었던 네트워크의 설치목적을 기준으로 적용할 때, 새로운 커뮤니케이션 행위가 통신네트워크를 이용하는 경우 통신의 개념에 포섭된다고 하는 주장과 관련된 쟁점이 그 하나라고 한다면, 기술발달로 인해 더 이상 방송의 특수성이론이 의미를 가질 수 없다는 주장이 나머지 쟁점이라고 할 것이다.

생각건대, 헌법상 방송과 통신의 구분은 전기통신설비의 응용형태라는 객관적 사실에서 그 내적인 근거를 찾아야 한다. 어디에서 사항 내적인 특성을 탐지하고 찾을 것인가는 일차적으로 법률가의 임무가 아니다. 그러나 그 특성의 존재는 배제될 수 없으며, 개연적이다. 매스커뮤니케이션이라는 사물구조는 부정할 수 없다. 그렇다면 입법자는 새로운 커뮤니케이션 유형의 규범영역을 정함에 있어서 이러한 사물의 특수성에 상응하는 법적 편제를 고려하여야만 한다.

다음으로, 방송채널의 증가에 따른 방송개념해석에 관한 지배적인 견해는 기술상 사용할 수 있는 모든 의사표현 수단의 가능성을 즉시 구성요건상 사적 처분권의 원칙에 편입시키고자 한다. 그러나 방송은 공공자원인 전파를 이용하는 매스커뮤니케이션이라는 점에서 다른 의사표현의 자유와 그 성격을 달리한다고 할 것이다. 즉, 자유주의를 지향하는 국가에서도 이 분야에서 국가적인 강력한 활동 없이는 곤란하다는 미국적 논의는 이를 웅변으로 말해주고 있다. 다시 말해, 전파자원을 이용함에 있어서 이상적인 가능성에도 불구하고 주파수의 부족은 현실적으로 단계적으로 극복될 수밖에 없으며, 그 단계마다 누가, 어떻게 전파를 이용한 매스커뮤니케이션의 주체가 될 것인가의 문제와 그에 따른 국가의 공공자원에 대한 관리의 필요성은 상존한다. 그렇기 때문에 새로운 전파이용기술에 따라 사용이 가능해진 고주파수대를 이용한 위성방송, 그리고 지상파·위성 DMB의 경우에도 그 주파수대의 이용은 역시 주파수 할당이라는 과정을 통해 이루어 질 수밖에 없다.

따라서 이러한 공동체의 영역에 유보된 전파자원의 이용은 공익목적에 합치되어야 한다는 당위명제가 설정된다. 이로써 신문 전체의 현상에서 고찰될 수 있는 것처럼 방송에서도 사실상 그렇게 다양한 의견이 구현될 수 있다는 충분한 보장은 없다. 즉, 노동조합, 사용자 단체 또는 정당과 같은 거대한 이익단체가 이런 전자적 매스커뮤니케이션 미디어를 어떻게 사용할 것인가는 간과되어서는 안 된다. 이런 상황에서 입법자는 일어날 수 있는 폐해의 정도를 한정하고 완화시키는 예방수단마련에 관심을 기울일 책임이 있고, 이러한 목적은 전체적인 방향설정 즉, 객관적인 질서의 형성을 통해 이루어진다.

방송이 대중사회에서 사회적 하부체계 가운데 하나로서 정보제공체계를 의미하고, 또 공동체 영역에 유보된 전파자원을 미디어로 한다는 점 등의 특징을 갖는다는 이해의 맥락(context)에서 볼 때, 헌법 제21조의 기본권은 개개인의 의사표현의 자유를 보장하는 보루이지, 기술응용의 형태 즉, 사물의 구조에 따른 질서형성을 변경할 것을 입법자에게 지시하는 것은 아니라고 판단된다.

다만, 통신기술의 발달에 따른 새로운 전파자원의 응용가능성을 법적으로 해결하는 데 있어서 경제적인 기회, 더 정확히 말하자면 신기술의 발전과 그 적절한 상업적 이용을 위해서는 산업이익이 고려되어야 할 문제로 남는다. 그러나 이러한 문제는 부정적인 것이 아니라 오히려 긍정적이다. 이 영역을 개척하고 기술발달을 촉진하며 경제적 이윤을 추구하는 것은 정당하다. 이를 침해하는 것은 국가의 과제가 아니다. 오히려 정대반로 훌륭한 기술적·경제적 발전을 꾀하는 것이 국가의 과제이자 책임이다.

그러나 분명한 것은 기술적·산업적 활동에 의해 창출되는 모든 커뮤니케이션 형태를 이른바 '언론의 자유'라는 식으로 또는 '통신의 모델'로 이해해서는 안 된다는 점이다. 따라서 국가가 새로운 통신기술을 이용한 커뮤니케이션의 형태를 어떻게 규율하여야 할 것인가의 문제는 기술응용구조가 개별적 커뮤니케이션 즉, 통신인가 아니면 매스커뮤니케이션인가에 따라 결정되어야 하며, 나아가 매스커뮤니케이션의 형태를 갖는다고 모두 의견형성에의 영향력을 갖고 있는가라는 질문에서 검토되어져야 한다. 왜냐하면 방송은 대중사회에서 공적영역에 유보된 공공자원을 이용한 사회적 하부체계로서 정보제공체계를 의미하기 때문이다. 만약 그렇지 않고 ,헌법상 방송의 본질과 기능 그리고 전파자원의 이용을 기초로 한다는 점을 외면한 채 의사표현의 자유라는 자유주의적 기본권해석의 시각만으로 그리고 경제적인 측면만을 강조함으로써 사물구조를 왜곡한다면 디지털 융합시대에 있어서 헌법상 방송의 본질도 방송의 개념도 충분히 제대로 파악될 수 없으며, 이는 방송에 관한 헌법적 규범력의 상실이라는 결과로 이어질 것이기 때문이다.

參考文獻

Ⅰ. 國內文獻

1. 單行本

강상현·김국진·정용준·최양수, 「디지털 방송론」, 한울, 2002.

구연상, 「매체정보란 무엇인가」, 살림, 2004.

권영성, 「헌법학원론」, 법문사, 2000.

김 규, 「방송미디어」, 나남, 1998.

김대환, 「기본권의 한계」, 법영사, 2001.

김성수, 「일반행정법」, 법문사, 2004.

김정탁, 「미디어와 인간」, 커뮤니케이션북스, 1998.

김철수, 「헌법학신론」, 박영사, 2001.

계희열, 「헌법학(중)」, 박영사, 2000.

박선영, 「언론정보법연구 Ⅰ - 21세기 표현의 자유 -」, 법문사, 2002.

박선영, 「언론정보법연구 Ⅱ - 방송의 자유와 법적 제한 -」, 법문사,
    2002.

박용상, 「표현의 자유」, 현암사, 2003.

배식한, 「인터넷, 하이퍼텍스트 그리고 책의 종말」, 책세상, 2003.

성낙인, 「헌법학」, 법문사, 2001.

송해룡, 「디지털 미디어, 서비스 그리고 콘텐츠」, 다락방, 2003.

양 건, 「헌법연구」, 법문사, 1995.

유일상, 「매스미디어 입문」, 청년사, 2002.

이상식, 「통신법 개론」, 진한도서, 1998.

이상돈·홍성수, 「법사회학」, 박영사, 2000.

이상돈, 「법이론」, 박영사, 1997.

장영수, 「헌법학 Ⅱ - 기본권론」, 홍문사, 2003.

전광석, 「한국헌법론」, 법문사, 2004.

정경훈, 「방송기술이야기」, 한울아카데미, 2002.

차배근, 「커뮤니케이션학개론(하)」, 세영사, 1983.

최대권, 「헌법학강의」, 박영사, 1998.

한상범, 「기본적 인권」, 정음사, 1985.

한국영상산업진흥원, 「디지털 멀티미디어 브로드캐스팅」, 커뮤니케이션북
    스, 2003.

한국영상산업진흥원, 「WTO와 방송시장 개방」, 커뮤니케이션북스, 2003.

허 영, 「헌법이론과 헌법(중)」, 박영사, 1992.

허 영, 「한국헌법론」, 박영사, 2000.

Josef Isensee / 이승우 譯, 「국가와 헌법」, 세창출판사, 2001.

Konard Hesse / 계희열 譯, 「헌법의 기초이론」, 박영사, 2001.

Konard Hesse / 계희열 譯, 「서독헌법원론」, 삼영사, 1987.

Peter Lerche / 허영編譯, 「법치국가의 기초이론」, 박영사, 1996.

계희열 編驛, 「헌법의 해석」, 고려대학교 출판부, 1993.

전정환·변무웅 譯, 「독일방송헌법판례」, 한울아카데미, 2002.

Marian paschke / 이우승 譯, 「독일미디어법」, 1998.

Eric Barent / 김대호 譯, 「세계의 방송법」, 한울 아카데미, 1998.

방송위원회 譯, 「독일방송법」, 2002.

방송위원회, 「수직적 결합과 미디어규제」, 방송조사자료 2002-4, 2002.

모로아 / 신용석 譯, 「영국사」, 기린원, 1988.

니콜라스 네그로폰테 / 백욱인 譯, 「디지털이다」, 커뮤니케이션북스, 1995.
데이비드크로토 · 윌리엄 호인스 / 전석호 譯, 「미디어소사이어티」, 사계
    절, 2001.
마샬 맥루한 / 박정규 譯, 「미디어의 이해」, 커뮤니케이션북스, 2001.
자크 엘루 / 박광식 譯, 「기술의 역사」, 한울, 1996.
로렌스개스맨 / 김원용 譯, 「통신과 방송의 자유경쟁논리」, 커뮤니케이션
    북스, 1998.
리차드 팔머 / 이한우 譯, 「해석학이란 무엇인가」, 문예출판사, 2001.
피터 지마 / 허창운 · 김태환 譯, 「텍스트사회학이란 무엇인가」, 아르케,
    2001.
제롬A 배런 / 김병국 譯, 「누구를 위한 언론자유인가」, 고시계, 1987.
지그문크 바우만 / 문성원 譯, 「자유」, 이후, 2002.
뮐러 외 2인 공저 / 이덕연 譯, 「법텍스트와 텍스트 작업」, 법문사, 2005.
베르너 마이호퍼 / 심재우 譯, 「법과 존재」, 삼영사, 1996.

2. 論 文

고수자, "독일케이블TV 채널배분 관련 법적 논쟁에 관한 연구", 「커뮤
    니케이션과학」 제19권, 2000.
권영설, "위성방송의 법제와 헌법문제 - 공공성과 산업성의 조화를 위한
    법제와 법리", 「방송연구」 통권 제43호, 1996.
권형둔, "정보화 사회와 방송의 자유", 「공법학연구의 최근 동향」, 2005.
곽상진, "방송의 자유와 방송제도", 「공법연구」 제28집 제1호, 2000.
곽상진, "방송의 자유와 이원적 방송체계", 한양대학교 대학원박사학위논
    문, 1999.
계경문, "전파통신의 특성에 따른 전파통신법제의 성격", 「한국외국어대
    학교 외법논집」 제6집, 1999.

계희열, "헌법관과 기본권이론", 「공법연구」 제11집, 1983.

김명재, "자유권적 기본권의 본질내용", 「공법연구」 제30집 제5호, 2002.

김영수·지성우, "독일멀티미디어관련법상의 방송·통신·멀티미디어의 개념에 관한 연구", 「성균관법학」 제14권 제2호.

김진웅, "방송자유의 제도적 성격에 관한 연구", 「한국언론학보」 제45-4 호, 2001.

김형남, "미국 연방대법원의 사법심사 기준", 「미국헌법연구」, 2001.

김효전, "주관적 권리와 객관적 규범으로서의 기본권", 「헌법학 연구」 제 2집, 2000.

박선영, "인터넷방송의 의의와 헌법적 성격", 「헌법학연구」 제6권제2호, 2000.

박승호, "의사표현의 자유", 「헌법학연구」 제3집, 1997.

박용상, "새방송법과 방송위원회", 「법조」, 1988년 6월호, 1988.

박용상, "방송의 자유의 보호와 그 형성", 「헌법논총」 제14집, 헌법재판 소, 2003.

백미숙, "미국 근대방송제도의 역사적 성립과 시민라디오의 실험", 「언론 과 사회」 12권 2호, 2004.

서정우·김동진, "유선방송의 법적규제에 관한 연구", 「사회과학논집」 제 18집, 1987.

심영섭, "독일의 방송자본집중에 관한 규제법규", 「세계의 언론법제」, 한 국언론재단, 2000.

양 건, "방송에서의 표현의 자유와 공적 규제", 「헌법연구」, 1995.

양 건, "방송에서의 표현의 자유와 공적 규제", 「방송연구」, 1989.

은승표, "사이버스페이스와 매스미디어의 역할", 「헌법학연구」 제6권 제3 호, 2000.

이강혁, "방송의 자유와 방송법제", 「고시연구」, 1988.

이덕근, "방송의 의견기능과 한국의 배경적 조건에 대한 일고찰", 「한국

언론학보」, 1969.

이덕연, "기본권의 본질과 내용: 한국 기본권이론의 반성과 과제", 「허영 교수화갑기념논문집」, 박영사, 1997.

이명구·이광진, "언론기업 내부에 있어서 언론의 자유", 「헌법학연구」 제2집, 1996.

이상돈, "법률적 삼단논법의 인식론적 오류", 「안암법학」 제3권, 1995.

이승우, "국가의 기본권보호의무", 「양승두 교수 화갑기념논문집」, 1994.

이승우, "기본권의 양면성이론과 제도보장의 관계", 「공법연구」 제31집 제1호, 2002.

이인호, "방송·통신의 융합과 언론의 자유", 「공법연구」 제28집 제4호, 2000.

이진구, "독일방송사", 「세계방송의 역사」, 1992.

임혜경, "독일공영방송 이념과 조직, 프로그램 정책, 전망", 「방송문화연구」, 1994.

윤형두, "매스미디어로서의 출판", 「출판학연구」 제24호, 한국출판학회, 1982.

전광석, "기본권의 객관적 성격과 헌법이론", 「고시계」, 1992 / 11, 1992.

전광석, "국회의 인사에 관한 권한", 「고시연구」, 1998.

전정환, "방송자유의 주체", 「공법연구」 제30집 제3호, 2002.

전정환, "헌법상 방송의 개념", 「공법연구」 제25집 제4호, 1997.

정극원, "제도보장론의 성립과 현대적 전개", 「헌법학연구」 제4집 제3호, 1998.

정재황, "방송의 다원주의보장과 방송규제기관의 권한에 대한 헌법판례 (프랑스 경우를 중심으로)", 「금랑 김철수 교수 정년기념논문집」, 1998.

정태호, "기본권보호의무", 「김남진 교수 정년기념논문집」, 고대법학연구소, 1997.

조재현, "언론·출판의 자유의 보호영역에 관한 연구", 박사학위논문, 연세대학교 대학원, 2001.

조재현, "언론·출판의 자유의 보호영역과 제한이론 - 반론권의 헌법적 근거를 중심으로", 「법학연구」 제13권 제4호, 연세대학교 법학연구, 2003.

최봉경, "개념과 유형", 「법철학연구」 제6권 제1호, 한국법철학회, 2003.

최성종, "한국의 정치발전과 매스커뮤니케이션제도", 조선대학교 통일문제연구 91-Ⅰ. 1991.

한상범, "미국에 있어서의 언론자유의 법구조", 「사법행정」, 1980.

한상범, "매스미디어의 발달과 언론·출판의 자유", 「사법행정」, 1964.

한상범, "언론기업의 규제", 「공법연구」 제2집, 1972.

한상희, "뉴미디어시대에서의 표현의 자유 - '미디어융합'현상에 대한 헌법이론의 구축을 위하여", 「사이버커뮤니케이션학회」, 2004.

황성기, "언론매체규제에 관한 헌법학적 연구", 박사학위논문, 서울대학교 대학원, 1999.

로베르트 알렉시 / 김효전 譯, "주관적 권리와 객관적 규범으로서의 기본권", 「헌법학연구」 제6권 제2호, 2000.

쉰케 / 박종수 譯, "통신의 기본권적 문제", 「공법연구」 제30집 제2호, 2002.

3. 辭典 및 硏究報告書

이희승 감수, 국어사전, 민중서림, 1996.

전자·정보·통신용어 대사전, 도서출판 技多利, 1997.

컴퓨터용어 대사전, 교학사, 1999.

엔터키너, "통방융합시장을 둘러싼 미디어 기업의 미래 전략", 2004.

한국방송광고공사, Media & Consumer Research, 2004.

방송영상산업진흥원, IP TV의 동향과 전략, 2004.

정보통신정책연구원, 전파관련법령과 규제체계 개선연구, 정책연구 02-06, 2002.

방송위원회, 방송용주파수의 효율적 활용방안 연구, 정책연구, 2004.

방송위원회, 2004년 방송산업실태조사 보고서, 2004.

II. 外國文獻

Bullinger, M. *Der Rundfunkbegriff in der Differenzierung kommunikativer Dienste*, AfP, 1, 1996.

Daniel Lerner, *The Passing of Traditional Society*(New York: The Free Press, 1958.

FCC, '*Public Service Responsibility of Broadcasting Licenses: FCC Blue Book*' 1994.

EU, *Green Paper on the Convergence of the Telecommunication, Media and Information Technology Sectors, and the Implications for Regulation, Bressels*, 1997.

Qstergaard, *B. S. convergence: Legislative Delemmas, Media Policy: Convergence, Concentration and Commerce*, McQuail, D. & Siune, K. (London: SAGE), 1988 Zippelius, Wertungsproblem im System der Grundrechte, 1962.

Mangolt / Klein / Starck, *Das Bonner GG*, Bd. I. 1985.

Löffler / Ricker, *Handbuch des Presserecht, C. H. Beck'sch Verlagsbuchhandlung*, 3 Auf. Müchen, 1994.

Sirluck, E., *Complete prose works of John Milton*, Vol.2. New Haven: Yale University Press.

Siebert, F. E., Peterson, T & Schramm. W., *Four theories of the press.* Urbana: University of Illinois Press, 1963.

L. Horgen, *From Cave Printing to Comic Strip*(New York: Chanticleer Press, 1949.

Dolzer, *Kommentar zum Bonner Grundgesetz,* Art.5 Abs.1 u. 2, C. F. Müller, Heidelberg, 1995.

S. Head, Broadcasting in America, 5th ed.

Douglas, *Inventing American broadcasting,* 1899~1922. Baltimore: The Johns Hopkins University Press, 1989.

Johnson, L., *Radio and everyday life: The early years of broadcasting in Australia, 1922~1945,* Media, Culture & Society, 1981 Moores. S., *The box on the dresser: Memories of early radio and everyday life, Media,* Culture & Society, 1988.

Ray, L. J., *The distribution and merchandising of radio equipment. The radio industry: the story of its development,* 1974.

Scannell, P., *Public service broadcasting and modern public life. Media, Culture & Society,* 1989.

Maxim, H. P., "Charges Air Monopoly", 1922.

J. L. Servan Schreiber, *The Power to Inform*(New York: McGraw-Hill Book Publishing Co.,) 1974.

Dennis McQuail, Jay G. Blumer. and J. R. Brown, *The Television Audience: A Revised Perspective in Dennis McQuail(ed.), "Sociology of Mass Communication",* Harmondsworth, England: Penguin Books, 1972.

Dennis McQuail, *Mass Communication Theory: An Introduction*(London: Sage Publications, 1983 Charles H. Kennedy / M. Veronica Peter, *"An Introduction to International Telecommunications Law",* Artech

House, 1996.

Prüfig, K., *Die Zukunft der Grundversorung im dualen Rundfunk-system*, Mainz: Johanes Gutenberg Universität Verlag, 1993.

R. Wendt,: v.Munch / kunig, *Grundgesetz-Kommentar*, Bd. 1-1, 4. Auflage, München, 1992, Castendyk, O., Die Rangfolge im Kabel. ZUM. 10.

Hoffmann-Raim, W. / Vesting, T., Ende der Massen-Kommunikation?: *Zum Strukturwandel der technischen Medien*. Media Persktiven, 8, 1994.

Fisher, H. / Jubin, O., *Privatfersehen in Deutschland*. a. Mein: IMK, 1996.

Degenhart, BK Art. 5 Abs. 1 und 2, 1999.

H. H. Klein, *Rundfunkfreiheit*, 1978.

E. W. Böckenförde / J. Wieland, "*Die Rundfunkfreiheit-ein Grundrecht?*", AfP 1982.

W. Hofmann-Riem, *Rundfunkrecht neben Wirtwirtschaftsrecht*, 1991.

W. Hoffmann-Riem, *Kommerzielles Fernsehen*, 1981.

W. Hoffmann-Riem, in: E. Benda u.a.(Hrsg.), Handbuch des Verfassungrecht 1.

Jarass, *Krtellrecht und Landesrundfunkrecht*, 1991.

P. Lerche, Afp 1984, 183ff.

J. Esser, *Grundsatz und Norm in der richterlichen Fortbildung des Privatrecht*, 3. Aufl. 1974.

R. Alexy, *Grundrechte als subjektive Rechte und als objektive Normen*, in: Der Staat, Bd.1. 1990, Josef Isensee, *Das Grundrecht auf Sicherheit*, 1983.

242

Karl-Eberhard Hain, *Rundfunkfreiheit und Rundfunkordnung*, Nomos Verl, Baden-Baden, 1993.

Stuiber, H. W., *Medien in Deutschland. Bd2 Rundfunk, 1 Teil*, Konstanz: UVK Medien, 1998.

Gersdorf, *Der Verfassungsrechtliche Rundfunkbegriff im Licht der Digitalisierung der Telekommunikation*, 1995.

Habermas, J., *Strukturwandel der Oeffentlichkeit*, Neuwied. Habermas, 1962.

Habermas, J, "*The public sphere*", in A. Mattelart & S.Siegelaub(eds.) Communication and Class Struggle, 1. Capitalism, Imperialism, New York: International General.

Kübler, F., *Medienkonzentrationskontrolle im Streit, in: Media Perspektiven*, Heft 7, 1999.

Kruse, J., *Konzentraion und Regulierung privater Fernsehanbieter, in : Kohl, H.(Hrsg.) Vielfalt im Rundfunk. Interdisziplinaere und internationale Annaeherungen. Konstanz. 1997.*

Hoover, H., *Opening address. Herbert Hoover Presidential Library*, HHPL, Commerce Papers: Radio, Conferences, national-first, minutes, Feb. b.496, 1922.

Hoover, H., *Statement of the Secretary of Commerce. The Radio Conference*, HHPL, Commerce Papers, National-Second, Mar. 20, b.496, 1923.

Joseph J. Hemmer,. *Communication under Law*, N. J.: The Scarecrow Pres Inc, 1980.

Kenneth S. Devol, *Mass Media and the Supreme Court -The Legacy of the Warren Years*, N. Y.: Hastings House. 1976.

Don, R. Pember, *Mass Media Law*, 2nd ed., Dubuque, Iowa: Wm, C.

Brown Company, 1981.

Marc A. Franklin, *Mass Media Law-Cases and Materials*, N. Y.:The Foundation Press, 1987.

Jerome A. Barron, *Freedom of the Press for Whom? -The Right of Access to Mass Media*, Indianapolis: Indiana University Press, 1973.

FCC., *Multiple Ownership of Standard, FM and Television Broadcast Stations*, 22 F. C. C. 2d 306(1970).

FCC., *Multiple Ownership of Standard, FM and Television Broadcast Stations*, 28 F. C. C. 2d 662(1971).

FCC., *Memorandum Opinion and Order*(Docket No.18110), 47 F. C. C. 2d 97(1974).

Carl Kaysen & Donald F. Tuner, Antitrust Policy; *An Economic and Leagal Analysis*(1959).

Carl Kaysen, *United States v. United States Shoe Machinery Co.: An Economic Analysis of an Anti-Trust Case*(1956).

Herbert Hovenkamp, *Federal Antitrust Policy* 1.7, at 42-46, 2.2a, at 60(2d ed. 1999).

Perter C. Carstensen, *Antitrust Law and Paradigm of Instrial Organizatio*, 16 U.S. Davis L. Rev. 487, 493-501(1983).

Brenner, *Cable Television and the Freedom of Expression*, 1988 Duke L. J. 329,339.

Goodale, *All About Cable: Legal and Business Aspects of Cable and Pay Television* 5.052.(1989).

R Scholz, *Medienfreiheit und Publikumsfreiheit*, in: FS für Martin Löffler, München 1980. G. Herrmsnn, Fernsehen und Hörfunk in der Verfassung der Bundesrepublik Deutschland, Tübingen 1975.

U. Scheurner, *Das Grundrecht der Rundfunkfreiheit*, Berlin 1982.

Michael Sachs, *in*: *Sachs(Hrsg)*. GG, 3 Aufl. 2002.

J. Wieland, *Die Freiheit des Rundfunks*, Berlin, 1984.

J. Wieland, *Die Freiheit des Rundfunks*, Berlin 1984.

Silke Ruck, *Zur Unterscheidung von Ausgestaltung-und Schrankengesetzen im Bereich der Rundfunkfreieit*, AöR 117, 1992.

Bethge, *Das Recht der Neuen Medien*, 1989.

Steiner, *Die Kabelbefugnis gesellschaftlich relevanter Gruppen auf Berücksichtigung ihrer Belange im Programm*, in: Beiträge zum Medienprozeßrecht 1988.

Daniel J. Boorstin, *The Image: What Happen to the America Dream*, 1962.

G. Herrmann, *Fernsehen und Hörfunk in der Verfassung der Bundesrepublik Deutschland*, Tübingen 1975.

Kulpok, *Media Perspektiven* 1991.

Scherer, J. *Telekommunikationsrecht und Telekommunikationspolitik*, Baden-Baden, Nomos Verlag, 1985.

Paptistella, G, *Zum Rundfunkbegriff des Grundgesetazes*. DöV, Heft 13 / 14, 1978.

Kröger, D. / Moos, F, *Regelungsansätze für Multimediadienste*, ZUM, 6, 1997.

Ossenbühl, *Rundfunk zwischen nationalem Verfassungrecht und europäiscen Gemeinschaftsrecht*, 1986.

C. Stark, in: Mangoldt / Klein, *Das Bonner Grundgesetz: Kommentar*. Bd 1, C. H. BECK., 1999.

Jarass, H. D, *Rundfunkbegriffe im Zeitalter des Internet*, AfP, 2, 1998.

Stenografisches Protokoll der 25. Sitzung des Grundsatzausschußes am 24. 11. 1948.

<부록> 우리나라의 주파수대역별 배분 현황

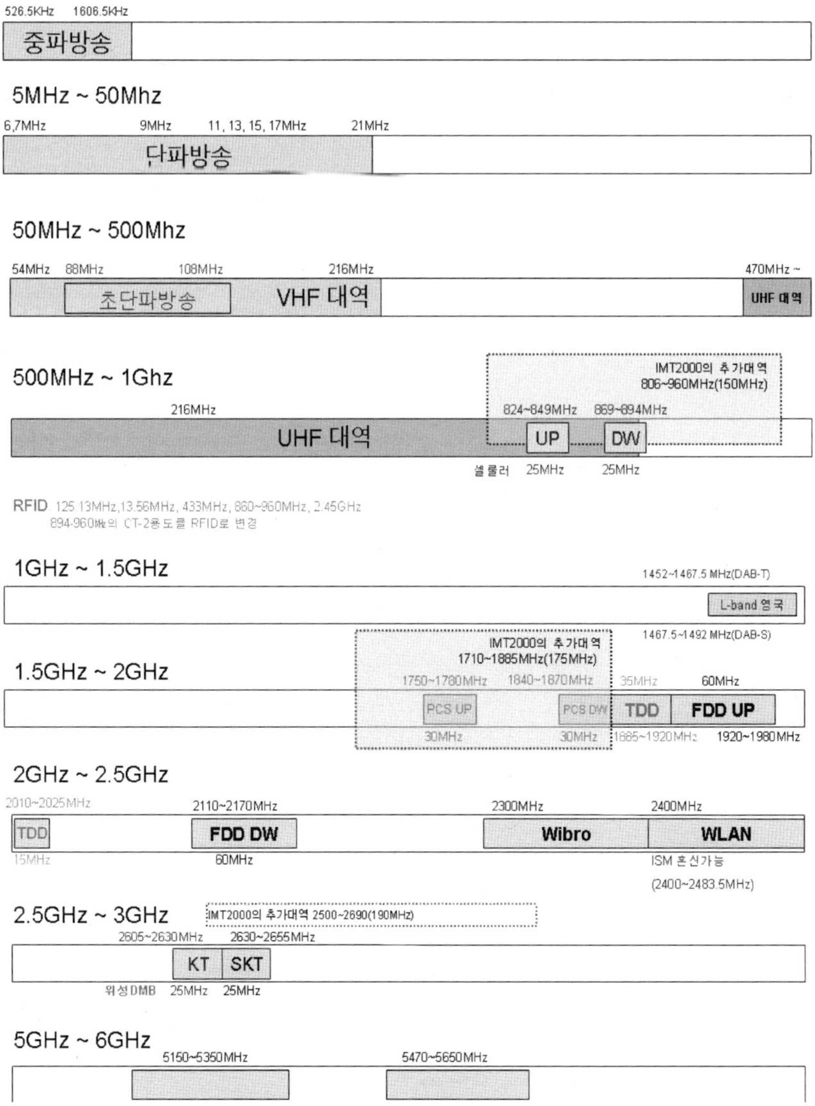

· 저자 ·

고민수
(高旼秀)

· 약 력 ·

연세대학교 법과대학 법학과 졸업
연세대학교 대학원 법학석사
연세대학교 대학원 법학박사

공군장교
(주) JTV전주방송 보도국 기자
연세대학교 강사
(현) 방송위원회 사무처 선임조사관

· 주요논저 ·

「매스커뮤니케이션 주체의 진실의무」
「방송사업허가세의 징딩화 논거에 관한 비판적 고찰」
「독립행정위원회의 헌법적 정당성」
「컨버전스시대에 방송의 규범영역」
「한국방송공사(KBS)의 법적 지위에 관한 오해」
「방송·통신융합의 본질과 입법적 과제」
외 다수

방송의 개념과 본질

· 초판 인쇄	2006년 11월 30일
· 초판 발행	2006년 11월 30일
· 지 은 이	고민수
· 펴 낸 이	채종준
· 펴 낸 곳	한국학술정보㈜
	경기도 파주시 교하읍 문발리 526-2
	파주출판문화정보산업단지
	전화 031) 908-3181(대표) · 팩스 031) 908-3189
	홈페이지 http://www.kstudy.com
	e-mail(출판사업부) publish@kstudy.com
· 등 록	제일산-115호(2000. 6. 19)
· 가 격	16,000원

ISBN   89-534-5988-5 93360 (Paper Book)
         89-534-5989-3 98360 (e-Book)